Frederik Hetmann

»Old Shatterhand, das bin ich«

Die Lebensgeschichte des Karl May

Dieses Buch
ist Henner Grube gewidmet

Frederik Hetmann

»Old Shatterhand, das bin ich«

Die Lebensgeschichte des Karl May

Frederik Hetmann (d.i. Hans-Christian Kirsch), geboren 1934 in Breslau, aufgewachsen in Frankfurt/Main, Berlin, Schlesien, Thüringen und Schweden. Er studierte Pädagogik und Volkswirtschaft, später Philosophie und Politische Wissenschaften. Heute lebt er als freier Schriftsteller in Limburg (Lahn). Er schreibt sowohl für Jugendliche als auch für Erwachsene. Im Programm Beltz & Gelberg erschienen von ihm u.a. *Rosa L. Die Geschichte der Rosa Luxemburg und ihrer Zeit; Georg B. oder Büchner lief zweimal von Gießen nach Offenbach und wieder zurück* sowie *Bettina und Achim. Die Geschichte einer Liebe.* In der Reihe Biographie veröffentlichte er außerdem *Drei Frauen zum Beispiel. Die Lebensgeschichte der Simone Weil, Isabel Burton und Karoline von Günderrode; So leicht verletzbar euer Herz. Die Lebensgeschichte der Sylvia Plath; Bis ans Ende aller Straßen. Die Lebensgeschichte des Jack Kerouac; Schlafe, meine Rose. Die Lebensgeschichte der Elisabeth Langgässer* sowie *Solidarität ist die Zärtlichkeit der Völker. Die Lebensgeschichte des Ernesto Che Guevara.*

© 2000 Beltz Verlag, Weinheim und Basel
Programm Beltz & Gelberg, Weinheim
Alle Rechte vorbehalten
Lektorat Frank Griesheimer
Einband Dorothea Göbel
Neue Rechtschreibung
Gesamtherstellung
Druckhaus Beltz, 69494 Hemsbach
Printed in Germany
ISBN 3407808720
1 2 3 4 5 6   05 04 03 02 01 00

Inhalt

»Ich bin wirklich Old Shatterhand resp. Kara Ben Nemsi und habe erlebt, was ich erzähle.«

Karl May

»Das Leben dieses Märchenerzählers war selbst wie ein Märchen – so phantastisch, so bedeutungsschwer. […] Seine persönliche Schuld, seine Reue, sein innerer Widerspruch, sein Kampf mit sich selbst spiegeln die ›Menschheitsklage‹, die scheinbare Heillosigkeit des menschlichen Daseins überhaupt.«

Hermann Wohlgschaft

»Es gibt nur Hegel und Karl May.
Alles dazwischen ist eine unreine Mischung.«

Ernst Bloch

Prolog

»Im Bett zu liegen, krank zu sein,
nicht in die Schule zu gehen und Karl May lesen
zu dürfen hat ja stets seine trostreichen Reize in
diesem Leben gehabt.«

Hermann Broch

Es ist um diesen Mann Karl May ein Geheimnis. Ernst Bloch, der Philosoph der Hoffnung und Utopie, nennt ihn einen der besten deutschen Erzähler.[1] Für Hermann Hesse ist Karl May »der glanzvollste Vertreter eines Typs von Dichtung, [...] die man etwa Dichtung der Wunscherfüllung nennen könnte«.[2]

Es gibt auch andere Stimmen: Max Brod beispielsweise hat Karl Mays Bücher bedeutungslos und fad gefunden.

Klaus Mann schreibt die Tatsache, dass Adolf Hitler Karl May gelesen hat, dass ihm sogar Einzelheiten aus dessen Leben vertraut gewesen sind, den rassistischen, nationalistischen und sadistischen Tendenzen bei May zu und findet, das Dritte Reich sei Mays »äußerster Triumph, die schaurige Verwirklichung seiner Träume gewesen«.[3]

Einige Nationalsozialisten hingegen hielten Karl

May für einen Marxisten, Pazifisten und Befürworter jeder Rassenmischung.

Lange hält sich in der Öffentlichkeit der Vorwurf des »Schundautors«, des »Verführers der Jugend«, des Schriftstellers, der ein Verbrecher war.

Von Arno Schmidt wird in *Sitara und der Weg dorthin* Mays ganzes Werk vorwiegend unter dem Gesichtspunkt der erotischen Verdrängungen eines Homosexuellen entziffert.

Bis schließlich 1965 Hans Wollschläger durch einen psychoanalytischen Ansatz der komplexen Persönlichkeit Karl Mays verständnisvoll, aber ohne Beschönigung gerecht zu werden versucht.

Allein schon diese Auswahl teils empfehlender, teils abwertender Beurteilungen, in denen auch eine gewisse Überschätzung des Phänomens Karl May klar zu erkennen ist, macht neugierig und regt dazu an, sich näher mit Karl May zu beschäftigen, um sich eine eigene Meinung zu bilden.

Das vorliegende Buch ist für jugendliche Leser gedacht, jedoch soll es auch der erwachsene Leser, der mit dem Leben und Werk Karl Mays nicht fachmännisch vertraut ist, als eine Art Einführung zur Hand nehmen können.

Als Kind bin ich selbst ein eifriger Karl-May-Leser gewesen. Was mich damals für seine Romane einnahm, war nicht so sehr die Vermittlung von geographischem Wissen, das ihm selbst – jedenfalls in seinen so genannten »Reiseerzählungen« – sehr wichtig war. Vielmehr war es der traumhafte Zustand, in den diese Geschichten, nicht zuletzt durch die Fähigkeit des Autors, in ihnen Spannung zu erzeugen, den Elf- oder Zwölfjährigen versetzten. Bestimmt hat mir aber auch ihre moralische Eindeutigkeit, der immer gewährleistete Sieg des Guten über das Böse, gefallen.

Die Perspektive, unter der ich mich nun fünfzig Jahre später der Person und dem Werk von Karl May annähere, ist eine völlig andere.

Sie ergibt sich aus einem Erlebnis 1968, das vielfältige Nachwirkungen auf meine Tätigkeit als Autor hatte. Damals bereiste ich mit einem Stipendium die USA. Ich recherchierte für eine Sozialgeschichte des Schwarzen Amerika[4] bei den Bürgerrechtsorganisationen und in den Ghettos der Afro-Amerikaner. In Washington meinten meine amerikanischen Gastgeber, ich solle nun auch einmal das Bild des anderen, »sauberen«, eindrucksvoll-schönen Amerika zu Gesicht bekommen, wohin ich denn wolle? Dabei dachten sie wohl an touristische Attraktionen wie die Niagarafälle, Hollywood oder Disneyland. Ich aber sagte, ich wolle zu den Indianern.

Diese Antwort versetzte meine Gastgeber in Verlegenheit. Offenbar interessierte sich damals in Regierungskreisen niemand besonders für die indianische Minderheit im Land, obwohl Anhänger der Red-

Power-Bewegung gerade eben in Washington das »Bureau of Indian Affairs«, jenen Zweig des US-Innenministeriums, der für die Reservationen zuständig ist, besetzt hatten, um auf ihre Probleme hinzuweisen. Auch möglich, dass man einen Gast aus dem Ausland nicht gerade mit den Problemen der Native Americans konfrontieren wollte. »Warum denn ausgerechnet zu den Indianern?«, fragte man mich kopfschüttelnd.

Wahrscheinlich nur, weil mir keine andere Begründung einfiel, erzählte ich, dass in Deutschland die meisten Jugendlichen irgendwann einmal Karl Mays Romane gelesen haben, dass Karl May bekanntlich erst nach Abfassung seiner Romane in den USA gewesen und nie in den Westen gekommen sei. Ich wollte das anders angehen: Erst der Augenschein, dann das Schreiben.

Schließlich führte meine Bitte dazu, dass ich einem Arzt, der Navajo-Kinder gegen Tuberkulose zu impfen hatte, zugeteilt wurde. Mit ihm reiste ich zwei Wochen durch die größte Indianerreservation der USA, die der Navajo in Arizona und New Mexico. Meine Vorliebe für die archaische Bildwelt der indianischen Mythen und Märchen wurde dabei mit der indianischen Lebensweise im 20. Jahrhundert konfrontiert. Ich bin dann wiederholt im Südwesten und Mittelwesten in indianischen Reservationen gewesen, und es sind im Laufe der Jahre eine ganze Reihe von

Sammlungen indianischer Mythen und Märchen entstanden, auch Erzählungen und Sachbücher für Jugendliche wie für Erwachsene.[5]

Ich teile also, wenn man so will, die Indianerbegeisterung Karl Mays.

Ein weiterer Ansatz ergibt sich aus meiner Lust und Neugier, das Wesen umstrittener Personen zu erkunden. Da blickt man bei Karl May, was die verschiedenen Rollen angeht, die er im Laufe seines Lebens verkörpert, auf ein weites Feld: Kind armer Leute, angehender Lehrer, Hochstapler, Zuchthäusler, Arbeitssklave eines Schundverlages, Großschriftsteller und Selbstdarsteller, betrogener Betrüger, Reisender und schließlich nach leidenschaftlich betriebener Sinnsuche: Weltbürger und Pazifist in Zeiten eines chauvinistischen Nationalismus und deutscher Großmannssucht.

Einer von Mays Biographen hat erklärt, seine Person sei für viele seiner Leser hinter den Millionenauflagen, den Gesammelten Werken, den Taschenbuchausgaben, hinter Festspielen und Filmen verschwunden.[6] Deshalb scheint es mir wichtig, den »unbekannten« Karl May vorzustellen, und zwar in engem Bezug zu seinem Werk, denn in fast allen Texten Mays lassen sich verschlüsselte Darstellungen und Lösungsversuche seiner eigenen Lebensprobleme erkennen.

Würde mich jemand fragen, weshalb dies eine Geschichte ist, die junge Menschen heute angeht, so würde ich antworten: Weil man an ihr miterlebt, wie ein vom Schicksal benachteiligter und verletzter Mensch sich am Ende am eigenen Haarschopf aus dem Sumpf, in den er durch seine Torheiten hineingerät und zu versinken droht, herausarbeitet, sich einen Beruf wählt und Erfolg hat. Wie also dieser kriminell gewordene junge Mann zu einer sinnvollen Lebensaufgabe gelangt, jener nämlich, andere Menschen zu unterhalten, indem er Geschichten erzählt. Schon das allein, denke ich, wäre Grund genug, um Leben und Werk dieses rätselhaften Menschen, über den die Urteile seiner Zeitgenossen und der Nachwelt so weit und schroff auseinander gehen, genau zu betrachten und sein faszinierendes Schicksal zu rekonstruieren.

I.

Armer Leute Kind

»In meinen Büchern identifiziere ich mich mit der
Menschheit, der es genau ebenso ergeht, wie es damals
mir ergangen ist: sie hat ihre Seele verloren;
infolgedessen ergeht sich ihr Geist in Irrtümer,
die nicht eher behoben werden können, als bis ihre
Seele sich wieder zurückgefunden hat.«

Karl May

Karl Friedrich May wird am 25. Februar 1842 gegen
22 Uhr in der erzgebirgischen Kleinstadt Ernstthal in
Sachsen als fünftes Kind des Webers Heinrich August
May (1810–1888) und seiner Frau Christiane Wilhelmine geb. Weise (1817–1885) im Hause Niedergasse 11 (später 122) geboren.

Als er zur Welt kommt, lebt von seinen vor ihm
geborenen Geschwistern nur noch die vierjährige Auguste Wilhelmine. Drei Kinder, zwei Jungen und ein
Mädchen, sind der zu dieser Zeit äußerst hohen Säug-
lingssterblichkeit zum Opfer gefallen. Die Mutter
wird zwischen ihrem neunzehnten und fünfundvier-
zigsten Lebensjahr vierzehn Kinder gebären. Neun
davon sterben schon in frühester Kindheit.

Die Vorfahren Mays sind fast alle Bauern, Handwerker und Weber gewesen. Über die dramatischen Todesumstände der beiden Großväter ist Genaueres bekannt. Der Großvater mütterlicherseits, Christian Friedrich Weise, hat sich 1832 eines Nachts im Keller eines Nachbarn erhängt. Über den Tod des Großvaters väterlicherseits erzählt Karl May:

»Er war zu Weihnacht nach dem Nachbarort gegangen, um Brot zu holen. Die Nacht überraschte ihn. Er kam im tiefen Schneegestöber vom Weg ab und stürzte in die damals steilste Schlucht des Krähenholzes, aus der er sich nicht heraus arbeiten konnte. Seine Spuren wurden verweht. Man suchte lange Zeit vergeblich nach ihm. Erst als der Schnee verschwunden war, fand man seine Leiche und Brote.«[1]

Freilich ist das nicht die ganze Wahrheit: Der Großvater kam vom Weg ab, weil er betrunken war. Das Totenbuch vermerkt in seinem Falle: »Unordentliche Lebensart.«

An Hand von zeitgenössischen Statistiken kann man sich ein genaueres Bild von der sozialen Lage der Bevölkerung von Ernstthal, einer kleinen Stadt in der Nähe von Zwickau, machen: »Von den 2630 Einwohnern ernähren sich 80 Prozent von der Heimweberei, die seit der Blütezeit zu Beginn des Jahrhunderts unaufhaltsam niedergegangen ist und zum Existenzminimum jetzt wenig über ein Drittel beiträgt; ›Nebenberufe‹ müssen aushelfen. Schmuggel und anderes; in Scharen verlassen Auswanderer die kümmerliche Heimat, hinüber ins Land der unbegrenzten Möglichkeiten; die öffentlichen Einrichtungen – etwa das Schulwesen – sind durch Schulden in Unordnung; 84 Haushalte zählt 1845 eine Akte zu den Ärmsten der Armen. Mangelkrankheiten bestimmen Leben und Sterben: *das, was man gegenwärtig diskret als Unterernährung zu bezeichnen pflegt*, ist wohl auch Ursache für die Erblindung des Kindes kurz nach der Geburt; sie wird erst – lange von törichten Kuren verpfuscht – im fünften Lebensjahr durch Eingreifen Dresdner Ärzte behoben. Bei schimmligen Brötchen, Unkrautsuppe und Kartoffelschalensud gedeiht nicht eben mehr als ein ›Kellerkeim von Junge‹, *ein krankes, schwaches Kind, welches noch im Alter von sechs Jahren auf dem Boden rutschte, ohne stehen und laufen zu können*, aber umso mehr das Verlangen nach dem Anderen, das hinter solcher Wirklichkeit wäre, nach der besseren Welt, die mit Gedanken zu erreichen, in der mit Gedanken frei zu schalten sei: *Ich habe in meiner Kindheit stundenlang still und regungslos gesessen und in die Dunkelheit meiner kranken Augen gestarrt.*«[2]

Ob Karl May in den ersten Lebensjahren vollständig blind gewesen war, ist neuerdings seit einer sorgfältigen Untersuchung umstritten. Der in Berlin lebende Arzt Johannes Zeilinger überprüfte akribisch alle möglichen zeitgenössischen Krankheitsursachen einer Erblindung, dazu die Sehfähigkeit Karl Mays an Hand seiner Brillen, die im Museum in Radebeul aufbewahrt werden. Nach alledem kommt er zu dem Schluss: »So ist in doppelter Hinsicht die Blindheitsepisode des jungen May eine ophthalmologische Unmöglichkeit.«[3] Es scheint demnach durchaus denkbar, dass es sich vielmehr um eine der zahlreichen Mystifikationen handelt, mit denen May in späteren Jahren sein Leben zu umgeben pflegte.

War nicht auch der Sänger der Antike, Homer, blind gewesen? Das Motiv der Blindheit taucht immer wieder in den Romanen Karl Mays auf.

Karl Mays eigene Aufzeichnungen sind das einzige direkte Zeugnis, das über seine Kindheit vorliegt. Gegenüber seinen Lebenserinnerungen mit dem Titel *Mein Leben und Streben* (später enthalten in dem Band *Ich*) sind, bei aller Anschaulichkeit gerade der Passagen über Kindheit und Jugend, gewisse Vorbehalte angebracht. Es hat sich herausgestellt, dass der Phantasiebegabte nicht unbedingt die Wirklichkeit nachgezeichnet hat, sondern häufig der Versuchung erlag, Wunschträumen nachzugeben und die Situation zu erklären.

Bei allem Elend und der materiellen Not der Familie scheint das kleine Haus, das die Mutter – freilich samt der auf ihm liegenden Schulden – geerbt hatte, wenigstens in den Augen der Kinder ein Ort der Geborgenheit, ja sogar einer gewissen Behaglichkeit gewesen zu sein.

Karl May erzählt: »Mutter hatte ganz unerwartet von einem entfernten Verwandten ein Haus geerbt und einige kleine, leinene Geldbeutel dazu. Einer dieser Geldbeutel enthielt lauter Zweipfennigstücke, ein anderer Dreipfenniger, ein dritter lauter Groschen. In einem vierten steckte ein ganzes Schock Fünfzigpfenniger, und im fünften und letzten fanden sich zehn alte Schafhäuselsechser, zehn Achtgroschenstücke, fünf Gulden und vier Thaler vor. Das war ja ein Vermögen! Das schien der Armut fast wie eine Million. Freilich war das Haus nur drei schmale Fenster breit und sehr aus Holz gebaut, dafür aber war es drei Stockwerke hoch und hatte ganz oben unter dem First einen Taubenschlag, was bei anderen Häusern bekanntlich nicht immer der Fall zu sein pflegt. Großmutter, die Mutter meines Vaters, zog in das Parterre, wo es nur eine Stube mit zwei Fenstern und die Haustür gab. Dahinter lag ein Raum mit einer alten Wäscherolle, die für zwei Pfennig pro Stunde an andere Leute vermietet wurde. [...] Im ersten Stock wohnten die Eltern mit uns. Da stand der Webstuhl mit dem Spulrad. Im zweiten Stock schliefen wir mit einer Kolonie von Mäusen und einigen größeren Nagetieren, die eigentlich im Taubenschlage wohnten und des Nachts nur kamen, uns besuchen. Es gab auch einen Keller, doch er war immer leer. Einmal standen einige Säcke Kartoffeln darin, die gehörten aber nicht uns, sondern einem Nachbar, der keinen Keller hatte. Großmutter meinte, daß es viel besser wäre, wenn der Keller ihm und die Kartoffeln uns gehörten. Der Hof war grad so groß, daß wir fünf Kinder uns aufstellen konnten, ohne einander zu stoßen. Hieran grenzte der Garten, in dem es einen Hollunderstrauch, einen Apfel-, einen Pflaumenbaum und einen Wassertümpel gab, den wir als ›Teich‹ bezeichneten. Der Hollunder[*] lieferte uns den Tee zum Schwitzen, wenn wir uns erkältet hatten, hielt aber nicht sehr lange vor, denn wenn das Eine sich erkältete, fingen auch alle Anderen an zu husten, und wollten mit ihm schwitzen. Der Apfelbaum blühte immer sehr sehr schön und sehr reichlich; da wir aber nur zu wohl wußten, daß die Äpfel gleich nach der Blüte am besten schmecken, so war er meist schon Anfang Juni abgeerntet. Die Pflaumen aber waren uns heilig. Großmutter aß sie gar zu gern. Sie wurden täglich gezählt, und niemand wagte es, sich an ihnen zu vergreifen. Wir Kinder bekamen doch mehr, viel mehr davon, als eigentlich auf uns fiel.«[4]

Der Alltag in den zwei dicht beieinander liegenden Städtchen Hohenstein und Ernstthal, »deren Gäßchen sich stellenweise wie die Finger zweier gefalte-

---

[*] Die Schreibweise Karl Mays wurde in den Originalzitaten immer beibehalten, also auch dort, wo sie von den heute gebräuchlichen Rechtschreibregeln abweicht.

ten Hände ineinanderschoben«, wie May es ausdrückt, wird in seinen Lebenserinnerungen höchst
anschaulich abgebildet. Hier ist nichts geschönt oder
verklärt. Ja, man erhält bei diesen eingesprengten Milieuschilderungen eine Vorstellung davon, wie es in
einer Kleinstadt in den entlegeneren Landesteilen
Deutschlands im sonst als so behaglich gerühmten
Biedermeier zugegangen sein mag:

»Die Hauptbeschäftigung bildete die Weberei. Der
Verdienst war kärglich, ja oft überkärglich zu nennen.
Zu gewissen Zeiten gab es wochen-, zuweilen mona-
telang wenig oder gar keine Arbeit. Da sah man
Frauen in den Wald gehen und Körbe voll Reisig
heimschleppen, um im Winter Feuerung zu haben.
Des nachts konnte man auf einsamen Pfaden Männern begegnen, welche Baumstämme nach Hause tru-
gen, die noch während der Nacht zu Feuerholz zer-
sägt und zerhackt wurden, damit wenn Haussuchung
kam, nichts gefunden werden konnte. Es galt für die
armen Weber fleißig zu sein, und den Hunger abzu-
wehren. Am Sonnabend war Zahltag. Da trug ein jeder sein ›Stück zu Markte‹: Für jeden Fehler, der sich
zeigte, gab es einen bestimmten Lohnabzug.«[5]

Am Wochenende wird viel getrunken und es werden Glücksspiele gemacht, bei denen nicht selten ein
ganzer Wochenverdienst den Besitzer wechselt. Der
Pfarrer, der Arzt, der Rechtsanwalt sind die einzig
gebildeten Personen am Ort. Die Häuser sind klein,

die Gassen eng. Jeder beobachtet jeden. »Man wußte alles, aber man schwieg. Nur zuweilen, wenn man es für nötig hielt, ließ man ein Wörtchen fallen, und das war genug. Man kam dadurch zur immerwährenden, aber stillen Hechelei, zur niedrigen Ironie, zu einem scheinbar gutmütigen Sarkasmus, welcher aber nichts Reelles an sich hatte.«[6]

Es ist zu bedauern, dass Karl May diese Atmosphäre und die Menschen, die sich in ihr bewegten, in keinem seiner Romane ausführlich dargestellt hat. Eine Ausnahme bildet der Schlussteil von *Der verlorene Sohn*, einer der Kolportageromane, von denen noch zu reden sein wird.

Karl May kannte sich im Kleinstadtmilieu gut aus. Es weht Mief durch diese Stadt und da ist viel kleinbürgerliche Gemeinheit, die ihn empört: »So hatte sich aus den sonnabendlichen Kartenspielen ein lichtscheues Unternehmen gebildet, welches den Zweck verfolgte, verbotenes, ja sogar betrügerisches Kartenspiel zu pflegen. Die Betreffenden kamen zusammen, um sich in der Zubereitung und im Gebrauch flacher Karten zu üben. Sie etablierten sich in einer vor der Stadt gelegenen Wirtschaft. Sie schickten Zubringer aus, um Opfer einzufangen. Da saß man nächtelang und spielte um hohe Einsätze. Mancher kam da mit vollen Taschen und ging mit leeren fort. Man erzählte sich von jedem neuen Coup, der gemacht worden war. Man sprach von den erbeuteten Summen, und man freute sich darüber, anstatt daß man sich diese Betrügereien vorwarf. Man verkehrte mit den Falschspielern wie mit ehrlichen Leuten. Man leistete ihnen Vorschub. Ja man achtete, man rühmte ihre Pfiffigkeit, und man verriet nicht das geringste von allem, was man von ihnen wußte. Daß hierdurch eigentlich das ganze Städtchen an dem Betruge gegen die herbeigeschleppten Opfer beteiligt wurde, und Jedermann, der von diesen Gaunereien wußte, sich streng genommen, als Hehler zu betrachten hatte, das leuchtete keinem Menschen ein.«[7]

Selbst wenn man unterstellt, dass durch die moralisierende Polemik manch eigene Verfehlungen Mays in ein milderes Licht getaucht werden sollen, muss die Atmosphäre einer solchen Kleinstadt beklemmend gewesen sein. Gewiss war jenes soziale Klima auch eine Konsequenz der politischen Zurückstutzung und Enthaltsamkeit des Bürgertums: Weil man politisch nicht oder nur eingeschränkt mitreden durfte, wetzte man seine Zunge desto heftiger an den menschlichen Schwächen der Nachbarn.

Von seinem Vater berichtet May, er sei aufbrausend, jähzornig, unbeherrscht und gegenüber den Kindern gewalttätig gewesen, »ein Mensch mit zwei Seelen. Die eine Seele unendlich weich, die andere tyrannisch, voll Übermaß im Zorn, unfähig sich zu beherrschen. Er besaß hervorragende Talente, die aber alle unentwickelt geblieben waren, der großen Armut wegen. Er hatte nie eine Schule besucht, doch aus eigenem Fleiß fließend lesen und sehr gut schreiben gelernt. Er besaß zu allem, was nötig war, ein angeborenes Geschick. Was seine Augen sahen, machten seine Hände nach. Obgleich nur Weber, war er doch imstande, sich Rock und Hose selbst zu schneidern und seine Stiefel selbst zu besohlen. Er schnitzte und bildhauerte gern, und was er da fertig brachte, das hatte Schick und war gar nicht so übel. Als ich eine Geige haben mußte und er kein Geld auch zu dem Bogen hatte, fertigte er schnell selbst einen an. Dem fehlte zwar ein Wenig an schöner Schweifung und Eleganz, aber er genügte vollständig, seine Bestimmung zu erfüllen. Vater war gern fleißig, doch befand sich sein Fleiß stets in Eile. Wozu ein anderer Weber vierzehn Stunden brauchte, dazu brauchte er zehn; die übrigen vier verwendete er dann zu Dingen, die ihm lieb waren«.

Für die Kinder und wohl auch für die Ehefrau hatte solch konzentriertes Arbeiten auch eine Schattenseite, die May nicht verschweigt.

»Während dieser zehn anstrengenden Stunden war nicht mit ihm auszukommen; alles hatte zu schweigen; niemand durfte sich regen. Da waren wir in steter Angst ihn zu erzürnen. Dann wehe uns! Am Webstuhl hing ein dreifach geflochtener Strick, der blaue Striemen hinterließ, und hinter dem Ofen steckte der wohlbekannte ›birkene Hans‹, vor dem

24

wir Kinder uns besonders scheuten, weil Vater es liebte, ihn vor Züchtigungen im großen ›Ofentopfe‹ einzuweichen, um ihn elastischer und also eindringlicher zu machen. Übrigens, wenn die zehn Stunden vorüber waren, so hatten wir nichts mehr zu befürchten; wir atmeten alle auf, und Vaters andere Seele lächelte uns an. Er konnte dann geradezu herzgewinnend sein, doch hatten wir selbst in den heitersten und friedlichsten Augenblicken das Gefühl, daß wir auf vulkanischem Boden standen und von Moment zu Moment einen Ausbruch erwarten konnten.«[8]

Die Vermutung, dass die Begeisterung Hadschi Halef Omars für Peitschenhiebe und die Abneigung gegen solche Abstrafung bei Kara Ben Nemsi in den Orientromanen Mays hier ihren Erfahrungsgrund hätten, geht bestimmt nicht fehl.

Die vom Sohn gerühmten Fähigkeiten des Vaters hat Claus Roxin in einer biographischen Skizze näher betrachtet. Er schreibt: »Das einzige erhaltene Schriftstück von seiner [des Vaters] Hand, eine aus dem Jahr 1856 stammende Bitte an das Armenkomitee zu Ernstthal um Unterstützung für seine Mutter, zeigt freilich, dass er die Regeln der Orthographie und des Satzbaus höchst unzulänglich beherrschte. Dagegen neigte er – und hierin war er seinem Sohn am ähnlichsten – zu phantastischen Unternehmungen. Die kärglichen Geldmittel der Familie verschleuderte er durch dilettantische Versuche, mit Hilfe eines

Taubenhandels zu Reichtum zu kommen; und anlässlich der Revolution von 1848 übte er sich im ›höheren Kommando‹, indem er Offizier und General spielte und seinen kleinen Sohn als ›sächsische Armee‹ exerzieren ließ. [...] Immer wieder drängte es ihn aus der sozialen Deklassierung zu öffentlicher Wirksamkeit. Er gehörte 1834 zu den Gründungsmitgliedern der Bürgergarde in Ernstthal, einer von den Bürgern selbst organisierten Hilfspolizei, zu deren ›Vertrauensmann‹ er auch gewählt wurde. Ob er im April 1848 am Sturm auf das Waldenburger Schloss des Fürsten von Schönburg mitgewirkt hat, wissen wir nicht; es ist unwahrscheinlich. Doch beteiligte er sich 1849 an der Gründung des Ernstthaler Vaterländischen Vereins, einer linksdemokratischen Gruppe. Auch der erwähnte Brief an den Armenverein ist nicht frei von provozierenden Tönen. Doch ist Heinrich August May – anders als sein weit begabterer Sohn – nie mit dem Gesetz in Konflikt gekommen.«[9]

Komplizierter stellt sich das Bild der Mutter und das Verhältnis Karls zu ihr dar. Er verherrlicht sie als »Märtyrerin«, die still ihre Pflicht tut und sich für die Familie aufopfert. »Nie, niemals habe ich ein ungutes Wort aus ihrem Mund gehört. Sie war ein Segen für jeden, mit dem sie verkehrte, vor allen Dingen ein Segen für uns, ihre Kinder. Sie konnte noch so schwer leiden, kein Mensch erfuhr davon.«[10]

Auch das ist eine idealistische Stilisierung. Karls

Mutter war überfordert. Nicht nur durch die wahnwitzige Zahl der Geburten und Kindstode. Schließlich ist sie es auch, die die bedrohliche materielle Situation der Familie einigermaßen stabilisieren hilft, nachdem der Vater durch seinen missglückten Taubenhandel das bisschen Geld, das durch die Erbschaft der Mutter ins Haus gekommen ist, vertut und dann gar noch einen ebenso verlustreichen Handel mit Lebensmitteln beginnt.

Dass das Verhältnis der beiden Ehepartner nicht konfliktfrei war, schildert Karl May selbst ausführlich: »Dieses unstäte, unnütze Leben [des Vaters] förderte nicht, sondern fraß das Glück des Hauses; es fraß sogar auch noch die übrigen Leinenbeutel. Mutter gab gute Worte vergeblich. Sie härmte sich und trug still, bis es Sünde gewesen wäre, weiter zu tragen. Da faßte sie einen Entschluß und ging zum Herrn Stadtrichter Layritz. [...] Sie stellte ihm ihre Lage vor. Sie sagte ihm, daß sie zwar ihren Mann sehr, sehr lieb habe, aber vor allen Dingen auch auf das Wohl ihrer Kinder achten müsse. Sie verriet ihm, daß sie außer den bisher erwähnten Beuteln noch einen besitze, den sie ihrem Mann noch nicht gezeigt, sondern verheimlicht habe. Der Herr Stadtrichter Layritz solle doch die Güte haben, ihr zu sagen, wie sie das Geld anlegen könne, um sich und ihre Kinder zu sichern. Sie legte ihm den Beutel vor. Er öffnete ihn und zählte. Es waren sechzig harte, blanke, wohlgeputzte Taler. Darob großes Erstaunen! Der Herr Stadtrichter Layritz dachte nach; dann sagte er: ›Meine liebe Frau May, ich kenne Sie. Sie sind eine brave Frau, und ich stehe für Sie ein. Unsere Hebamme ist alt; wir brauchen eine jüngere. Sie gehen nach Dresden und werden für dieses Geld Hebamme. Ich werde das besorgen! Kommen Sie mit der ersten Zensur zurück, so stellen wir Sie sofort an. Darauf gebe ich Ihnen mein Wort. Kommen Sie aber mit einer niedrigeren Zensur, so können wir Sie nicht gebrauchen. Jetzt aber gehen Sie heim, und sagen Sie Ihrem Mann, er solle sofort einmal zu mir kommen; ich hätte mit ihm zu reden.‹

Das geschah. Mutter ging nach Dresden. Sie kam mit der ersten Zensur zurück, und der Herr Stadtrichter Layritz hielt Wort; sie wurde eingestellt.«[11]

May bringt seine medizinische Behandlung in Dresden, die zur Aufhebung seiner »Blindheit« führt, mit dem Aufenthalt der Mutter dort und ihrer Bekanntschaft mit einer ärztlichen Kapazität in Verbindung, die sie mit dem Kind schließlich konsultiert. Zwischen den Zeilen steht: Ohne diese zufällige Verbindung, die sich durch die Ausbildung der Mutter zur Hebamme bei Professoren in der »Großstadt« ergab, hätte es sich die Familie nicht leisten können, den Sohn von einem Facharzt in Dresden behandeln zu lassen.

Das Haus in der Niedergasse ist 1837 an die Mutter vererbt worden. Es ist aber mit einer Hypothek und – was den heutigen Leser erstaunen mag – mit Fronabgaben an den Grafen von Schönburg-Hinterglauchau belastet. Außerdem müssen immer 20 Gulden und 5 Groschen bereitliegen, die bei dessen eventueller Heimkehr aus der Fremde an den Schwager der Erblasserin, Christian Gottlob Klemm, auszuzahlen sind.

1845 muss die Familie May dieses geerbte Haus für 515 Reichstaler verkaufen und wohnt ab da in einem Haus am Markt zur Miete. Ein Teil des Verkaufserlöses dient dazu, die Hebammenausbildung der Mutter in Dresden zu bestreiten.

Während der Abwesenheit der Mutter erkranken die daheim unter der Obhut der Großmutter zurückgebliebenen Kinder an Blattern. Aus Mays Darstellung der Krankheit, bei der sich der Kopf seiner Schwester in einen unförmigen Klumpen Fleisch verwandelt und der Arzt die Lippen freischneiden muss, damit man dem Kind etwas Milch einflößen kann, erfährt man, wie wenig die Medizin damals bei dieser Seuche den Menschen zu helfen vermochte, vor allem, wenn es sich um arme Patienten handelte.

Mit hoher Wahrscheinlichkeit hängt die bedrängte Lage der Mays auch mit der Verschärfung der Berufssituation der Handweber zusammen. Aus England, wo die Industrialisierung früher begonnen hat als in Deutschland, kommt billigere Ware auf den kontinentalen Markt. Die Not der als Heimwerker arbeitenden Weber nimmt unerträgliche Formen an. Das führt 1844 zu dem großen Weberaufstand in Schlesien, den Gerhart Hauptmann in seinem Drama *Die Weber* geschildert hat.[12]

Auch in der Heimat Mays kommt es im April 1848 zu Unruhen, die der kleine Karl wohl wahrgenommen haben dürfte. Beim Sturm auf die Residenz des Fürsten Schönburg-Waldenburg wird von der erregten Volksmenge, unter der sich viele Weber und Strumpfwirker befinden, das Schloss in Brand gesteckt und geplündert.

Offenbar haben die Ereignisse zur Folge, dass die Mutter in ihrer Funktion als Hebamme versucht, endlich ihre Forderungen nach einem Mindestlohn und einer Entschädigung bei Arbeitsausfall durchzusetzen. Die Eingabe wird beim Glauchauer Amt gemacht. Das erklärt sich für nicht zuständig und verweist die Bittstellerin an den Gemeinderat von Ernstthal, der den Antrag ablehnt. Ihr Insistieren und das Hin und Her bei den Behörden in Glauchau und Ernstthal haben schließlich nur zur Folge, dass man sich daran erinnert, Heinrich May habe sich bei der Anstellung seiner Frau bereit erklärt, auf die Almosenzuwendungen für seine Mutter zu verzichten, die bis dato immer noch gezahlt wurden. Diese Zahlungen werden jetzt gestrichen.

Jene Person, die auf das Kind und die Entwicklung

seiner »mächtigen Innenwelt« den wesentlichsten Einfluss genommen hat, dürfte seine Großmutter mütterlicherseits, Johanne Christiane Kretschmar, die »Hohensteiner« Großmutter, gewesen sein. May schildert sie als »eine arme ungebildete Frau, aber trotzdem eine Dichterin von Gottes Gnaden«. In seinen Lebenserinnerungen heißt es: »Großmutter erzählte eigentlich nicht, sondern sie schuf; sie zeichnete; sie malte; sie formte. Jeder, auch der widerstrebendste Stoff gewann Gestalt und Kolorit auf ihren Lippen. Und wenn zwanzig ihr zuhörten, so hatte jeder einzelne von den zwanzig den Eindruck, daß sie das, was sie erzählte, ganz allein für ihn erzähle. Und das haftete; das blieb. Mochte sie aus der Bibel oder aus ihrer reichen Märchenwelt berichten, stets ergab sich am Schluß der innige Zusammenhang zwischen Himmel und Erde, der Sieg des Guten über das Böse und die Mahnung, daß alles auf Erden nur ein Gleichnis sei, weil der Ursprung aller Wahrheit nicht im niedrigen, sondern nur im höheren Leben liegt. Ich bin überzeugt, daß sie das nicht bewußt und in klarer Absicht tat; dazu war sie nicht unterrichtet genug, sondern es war angeborene Gabe, war Genius und der erreicht bekanntlich das, was er will, am sichersten, wenn man ihn weder kennt noch beobachtet.«[13]

Zweifellos haben wir in der Großmutter eines jener mündlichen Erzählgenies vor uns, wie sie sich vor allem auch in Deutschland bis ins 19. Jahrhundert dadurch erhalten haben, dass mündliches Erzählen über viele Generationen hin die Abendunterhaltung der Unterschicht war.

Gewiss kann man in der Hohensteiner Großmutter das Vorbild für die einzige wirklich überragende Frauengestalt in Mays Romanen sehen: Marah Durimeh, jene Gestalt, die ihm als Verkörperung der Weltseele gilt. Während die anderen Frauen meist nach Klischees des Zeitgeschmacks gezeichnet sind und seltsam blass und leblos bleiben, wird mit Marah Durimeh gewissermaßen eine Frau mit Charisma entworfen, entsprechend dem Archetypus der »weisen Alten«.

Viele Geschichten der Großmutter, so Karl May, stammten aus einem Buch mit dem orientalischen Titel: *Der Hakawati in Asia, Africa, Turkia, Arabia, Persia und India sampt eyn Anhang mit Deytung, explanation und interpretation, auch viele Vergleychung und Figürlich seyn von*
Christianus Kretzschmann
Der aus Germania war.
Gedruckt von Wilhelmus Candidus
A. D.: M. D. C. V.

Enthalten in dieser Märchensammlung war auch *Das Märchen von Sitara*, dessen Botschaft – Überwindung des Gewalt- und Übermenschen hin zum Edelmenschen – zum Kerngedanken in Mays Alterswerk werden sollte.

Jeder, der noch der Generation angehört, in der Kinder Märchen vorgelesen bekamen, kann sich an solche Zauberbücher der kindlichen Phantasie erinnern, wie es das Märchenbuch der Großmutter gewesen sein muss.

Wegen der weit reichenden Konsequenzen, die die Lektüre dieses Buches für das Werk Karl Mays gehabt hat, hat sich natürlich die Forschung stark dafür interessiert, die genaue Identität des Buches festzustellen. 1933 kommt der aus Greifswald stammende Volkskundler L. Darnedde bei seinen Nachforschungen zu folgendem Ergebnis:

»Auf den ersten Blick könnte der Titel für ein Buch aus dem Jahr 1605 durchaus richtig sein. Allerdings wirkt der Zusatz ›der aus Germania war‹ wirklich störend. Allerdings würde der angeführte Titel allein noch nichts Ausschlaggebendes gegen ein Vorhandensein dieser Märchensammlung besagen. Nun aber schrieb May den Abschnitt seiner Biographie, aus dem dieses Zitat stammt, im Jahre 1910 nieder. Wie konnte er in diesem Jahr einen Titel noch mit wörtlicher Genauigkeit wiedergeben, den er in seiner Kindheit (also in den Jahren 1845–50) gehört hatte? Nur eins ist da möglich: May muss noch im Jahre 1910 das zitierte Buch in seiner Bibliothek besessen haben. Der am meisten Erfolg versprechende Weg war also eine Nachfrage bei der Nachlassbibliothek Mays. Eine dahingehende Anfrage beim Karl-May-

Verlag wurde folgendermaßen beantwortet: ›Karl May hat eine eigene und sehr umfangreiche Bibliothek (etwa 2500 Bände) hinterlassen, die sich in der Villa Shatterhand in Radebeul befindet. Das gefragte Buch *Der Hakawati* ist leider verschollen. Wir (d.h. der Verlag) haben bereits jahrelang bei allen deutschen Büchereien nach diesem Werk geforscht. Nichts lässt sich darüber ermitteln, obwohl der Dichter gerade zu diesem Buch sehr genaue Angaben in der Bibliographie macht.‹

Eine weitere Rundfrage durch das Auskunftsamt der deutschen Bibliotheken war gleichfalls erfolglos. Es ist wohl nicht zu viel, wenn daraus der Schluss gezogen wird, dass May im Jahre 1910 das fragliche Buch kaum besessen hat. Gerade aus der Genauigkeit der Titelangabe folgt dann aber weiter, dass dieser Titel höchstwahrscheinlich von May selbst konstruiert wurde.«

Der den Fall untersuchende Volkskundler stolperte vor allem über den Zusatz »der aus Germania«. Den verräterischen Hinweis, dass das Buch ganz einfach erfunden ist, liefert jedoch May in seiner Autobiographie selbst.

»Er bringt nämlich in seiner Kindheitsgeschichte ein Märchen mit der Behauptung, dass dieses Märchen von seiner Großmutter bei ihren Erzählungen aus dem *Hakawati* stets bevorzugt worden sei. Dieses so genannte Märchen, betitelt *Das Märchen von*

Sitara ist ein Erzählgebilde, das in keiner Weise etwas mit dem Begriff ›Märchen‹ zu tun hat. Es entspricht weiterhin weder dem kindlichen Fassungsvermögen noch dem Bildungshorizont der Erzählerin, wie es Mays Großmutter gewesen sein muss. […] Dass dieses so genannte Märchen in Beziehung zu Mays Schaffen überhaupt steht und nicht in der Kindheit gehörte Erzählung ist, beweist auch die Einfügung der dichterischen Beschreibung der Geisterschmiede aus [Mays Drama] *Bibel und Babel* in dieses ›Märchen‹. Und wie May, der Proletariersohn, sein Leben lang nach dem Ideal des Edelmenschen strebte, wie er in allen seinen Werken dieses Ideal in oft sehr krasser Schwarzweiß-Manier zeichnete, sei es als Kara Ben Nemsi, als Winnetou oder Old Shatterhand, so hat er auch in diesem ›Märchen‹ lediglich seine stark dualistische Weltanschauung symbolisiert. Als nichts weiter als das ist *Das Märchen von Sitara* zu werten.«[14]

Inzwischen ist die Karl-May-Forschung noch ein Stückchen weiter. Wir wissen von Samia Al Azharia, der Herausgeberin eines Bandes *Arabische Märchen*, dass »Hakawati« in Syrien die Bezeichnung für einen nicht beruflichen Märchenerzähler ist. Nimmt man hinzu, dass Karl May 1899 auf seiner großen Orientreise auch Syrien berührt hat, so wäre dies vielleicht eine Spur, wie er auf dieses Wort als Titel für besagtes Märchenbuch verfallen ist.

Auf die nächstliegende Erklärung scheint die Forschung nicht verfallen zu sein. Der Name des Verfassers des Märchenbuches Christianus Kretzschmann ist nahezu identisch mit dem der Großmutter Johanne Christiane Kretschmar!

Man sieht an diesem Beispiel, wie schwierig es sein kann, die May'schen Privatmythen bis zu ihrer Entstehung hin zu verfolgen. Zudem ist dieser Fall ein gutes Beispiel dafür, welche penible Forschungsarbeit, meist angestoßen von den in der Karl-May-Gesellschaft versammelten begeisterten Lesern des Autors, inzwischen geleistet worden ist. Ohne Übertreibung lässt sich sagen: Selbst noch die entlegenste Einzelheit in Leben und Werk ist durch das Vergrößerungsglas betrachtet worden.

Im Jahr 1851 sieht der neunjährige Karl May zwei Puppenspiele: *Das Müllerröschen oder die Schlacht bei Jena* und *Dr. Faust oder Gott, Mensch und Teufel*. Diese Erlebnisse und seine Mitwirkung bei einer Theateraufführung nach der Erzählung *Preziosa* von Pius Alexander Wolf (1782–1828) dürften bei ihm die Lust zum Fabulieren, aber auch den Wunsch, anderen zu helfen, geweckt haben.

»Kurze Zeit darauf lernte ich Stücke kennen, die nicht von der Volksseele, sondern von Dichtern für das Theater geschrieben worden waren, und das ist der Punkt, an dem ich auf meine Trommel zurückzukommen habe. Es ließ sich eine Schauspielertruppe für einige Zeit in Ernstthal nieder. Es handelte sich also nicht um Puppen-, sondern um wirkliches Theater. [...] Die Künstler fielen in Schulden. Dem Herrn Direktor wurde himmelangst. Schon konnte er die Saalmiete nicht mehr bezahlen, da erschien ihm der Retter, und dieser Retter war — ich. Er hatte beim Spaziergang meinen Vater getroffen und ihm seine Not geklagt. Beide berieten. Das Resultat war, daß der Vater schleunigst nach Hause kam und zu mir sagte: ›Karl, hole deine Trommel herunter, wir müssen sie putzen. [...] du bist der Tambour und bekommst blanke Knöpfe und einen Hut mit weißer Feder. Das zieht die Zuschauer herbei. Es wird bekannt gemacht.«[15]

Der neunjährige Karl May als Trommler für die in Not geratene Kunst! Als Helfer der Bedrängten. Wie oft werden die Helden in seinen Romanen in dieser Rolle auftreten!

Mit Freude erinnert sich Karl May später zurückblickend an den ihm von Kantor Strauch kostenlos erteilten Orgel-, Klavier- und Violinunterricht. Auch in die Volksschule geht der Junge gern, er gilt dort anscheinend als besonders begabt. Dies hat jedoch zur Folge, dass der Vater höher mit ihm hinauswill und ihn – statt ihm zu erlauben, mit anderen zu spielen – ganze Bücher abschreiben lässt und darauf drängt, er soll schon jetzt Latein, Englisch und Französisch lernen.

Todesfälle sind in der Familie häufig. 1851 stirbt Karl Mays Großmutter Friederike Weise, im selben Jahre am 20. September der erst im April geborene Bruder, 1852 stirbt die zwei Wochen alte Schwester Anna Henriette. Im Mai 1854 kommt abermals ein Bruder zur Welt, der jedoch schon im August stirbt. Elf Monate später gebiert die Mutter wiederum einen Jungen. Auch er lebt nicht länger als knapp vier Monate.

Die materielle Situation in der Familie ist und bleibt in all den Jahren schwierig. Achtzig Arbeitsstunden in der Woche muss ein Weber leisten, um die Existenz seiner Familie wenigstens notdürftig zu sichern.

Wie bedrückend die Not der Familie May ist, geht allein aus dem Speisezettel hervor: Suppen aus Kartoffelschalen; überbrühter Lattich, am Wegrand gepflückt; Mahlrückstände aus einer Mühle; vertrocknete Brötchen, die der Bäcker nicht mehr zum normalen Preis verkaufen kann und billiger abgibt.

Vor Elend und Tod flüchtet sich Karl ins Lesen. Dass Lesen bildet, davon kann in diesem Fall keine Rede sein. Die ferne Welt, die der Junge lesend aufnimmt, stürzt ihn in Verwirrung: 1854 will der Zwölfjährige, dazu angeregt von einem Auswandererzug in die Vereinigten Staaten, Englisch lernen – eine Sprache, die er ebenso wenig beherrschen wird wie die vierzig anderen Sprachen, die er später zu sprechen vorgibt! Das Geld für den Sprachunterricht verdient er sich als Kegeljunge in der Hohensteiner Schankwirtschaft Engelhardt.

In ebendieser Wirtschaft betreibt die Frau des Wirtes eine Leihbibliothek mit immerhin 1540 Bänden. Zum Bestand gehören unter anderem Eugène Sues *Die Geheimnisse von Paris* und Alexandre Dumas' *Der Graf von Monte Cristo.*

»Und doch gab's in dieser Schankwirtschaft ein noch viel schlimmeres Gift als Bier und Branntwein und ähnliche böse Sachen, nämlich eine Leihbibliothek und zwar was für eine! Niemals habe ich eine so schmutzige, innerlich und äußerlich geradezu ruppige, äußerst gefährliche Büchersammlung wie dies war, nochmals gesehen. Sie rentierte sich außerordentlich, denn sie war die einzige, die es in beiden Städtchen gab. [...] Wenn ich zum Kegelaufsetzen kam und noch keine Spieler da waren, gab mir der Wirt eines dieser Bücher, einstweilen darin zu lesen. Später sagte er, ich könne sie alle lesen, ohne dafür zu bezahlen, und ich las sie, ich verschlang sie; ich las sie drei-, viermal durch! Ich nahm sie mit nach Haus. Ich saß ganze Nächte lang, glühenden Auges über sie gebeugt. Vater hatte nichts dagegen. Niemand warnte mich, auch die nicht, die gar wohl verpflichtet gewesen wären, mich zu warnen. Sie wußten gar wohl, was ich las; ich machte kein Hehl daraus. Und welche Wirkung das hatte! Ich ahnte nicht, was dabei in mir geschah. Was da alles in mir zusammenbrach. Daß die wenigen Stützen, die ich, der seelisch in der Luft schwebende Knabe, noch hatte, nun auch noch fielen, eine einzige ausgenommen, nämlich mein Glaube an Gott und mein Vertrauen in ihn.«[16]

Freude ist selten, Freude macht es ihm, wenn sein Pate, der Schmied Christian Friedrich Weißpflug, von seinen Reisen in ferne Länder erzählt. Freude und Schauder bereiten ihm gewiss auch Bücher aus der Hohensteiner Leihbibliothek. Schundromane sind das zumeist, an die seine Feinde später mit dem Hinweis erinnern werden, hier sei der Grundstock für seine Kriminalität gelegt worden.

Die ersten literarischen Versuche Mays fallen in diese Zeit. 1853 gründete der Verleger Ernst Keil die Wochenzeitschrift *Die Gartenlaube*, die rasch beim Publikum sehr beliebt wurde und sich einer großen Verbreitung erfreute. Um das Jahr 1858 will May schon seine ersten Indianergeschichten zusammen mit einem langen Brief an den Verleger Keil geschickt haben, der sich immerhin die Mühe machte, die Versuche durchzusehen und den angehenden Autor, den er durchaus in dem Jungen sah, vor übertriebenen Erwartungen zu warnen. In weiteren fünf Jahren, so hieß es in dem Antwortbrief, sei er vielleicht so weit, dass man wieder einmal über eine Veröffentlichung reden könne.

Nach der Lektüre des Räuberromans *Rinaldo Ri-*

naldini von Goethes Schwager Vulpius läuft der vier-
zehnjährige Karl aus dem Elternhaus fort. Er hinterlässt einen Zettel, auf dem steht: »Ihr sollt nicht blu-
tig arbeiten, ich gehe nach Spanien und hole Hülfe.«
Er kommt in einem Tag bis Zwickau, wo er Verwandte aufsucht. Gerührt holt ihn der Vater dort
wieder ab. »Der Weg betrug fünf Stunden. Wir sind
in dieser Frist still neben einander hergegangen; er
führte mich an der Hand. Nie habe ich deutlicher gefühlt, wie lieb er mich eigentlich hatte. Alles, was er
vom Leben wünschte und hoffte, das konzentrierte
er auf mich. Ich nahm mir heilig vor, ihn niemals
wieder solches Leid, wie das heutige, an mir erleben
zu lassen. Und er? Was mochten das wohl für Gedanken sein, die jetzt in ihm erklangen? Er sagte
nichts. Als wir nach Hause kamen, mußt ich mich
niederlegen. [...] Von meinem Ausflug nach Spanien
wurde nie ein Wort gesprochen.«[17]

Zu Ostern wird Karl konfirmiert. Er träumt davon, Arzt zu werden. Ärzte werden in seinen Geschichten eine wichtige Rolle spielen: Kara Ben
Nemsi wird in Kairo im Harem als Arzt tätig werden. Aber Arzt, das ist zu hoch gegriffen. Begabung
und gute Zeugnisse sind nicht ausreichend. Der für
Söhne aus armer Familie gerade noch erreichbare Beruf in der Gruppe der »Studierten« ist der des Volks-
schullehrers. Auch diesen Berufsweg kann Karl May
nur einschlagen, weil der Kirchenpatron, der Graf

von Hinterglauchau, den Jungen, der nun auf das Lehrerseminar nach Waldenburg kommen soll, mit jährlich 20 Talern zu unterstützen verspricht.

II.
Einer soll Lehrer werden

»Warum gibt es so viele Verlorene?
Sie müssen verloren gehen, weil man ihnen schon
den ersten, kleinen Fehltritt nicht verzeiht.«

Karl May, *Im Reiche des Silbernen Löwen IV*

Im September 1856 besteht Karl May die Aufnahme-
prüfung zum Lehrerseminar. Er ist an seiner neuen
Ausbildungsstätte alles andere als zufrieden. Die Atmosphäre an der Lehrerbildungsanstalt ist pedantisch
nüchtern und reaktionär. In der Demokratiebewe-
gung des Jahres 1848 waren viele Lehrer engagierte
Demokraten. Dem versucht man entgegenzusteuern.
Eine bessere Bildung der unteren Volksschichten soll
verhindert, demokratische Umtriebe und liberale Ide-
en schon im Ansatz unterbunden werden. Derlei
Grundsätze gelten nicht nur für Preußen, sondern
auch im Königreich Sachsen. »Restaurative Einstel-
lung, systemtreue Frömmigkeit und staatserhaltende
Anpassung wurden folglich goutiert und gefördert«,
schreibt Wohlgschaft.[1]

Mays Kritik ist unpolitisch, er murrt vor allem
über die Art und Weise, in der religiöse Fragen am

Seminar behandelt werden, und Theologie und Religionsunterricht nehmen im Lehrplan einen breiten Raum ein. In der *Haus- und Lebensordnung für das Schullehrer-Seminar in Waldenburg* heißt es dazu: »Der Seminarzögling soll, eingedenk des von ihm gewählten Berufes, wie zu allen Zeiten, so auch während der Dauer seines Aufenthalts im Seminar, eines christlichen frommen Sinns sich befleißigen. Dieser Sinn wird sich kundgeben in andächtiger Theilnahme an den täglichen Hausandachten und am öffentlichen Gottesdienste, in würdiger Begehung der Abendmahlsfeier, in Vermeidung alles Sittlich-Unlauteren, in Gedanken, Worten und Handlungen, in Gehorsam gegen die Lehrer, in pünktlicher Befolgung der Anstaltsordnungen, in einem verträglichen, milden und gefälligen Verhalten gegen die Mitschüler, in einem bescheidenen, anspruchslosen und aufmerksamen Betragen gegen die übrigen Hausbewohner und gegen Fremde.«

Der Tageslauf scheint frei nach dem englischen Sprichwort »Early to bed and early to rise, make a man healthy, wealthy and wise« festgelegt worden zu sein. Man stelle sich die Reaktion eines heutigen Schülers oder Studenten vor, dem man Folgendes vorschreiben würde:

»§ 9 […] Im Seminar wird an den Wochentagen um früh ½ 5, im Winter um 5, sonntags im Sommer um 5, im Winter um 6 Uhr aufgestanden. Nach der

Abendandacht hat sich jeder Zögling bis ¾ 10 Uhr zu Bett zu begeben.

§ 10. Der Seminarist hat nach dem Aufstehen sein Bett zu machen, sich zu waschen, die Zähne zu reinigen, die Haare zu kämmen und sich vollständig anzukleiden. In den Früh- und Abendstunden des Winters dürfen warme Schuhe und ein schlafrockähnliches Oberkleid getragen werden; zu jeder anderen Zeit muss der Zögling mit Stiefeln oder Lederschuhen und mit Rock und Jacke, bei der Frühandacht am Sonntag mit Sonntagskleidern angethan sein.

§ 11. Das Schuhwerk und die Alltagskleider werden gleich nach dem ersten Frühstück, die Kleider und Stiefel für den Sonntag während der frühen Nachmittagsstunden des Sonnabends gereinigt. Reinigungsort ist im Sommer der Hof, im Winter der untere Hausflur.

§ 12. Im Sommer wird einige Mal in der Woche an einem sicheren Orte des Muldeflusses gebadet. Der die Tagesinspection führende Seminarleiter oder ein Hülfslehrer begleitet die Zöglinge. Im Winter wird von Zeit zu Zeit eine Hauptreinigung des Körpers in einem dafür eingerichteten Zimmer vorgenommen. Die hierfür zu beobachtende Ordnung wird vom Director näher bestimmt.«

Insbesondere der »hölzern pedantische« Ton, in dem diese Bestimmungen abgefasst sind, gibt einen Eindruck davon, wie autoritär der Alltag im Lehrerseminar reglementiert war. Mir fallen dazu Heinrich Heines Verse aus *Deutschland, ein Wintermärchen* ein, die da lauten:

»Noch immer das hölzern pedantische Volk,
Noch immer der rechte Winkel,
In jeder Bewegung im Gesicht
Der eingefrorene Dünkel.

Sie stelzen noch immer so steif herum,
So kerzengerade geschniegelt,
Als hätten sie verschluckt den Stock,
Womit man sie einst geprügelt …«[2]

Dies ist eine Beschreibung von Soldaten des preußischen Militärs 1844. Das Seminar muss eine gute Vorschule für den Militärdienst gewesen sein:

»§ 39. Des Sonntags darf der Seminarist außer der Stadt befindliche anständige Wirthschaften besuchen und sich hier Bier und Milch zu seiner Erquickung reichen lassen. Der Genuss spirituöser Getränke ist, sowie Kartenspiel und Kegelspiel um Geld, verboten. An den Wochentagen darf keine Wirthschaft besucht werden.«[3]

Karl May selbst erlebte den Alltag im Seminar so: »Es gab täglich Morgen- und Abendandachten, an denen jeder Schüler unweigerlich teilnehmen mußte. Das war ganz wichtig. Wir wurden sonn- und feiertäglich in corpore in die Kirche geführt. Das war ebenso richtig. Es gab außerdem bestimmte Feierlichkeiten für Missions- und ähnliche Zwecke. Auch das war gut und zweckentsprechend. Und es gab für sämtliche Seminarklassen einen wohldurchdachten, sehr reichlich ausfallenden Unterricht in Religions-, Bibel- und Gesangbuchlehre. Das war selbstverständlich. Aber es gab bei alledem Eines nicht, nämlich gerade das, was in allen religiösen Fragen die Hauptsache ist, nämlich es gab keine Liebe, keine Milde, keine Demut, keine Versöhnlichkeit. [...] Es fehlte ihm [dem Unterricht] jede Spur von Poesie. Anstatt zu beglücken, zu begeistern, stieß er ab. Die Religionsstunden waren diejenigen Stunden, für welche man sich am allerwenigsten zu erwärmen vermochte.«[4]

Bezeichnend für die Atmosphäre im Seminar sind die Umstände, unter welchen 1858 zwei Seminaristen ausgeschlossen werden. Sie sollen angeblich ein rüdes Wesen an den Tag gelegt haben, wozu unter anderem gehört hat, dass sich der eine einigen Schulmädchen »unsittlich genähert« habe, was immer darunter verstanden worden sein mag. Bei diesem Delikt bleibt nach hochpeinlicher Untersuchung fraglich, ob es überhaupt stattgefunden hat. Das ändert nichts an der Einschätzung, der Seminarist eigne sich nicht für den Lehrerberuf. Es bleibt bei dem Ausschluss aus dem Seminar.

In ebendiesem Jahr 1858 erlebt May eine schwere Enttäuschung. Er hat sich in die gleichaltrige Anna Preßler, ein Mädchen aus der Nachbarschaft, verliebt. Für sie hat er schwärmerische Gedichte geschrieben und noch Jahre später wird ihn die literarische Verarbeitung dieses Ereignisses beschäftigen.[5] Anna, die ihm offenbar zunächst Hoffnungen gemacht hat, gibt dann jedoch dem Schnittwarenkrämer Carl Hermann ihr Jawort. Der ist die bessere Partie.

Bei seinen Mitschülern ist Karl May offenbar nicht sehr beliebt. Sie belächeln ihn und nehmen ihn nicht für voll. Er hat keine Freunde.

Schon in den Jahren auf dem Lehrerseminar scheint May geschrieben, aber auch komponiert zu haben. »Die paar Pfennige, die ich erübrigte«, heißt es in seinem Lebensbericht, »wurden in Schreibpapier angelegt.«[6]

Als May sich in der vorletzten Klasse des Hauptseminars befindet, kommt es zu einem Zwischenfall. Als so genannter »Lichtwochner« hat er sich um die Reinigung der Leuchter und das Aufstecken neuer Lichter zu kümmern. Dabei bringt er sechs Kerzen auf die Seite und versteckt sie in seinem unverschlossenen Koffer in der Rumpelkammer. Er will sie in den Ferien mit nach Hause nehmen, um seiner Familie eine Freude zu machen. Was dann geschieht, verzeichnet ein Protokoll des Seminarleiters wie folgt:

»Dem Hohen Gesamtconsistorium habe ich Folgendes gehorsamst zu berichten. Kurz vor Beginn der diesjährigen Weihnachtsferien wurde von dem Proseminaristen Schäffler angebracht, dass ihm aus einer kleinen Lade zwei Thaler abhanden gekommen seien. Da hier eine Entwendung vorzuliegen schien, so wurde sofort eine Untersuchung angestellt, bei der sich jedoch keine genügenden Verdachtsgründe gegen irgendeinen Zögling ergaben.

Auf die Nachfrage, ob auch andern Zöglingen Geld abhanden gekommen sei, wurde von dem Seminaristen Haupt mitgetheilt, dass ihm aus seiner Beinkleidertasche während der Nacht das Portemonnaie samt dem darin befindlichen Gelde von circa 15 ngr. abhanden gekommen. Der Umstand, dass Haupt die Beinkleider in den Schlafrock sorgfältig eingewickelt hat, sie aber früh auf dem Fußboden liegend gefunden, musste der Vermuthung Raum geben, dass auch hier eine Entwendung stattgefunden habe.

Der Director versammelte nun, nach gängiger Berathung mit den Seminarlehrern, den Seminarcötus und machte es jedem Zögling zur Ehren- und Gewissenssache, zur Ausmittlung des Hausdiebes auf alle Weise mitzuwirken.

Infolge dieser Aufforderung kamen zwei Schüler der ersten Seminarklasse, Ilisch und Illing, zum Director und theilten mit, dass der Seminarist May in der Zeit seines Lichtamtes sechs ganze Lichter behalten und in seinem Koffer über 14 Tage verborgen gehalten habe. Hier hätten sie sie, weil der betreffende Koffer unverschlossen gewesen sei, zufällig gefunden. Sie hätten diese Lichte weggenommen und dem fungierenden Lichtwochner übergeben. Unter den Mitschülern sei der Fall besprochen worden; eine Anzeige bei dem Lehrer, der die Anstaltslichte unter Verschluss hat und ausgibt, oder beim Director hätten sie aber um deswillen nicht zu thun vermocht, weil sie die traurigen Folgen für May und dessen arme Eltern gefürchtet hätten. Es versteht sich von selbst, dass beiden Schülern wegen Verheimlichung dieses Falles ein Verweis gegeben wurde.

Die Seminarlehrer traten nun sofort wieder in Conferenz. May konnte hier das Factum nicht ableugnen, gestand aber die böse Absicht nicht zu, behauptete vielmehr, er habe die Rückgabe der Lichter nur vergessen. Hiergegen wurde ihm bemerkt, dass er bei Ausrichtung seines Lichtwochneramtes gar keine Veranlassung gehabt habe, mit so vielen Lichtern in die entlegene Rumpelkammer oder auch nur in deren Nähe zu kommen, wenn er in jener Kammer gleichwohl sechs Lichter abgelegt, eingewickelt und wochenlang verheimlicht habe, so zeuge das alles nicht für, sondern wider ihn.«[7]

Über den Vorfall wird dem Ministerium Meldung gemacht. Dieses verfügt Mays Entfernung aus dem Seminar und begründet diese Maßnahme mit seiner »sittlichen Unwürdigkeit für den Beruf«. Ausschlaggebend für diese Entscheidung dürfte, neben der Kerzenaffäre, noch ein anderer Vorfall gewesen sein, bei dem der Seminarist May auffällig geworden war:

»Bei der Beurtheilung dieses Falles«, heißt es in den Schulakten, »kommt auch die seitherige Aufführung Mays in Betracht. Die Lehrer haben bei diesem Schüler hie und da über arge Lügenhaftigkeit und über rüdes Wesen Klage geführt. Wie schwach sein religiöses Gefühl sein müsse, geht unter andrem aus folgendem Falle hervor.

Als die Anstalt in der Fastenzeit dieses Jahres zum heiligen Abendmahl gewesen, hatte sich May von dem angeordneten Besuch des Nachmittagsgottesdienstes absentirt. Dem die Tagesinspection führenden Lehrer hatte er seine heimliche Entfernung anfänglich abgeleugnet und sogar Mitschüler genannt, neben denen er in der Kirche gesessen haben wollte. Dem Director gestand er sein Unrecht und bat sehr um Verzeihung, die ihm dann auch vor dem Lehrercollegio für diesmal zu Theil ward. Der Fall war aber ganz dazu angethan, dass man dem May die Verdorbenheit seines Gemüthes und Herzens gleichsam offen darlegen konnte. Der Ernst, mit dem das geschah, schien auch einen bleibenden Eindruck hinterlassen zu haben.

Weiterhin ist zu bemerken, dass in der ersten und zweiten Seminarclasse, die beide von der Conferenz abgehört wurden, die moralische Überzeugung sich offen und allgemein aussprach, dass May nicht bloß in Betracht des vorliegenden Falles, sondern auch noch sonst im Verdacht der Unehrlichkeit bei ihnen stehe, obwohl sie ihn im Einzelnen nicht überführen konnten.«[8]

Zu vermuten ist, dass sich Karl May gegen den sehr strikt und engherzig auf Disziplinierung der Zöglinge ausgerichteten Seminarbetrieb hin und wieder aufgelehnt hat. Wahrscheinlich hat er auch die recht formalen Vorstellungen der Seminarleitung von religiöser Unterweisung kritisiert.

Doch »arge Lügenhaftigkeit«? Trifft das zu? Hierzu ist zu sagen, dass bei Karl May die Grenzen zwischen Wirklichkeit und Einbildung, zwischen Einbildung und Lügenhaftigkeit sehr fließend sind. Und dies wird ihn immer wieder in Schwierigkeiten bringen.

Das nicht nur für Karl, sondern für die ganze Familie katastrophale Ereignis des Hinauswurfs hat auch gravierende Auswirkungen auf Mays Weltanschauung: »Ich lernte zwischen dem Christentum und seinen Bekennern zu unterscheiden. Ich hatte Christen kennengelernt, die unchristlicher gegen mich verfahren waren, als Juden, Türken und Heiden verfahren konnten.«[9]

Mays religiöse Überzeugung verändert sich. Was in den frommen Traktätchen für naive Kirchgänger gepredigt wird, überzeugt ihn nicht mehr. Er beginnt an einem auf das kirchliche Dogma festgelegten Glauben zu zweifeln und entwickelt selbständige religiöse Vorstellungen. Sie tun sich beispielsweise 1870 in dem höchst eigenartigen Fragment *Ange et Diable* kund.

In *Ange et Diable*, das in einem ziemlich unvollkommenen Französisch gehalten ist[10], tritt uns ein gegen kirchliche Autoritäten und Dogmatismus rebellierender Karl May entgegen. Er plant sogar zu diesem Thema einen sechs Bände umfassenden »socialen Roman«.

Die Reaktionen seiner Umwelt bei der Affäre um die entwendeten Kerzen hat May nie ganz verwunden und seine grüblerischen Erinnerungen schließlich 1897 in dem Roman *Weihnacht* umgesetzt.

Der Roman beginnt damit, dass der Gymnasiast May ein Weihnachtsgedicht von 32 Strophen schreibt. Aus dem Schüler-Dichter wird in der Handlung des Buches nach einem Zeitsprung von einigen Jahren Old Shatterhand, der im Missourigebiet und im Felsengebirge eine Verfolgungs- und Rettungsreise unternimmt. Der Direktor des Seminars in Waldenburg tritt dort als »Prayerman«, als Traktätchenhändler auf, der sich im Laufe der Handlung als getarnter Bandit entpuppen wird. Von biographischer Bedeutung ist im Roman die Gestalt des mit dem Erzähler befreundeten Schulkameraden Carpio. Zu einem mühselig-harten Lebensweg gezwungen, flüchtet

Carpio in ans Krankhafte grenzende Illusionen. Carpios Scheitern und Tod kann der Ich-Erzähler, Old Shatterhand, zwar nicht verhindern, doch gelingt es ihm, Carpios Elend dadurch zu mildern, dass er diesem das Gefühl gibt, wenigstens von einem Freund verstanden zu werden. Gewiss ist dies eine Wunschvorstellung von Karl May selbst, die er hier auf eine seiner Gestalten überträgt, und sie gibt Aufschluss über seine Situation im Seminar.

Wieder auf den »einzigen Fehler«, nämlich die in Waldenburg beiseite geschafften Kerzen anspielend, schreibt May da erstaunlich aufsässig: »Ich finde zwischen Gott und Teufel keinen Unterschied. Wer ist wohl schlimmer – ein Gott, welcher wegen EINES EINZIGEN Fehlers EINES EINZIGEN Menschenpaares, an dessen Fehlerhaftigkeit er noch dazu als Schöpfer die Schuld trug, Millionen und aber Millionen unschuldiger Menschen ins Unglück stürzt […] oder ein Teufel, welcher dann und wann eine ungehorsame Menschenseele als Fricassée verspeist?«[11]

Schon an diesen beiden Beispielen lässt sich ersehen, wie eng bei Karl May Leben und Werk verbunden sind, wie er gravierende Ereignisse seines Lebens mit seiner Phantasie bearbeitet und in die Handlung seiner Bücher einfließen lässt. Ein ganzes Heer von Karl-May-Interpreten ist vor allem in der zweiten Hälfte unseres Jahrhunderts tätig gewesen und hat diese Zusammenhänge aufgedeckt.

III.
Ein junger Mann wird kriminell

»Meine Absicht war es ja niemals gewesen,
Volks- oder gar Fabrikschullehrer zu bleiben;
ich hatte ganz Anderes geplant.«

Karl May

Nach Gnadengesuchen von May selbst und vom
Pfarrer seines Heimatortes, die schließlich auch vom
Seminarleiter in Waldenburg unterstützt werden,
kann Karl May immerhin nach einer weiteren Auf-
nahmeprüfung seine Ausbildung zum Volksschulleh-
rer am Seminar in Plauen fortsetzen.

Auf die Ähnlichkeit der Lebensumstände in einem
Lehrerseminar mit denen in einer Kaserne ist schon
hingewiesen worden. In Plauen war dies nicht anders
als in Waldenburg. Sittenhaftigkeit im Sinn der Amts-
kirche wurde groß geschrieben und rigoros erzwungen.

So sah die Aufsichtsbehörde zum Beispiel Onanie
als schlimmes Laster der Seminarzöglinge an und versuchte radikal gegen diese »Seuche« vorzugehen. Es
fanden, von Lehrern und Ärzten betrieben, regelrech-
te Hexenjagden statt, von denen abstruse Protokolle

überliefert sind. Auch im Rechenschaftsbericht über den Zustand des Lehrerseminars Plauen im Jahre 1860 nimmt dieses Thema einen ungewöhnlich breiten Raum ein. Die Tendenz, die dabei deutlich wird, ist typisch für die damaligen Vorstellungen von Sexualerziehung. Die Sprache, in der sie sich ausdrückt, ist für uns heute nicht ohne Komik:

»Was die traurigen sexuellen Verirrungen betrifft, so hat das Lehrercollegium in der Gemäßheit der hohen Verordnung vom 10. October sich bemüht, alles, was in seinen Kräften steht, zu thun und dem Übel zu steuern und die Gefallenen mit Gottes Hülfe zu retten. Der gehorsamst Unterzeichnete hat nicht nur durch fortgesetzte Beobachtung und sorgfältige Beaufsichtigung der Zöglinge sowie durch mehrmalige Erinnerung an die Heiligkeit des 6. Gebotes und durch eindringliche Warnung vor der fraglichen Versündigung den Verirrungen zu begegnen gesucht, sondern auch den Verirrten seelsorgerlich sich angenommen. Er ließ alle, welche dem Oberlehrer Kühn die Sünde eingestanden hatten, nach und nach einzeln, manche zu wiederholten Malen, zu sich kommen, führte ihnen mit väterlichem Ernste die Unsittlichkeit und Verderbnis der Verirrung zu Gemüthe und forderte sie unter Bezeugung wahrer Theilnahme auf, über ihr gegenwärtiges Verhalten in fraglicher Beziehung ein wahrheitsgetreues, offenes Bekenntnis abzulegen; mehrere erklärten, dass sie wohl früher, aber im Seminar nie in dieser Beziehung sich vergangen hätten; die anderen betheuerten, dass sie, seitdem sie zur Erkenntnis der Verwerflichkeit und Schädlichkeit der Verirrung gekommen seien, sich fest vorgenommen hätten, sich nie wieder in der Art zu versündigen, und dass sie diesem Vorsatz bisher treu geblieben seien. Nachdem sie diese Erklärung auf die Erinnerung, dass sie dieselbe im Angesichte Gottes gegeben ansehen sollten, wiederholt und mit ihres Namens Unterschrift bekräftigt hatten, wurden sie eindringlich ermahnt, ohne Unterlass zu wachen und zu beten, um nicht wieder auf den Weg des Verderbens zu gerathen.«[1]

Ganz abgesehen von der verteufelnden Haltung der Schulbehörde und der Seminarleitung in puncto Selbstbefriedigung, vermitteln diese Ausführungen auch eine Vorstellung vom bigotten und unfreien Geist, der in diesen Anstalten herrschte. Vorhaltungen über die Sündhaftigkeit des Menschen hörten die angehenden Lehrer jeden Tag. Viele von ihnen mögen sie später an ihre eigenen Schüler weitergegeben haben.

Am 9., 10. und 12. September 1861 unterzieht sich der neunzehnjährige Karl May der Lehramts-Kandidatenprüfung. Werfen wir einen Blick auf die Liste der Prüfungsthemen.

»Von dem apostolischen Ausspruch ›Lasset alles ordentlich zugehen‹ anknüpfend, erstreckte sich das

Examen über die Schulordnung, wobei hauptsächlich auf die innere Seite derselben Rücksicht genommen wurde […]. Der Referent [Prüfer] ließ sich dann zum Behuf der Prüfung in der Weltgeschichte die Völker in der Reihe aufführen, in welcher sie auf den Schauplätzen der Geschichte hervorgetreten sind bis zum Russischen Reiche. […] hierauf legte der Oberlehrer Lohse, an den Kriegsschauplatz des letzten Jahrzehnts anknüpfend, einzelne Fragen aus der Geographie über Krim, Russland, Frankreich und China vor.«

Bei der Prüfung nimmt die Befragung zu religiösen Themen einen breiten Raum ein. So wird May etwa über Johannes 4,14 »katechisiert«. In Grammatik wird er über das Eigenschaftswort geprüft. Danach hat jeder Examinand einen Choral mit den anwesenden Schulknaben zu singen. Zuletzt wird von den Examinanden eine Predigt aus der Hofackerischen Sammlung vorgelesen.

Zwei der elf Kandidaten fallen durch. May selbst besteht mit der Gesamtnote »gut«. In »Verhalten« erhält er die Beurteilung »Mit Zufriedenheit«, was darauf hindeutet, dass vergangene Sünden nicht ganz vergessen sind.

Seine erste Stelle als Hilfslehrer tritt Karl May am 1. Oktober 1861 an der Armenschule in Glauchau an. Er verdient nun 175 Taler im Jahr samt 25 Taler Mietzuschuss – und gerät nach knapp drei Wochen abermals in Schwierigkeiten, die sich nach den Akten wie folgt darstellen:

»Es erscheint hier der hiesige Kaufmann Herr Ernst Theodor Meinhold in der großen Färbergasse u. gibt an, dass der Hilfslehrer Carl Friedrich May bei ihm seit dem 5ten October d.J. sich in Wohnung und Kost gegeben, während dieser Zeit aber in der unwürdigsten Weise durch Lügen u. Entstellungen aller Art sich bemüht habe, die Ehefrau von ihm abwendig und seiner schändlichen Absichten geneigt zu machen. […] Herr Meinhold führt ferner aus, dass der p. May ohne sein Vorwissen den Lehrling verführt habe, ihm aus der Ladenkasse 1 rt 5 ngr zu borgen. Wenn nun auch letztere Summe zurückgegeben sei, so findet er dennoch das Versehen des May mit einem jungen, unerfahrenen Menschen unverantwortlich, da er als Lehrer einen solchen in seinen Pflichten zu befestigen, nicht aber irre zu machen habe.«[2]

Die Sache wird untersucht. May bestreitet schändliche Absichten, muss aber ungehörige und unsittliche Annäherungen einräumen. 1861 wird May aus seiner ersten Lehrerstelle fristlos entlassen.

In der Autobiographie Karl Mays wird der Vorfall nicht erwähnt. Wohl aber ist von Forschern ein Satz aus dem Kolportageroman *Der Weg zum Glück* auf die junge Frau bezogen worden, der May zu nahe getreten sein soll. Die Stelle lautet: »Ihre vollen Formen, das blendende Weiß ihres Teints, die prächtigen

Augen, die berauschenden Lippen, das – das Alles nahm seine Sinne gefangen.«

Auch eine Bemerkung in dem Roman *Die Todeskarawane* scheint auf diese Affäre bezogen: »Saduk verkehrte viel im Haus des Muschtashed und sah die Tochter desselben. Sie gefiel ihm und er war ein schöner Mann. Er [...] wagte es, zu ihr von seiner Neigung zu sprechen. Der Muschtashed befand sich unbemerkt in der Nähe und ließ ihn festnehmen.«[3]

Nach Auskunft einer Schwester Karl Mays wurden er und Frau Meinhold bei einem Kuss überrascht.

Es ist ungeklärt, ob das Kind, das Henriette Meinhold neun Monate später zur Welt bringt, mit May gezeugt worden ist.

Welcher Art Mays Gefühle bei dieser Beziehung gewesen sind, bekennt der junge Lehrer Max Walther in *Der Weg zum Glück*: »Ich liebte sie wirklich von ganzem Herzen. Nach dem Scheiden schwärmte ich für sie und dichtete auf sie Liebesgedichte, wie ich sie so schön vielleicht in meinem Leben nicht wieder dichten werde.«[4]

Es gelingt Karl May innerhalb kurzer Zeit, als Lehrer in einer Fabrikschule in Altchemnitz eingestellt zu werden. Seine Schüler sind von schwerer Arbeit erschöpfte Kinder.

Als er in diesem Winter zum Weihnachtsfest zu seinen Eltern heimfährt, nimmt er eine Uhr, eine

Pfeife und eine Zigarrenspitze jenes Mannes mit, mit dem er das Zimmer teilt, wohl nicht in der Absicht, sie zu stehlen, wohl aber um mit den Gegenständen daheim zu renommieren.

»Der Fabrikherr, dessen Schule mir anvertraut worden war, hatte kontraktlich für Logis für mich zu sorgen. Er machte sich das leicht. Einer seiner Buchhalter besaß auch freies Logis, Stube mit Schlafstube. Er hatte bisher beides besessen; nun wurde ich zu ihm einquartiert; er mußte mit mir teilen. Hierdurch verlor er seine Selbständigkeit und seine Bequemlichkeit; ich genierte ihn an allen Ecken und Enden, und so läßt es sich wohl begreifen, daß ich ihm nicht sonderlich willkommen war und ihm der Gedanke nahe lag, sich auf irgend eine Weise von dieser Störung zu befreien. Im übrigen kam ich ganz gut mit ihm aus. Ich war ihm gewöhnlich gefällig und behandelte ihn, da ich sah, daß er das wünschte, als den eigentlichen Herrn des Logis. Das verpflichtete ihn zur Gegenfreundlichkeit. Er hatte von seinen Eltern eine neue Taschenuhr bekommen. Seine alte, die er nun nicht mehr brauchte, hing unbenutzt an einem Nagel an der Wand. Sie hatte einen Wert von höchstens zwanzig Mark. Er bot sie mir zum Kaufe an, weil ich keine besaß; ich lehnte ab, denn wenn ich mir einmal eine Uhr kaufte, so sollte sie eine neue bessere sein. Freilich stand dies noch in weitem Felde, weil ich zuvor meine Schulden abzubezahlen hatte. Da machte er selbst mir den Vorschlag, seine alte Uhr, wenn ich in die Schule gehe, zu mir zu stecken, da ich doch zur Pünktlichkeit verpflichtet sei. Ich ging darauf ein und war ihm dankbar dafür. In der ersten Zeit hing ich die Uhr, sobald ich aus der Schule zurückkehrte, sofort an den Nagel zurück. Später unterblieb das zuweilen; ich behielt sie sogar stundenlang in der Tasche, denn eine so auffällige Betonung, daß sie nicht mir gehörte, kam mir nicht gewissenhaft, sondern lächerlich vor. Schließlich nahm ich sie sogar auf Ausgängen mit und hing sie erst am Abende, nach der Heimkehr, an Ort und Stelle. Ein wirklich freundschaftlicher oder gar herzlicher Umgang fand nicht zwischen uns statt. Er duldete mich notgedrungen und ließ es mich zuweilen absichtlich merken, daß ihm die Teilung der Wohnung nicht behage. Da kam Weihnachten. Ich teilte ihm mit, daß ich die Feiertage bei den Eltern zubringen würde, und verabschiedete mich von ihm, weil ich nach Schluß der Schule gleich abreisen wollte, ohne erst in die Wohnung zurückzukehren. Als die letzte Schulstunde vorüber war, fuhr ich nach Ernstthal, nur eine Bahnstunde lang, also gar nicht weit. Die Uhr zurückzulassen, daran hatte ich in meiner Ferienfreude nicht gedacht.«[5]

Der rechtmäßige Besitzer, jener Buchhalter also, der May, aus welchen Gründen auch immer, nicht wohlgesinnt ist, stellt Strafanzeige. May wird festgenommen, er streitet zunächst ab, die Gegenstände in seinem Besitz zu haben. Sie werden dann aber bei ihm gefunden. Schließlich behauptet er, er habe sie nach Weihnachten zurückgeben wollen. In einer durch zwei Instanzen laufenden Gerichtsverhandlung wird May zu sechs Wochen Gefängnis nicht wegen Diebstahls, sondern wegen »widerrechtlicher Benutzung von fremden Sachen« verurteilt. Diesmal nützen auch Gnadengesuche nichts. Vom 8. September bis zum 20. Oktober 1863 verbüßt er die verhängte Strafe im Gerichtsgefängnis zu Chemnitz. Nach seiner Entlassung sind alle Versuche, wieder als Lehrer tätig zu werden, erfolglos. Sein Name ist aus der Liste der Lehramtskandidaten gestrichen worden.

May ist tief betroffen. Er empfindet die Strenge, mit der die Justiz gegen ihn vorgegangen ist, als empörend ungerecht – zumal er vermutet, dass seine soziale Herkunft aus der Unterschicht, die Kerzenaffäre und das Disziplinarverfahren in Glauchau sich bei diesem Richterspruch strafverschärfend ausgewirkt haben.

Die Konsequenz, die er daraus zieht, mag man als unreif beurteilen, sie ist aber andererseits aus seiner Situation heraus verständlich. Er sinnt auf Rache. »Die Rache sollte darin bestehen, daß ich, der durch die Bestrafung unter die Verbrecher Geworfene, nun auch wirklich Verbrechen beging.«[6]

Über die Ereignisse zwischen Karl Mays Entlassung aus dem Gefängnis und seiner erneuten Straffälligkeit ist wenig bekannt. Seine Behauptung, er sei in dieser Zeit in Amerika gewesen, gilt als widerlegt. Nun gibt es aber in der Nähe seines Heimatortes ein Dorf mit Namen Amerika. Bei Mays Hang zur Erfindung phantastischer Geschichten ist es möglich, dass ihn diese Namensgleichheit zu der Behauptung inspiriert haben könnte, er sei um diese Zeit in Amerika gewesen. Wahrscheinlicher ist, dass er eine Auswanderung plante, sie aber nicht ausführen konnte, weil er keinen Pass bekam.

Er verfasste in diesen zwei Jahren Kompositionen. Auch gibt er später an, schon damals literarische Arbeiten konzipiert zu haben. Tatsächlich scheint er sich mit Sprach- und Musikunterricht und als Leiter des örtlichen Gesangvereins eher kümmerlich durchs Leben geschlagen zu haben.

Irgendwann dürften seine spärlichen Einkünfte selbst für das Existenzminimum nicht mehr ausgereicht haben. Die Folge von Straftaten, die er nun begeht, um sich über Wasser zu halten, rufen bei einem unvoreingenommenen Beobachter, ohne dass sie entschuldigt werden sollen, ein leises Schmunzeln hervor. Bezeugen sie doch auch, ganz ähnlich wie die Geschichte um den so genannten Hauptmann von Köpenick, die Autoritätsgläubigkeit weiter Bevölkerungsschichten damals.

Den ersten Streich führt May in Penig, einer Kleinstadt nördlich seines Heimatortes Ernstthal. Er bestellt dort, unter dem Namen Dr. med. Heilig auftretend, bei einem Schneider fünf Kleidungsstücke, die auch angefertigt werden. Als er sie abholt, spielt er die Rolle eines Mediziners so gekonnt, dass ihn der Schneider bittet, einen augenkranken Hausbewohner zu untersuchen. Er stellt ein Rezept für den Kranken aus und entschwindet dann, unter dem Vorwand, er müsse zu genauerer Diagnose daheim bestimmte Instrumente holen, mit den angefertigten Kleidungsstücken.

In Chemnitz erbeutet er unter falschem Namen und als Lehrer auftretend einige Pelze. Auch in Leipzig erschwindelt er sich, diesmal unter dem Namen Hermes – bekanntlich in der griechischen Mythologie der Gott der Kaufleute und Diebe – einen Biberpelz. Die Beute lässt er durch einen ahnungslosen Mittelsmann in einem Pfandhaus versetzen.

Die Polizei kommt ihm auf die Spur. Er wird verhaftet, wie es im Protokoll heißt, mit einem Beil unter dem Rock, und ist sofort geständig. Einen Teil der Beute hat er versetzt, einige der ergaunerten Kleidungsstücke werden noch bei ihm gefunden. Im Juni 1865 wird er wegen dreifachen Betruges zu vier Jahren und einem Monat Arbeitshaus verurteilt.

Die Erwartung, die die Gesellschaft mit einer im Arbeitshaus zu verbüßenden Haft verbindet, ist es, den Straffälligen durch Arbeit zu bessern. May kommt zunächst auf die Schreibstube, fertigt später

Geld- und Zigarrentaschen an und wird schließlich wegen guter Führung in die oberste Disziplinarklasse befördert. Er wird als Musiker im Arbeitshaus tätig, hilft dem Direktor bei statistischen Arbeiten und scheint auch in der immerhin 4000 Bände umfassenden Gefängnisbibliothek tätig geworden sein. Den Grundstock für seine recht umfassende literarische Bildung dürfte er dort gelegt haben.

Seine Vorstellungen über die Lesebedürfnisse eines Strafgefangenen formuliert er später in seinen Lebenserinnerungen. Dabei drückt er in Wirklichkeit aus, welche Bedeutung Lesen für ihn selbst besitzt:

»Wenn ich behaupte, daß ich die literarischen Bedürfnisse der Volksseele kennenlernte, so bitte ich, diese Bemerkung ernst zu nehmen. Man soll nicht sagen, daß jeder Volksbibliothekar genau dieselben Erfahrungen machen könne, denn das ist nicht wahr. Ein Leser in Freiheit und ein Leser in Haft, das sind zwei ganz verschiedene Gestalten. Bei letzterem kann das Lesen geradezu zum seelischen Existenzbedürfnis werden [...].«[7]

Wer als heutiger Karl-May-Leser findet, hin und wieder tue der Autor bei der Zugabe von Moralin in seinen Romanen etwas zu viel des Guten, wird die Ursache dafür in dessen Erfahrungen im Gefängnis finden:

»Der Gefangene hat während der Detention [Haft] auf alle seine leiblichen Sonderrechte zu verzichten.

In leiblicher Beziehung ist er nicht mehr Person, sondern nur noch Sache, eine Nummer, die in den Büchern eingetragen wird und bei der man ihn auch nennt. Um so kräftiger, ja ungestümer tritt seine innere Gestalt, seine Seele hervor, um sich, ihre Rechte und Bedürfnisse, geltend zu machen. Der Leib ist gezwungen, sich in die Gefängniskleidung und Gefängniskost zu fügen. Wehe, wenn man den Fehler begeht, den gleichen Zwang auf die Seele ausüben zu wollen! Sie strebt mit Macht heraus aus den Gefängniskleidern, und sie verlangt mit Heißhunger nach einer Kost, an der sie ethisch gesunden und erstarken kann, um sich von den Fesseln, in denen sie bisher schmachtete, zu befreien. Man glaube mir, kein Sträfling wünscht das Böse für sich; sie alle wünschen das Gute. Im tiefsten Herzensgrunde hat jeder den Trieb, nicht nur körperlich, sondern auch moralisch frei zu sein, sogar der scheinbar Unverbesserliche. Woher aber soll diese nackte, hungrige Seele sich gut kleiden und gut nähren, nämlich gut im ethischen Sinne? Aus sich selbst heraus? Aus den sonntäglichen Anstaltspredigten? Aus den wenigen, kurzen Besuchen des Anstaltsgeistlichen und anderer Beamten? Aus dem Zusammenleben mit den Strafgefährten? Man beantworte diese Fragen, wie man will, die Hauptquelle aller Erziehung, Besserung und Emporhebung kann bei derartig gegebenen Verhältnissen nur die Bibliothek sein.«[8]

Nun lässt sich gegen diese idealistischen Ansichten manches einwenden, beispielsweise ist Mays Vorstellung, alle Strafgefangenen wünschten sich einen ethischen Crash-Kurs, doch etwas arg blauäugig; ebenso sein Vertrauen in deren Willen zum Guten und in die Wirkung »guter« Bücher, was immer man überhaupt darunter verstehen will. Eines jedoch deckt dieses Zitat auf: die Wurzel, aus der sein Wille entsprang, später als Schriftsteller eine Literatur der »Erziehung, Besserung und Emporhebung« zu schaffen, ein Programm, das er auf alle seine Publikationen – freilich nicht immer zum Vorteil für ihre literarisch-künstlerische Qualität – angewendet hat.

Es entsteht auch schon hier im Arbeitshaus das so genannte *Repertorium C. May*, eine Auflistung jener Schriften, die er später einmal schreiben will.[9]

Anfang November 1868 wird May vorzeitig entlassen.

Er kehrt in seinen Heimatort zu den Eltern zurück, kann dort jedoch nicht recht Fuß fassen. Wann immer Straftaten bekannt werden, fällt der Verdacht zunächst auf ihn. So wird er etwa einer Brandstiftung bezichtigt und nicht einmal die eigene Mutter mag glauben, dass er es nicht gewesen ist.

Erste literarische Versuche, wenn sie überhaupt einen Abnehmer finden, bringen nicht genug ein.

Eine neue Kette von Straftaten beginnt. May gibt sich als Polizeileutnant aus, der angebliches Falschgeld beschlagnahmen soll. Ein zweiter Versuch ähnlicher Art misslingt, aber er entkommt seinen Verfolgern.

Er lernt zwei Amerikaner kennen, die ihm anbieten, ihn als Hauslehrer für ihre Kinder in die Neue Welt mitzunehmen. Seinen Eltern teilt er von unterwegs mit, er werde dieses Angebot annehmen. Es ist dann aber offenbar nichts daraus geworden.

Nach Sachsen zurückgekehrt, findet er im Haus seines Paten vorübergehend Unterschlupf. Als ihm bei dem Schmied der Boden zu heiß wird, versteckt er sich, unter Mitnahme von einigen Gebrauchsgegenständen von geringem Wert, in einer Höhle, die heute noch eine Touristenattraktion und Pilgerstätte für Karl-May-Fans darstellt.

Er stiehlt Billardbälle in einem Restaurant und verkauft sie – eine ziemlich kümmerliche Form des Gelderwerbs –, er stiehlt ein Pferd und schlägt es für 15 Taler wieder los. Er gibt sich bei einer Familie in Mülsen St. Jakob als Angestellter eines Advokaten aus, der die Nachricht von einer Erbschaft überbringt. Es gelingt ihm, die Männer der Familie fortzuschicken. Als er mit den Frauen allein ist, behauptet er, in Wahrheit eine Haussuchung wegen des Verdachts von verstecktem Falschgeld vornehmen zu müssen, und erbeutet dabei 28 Taler.

In einem Kegelhaus, in dem er eine Scheibe einschlägt und eingestiegen ist, um dort zu nächtigen, wird er schließlich gestellt. Bei ihm werden falsche Papiere gefunden, die ihn als Generalstaatsanwalt Dr. Schwarze ausweisen.

Man bringt ihn zu den verschiedenen Orten seiner Untaten, um ihn den Geschädigten gegenüberzustellen. Obwohl Polizei und Feuerwehr zu einer großen Suchaktion aufgeboten werden, bleibt er vorerst verschwunden. Er besucht zwei Frauen, Mutter und Tochter, in Plößnitz und gibt sich bei ihnen als Schriftsteller und illegitimer Fürstensohn aus.

Schließlich wird er in der Nacht vom 3. zum 4. Januar 1870 in Algersdorf, einem Ort in Nordböhmen, das damals zu Österreich gehört, aufgegriffen und zur Überprüfung seiner Identität nach Tetschen gebracht. Er erfindet eine haarsträubende Geschichte, die er aber offenbar mit großer Überzeugungskraft vorbringt. Heinz Stolte hat sie nach den Gerichtsakten rekonstruiert und dabei gezeigt, dass hier eigentlich der Erfindungsmechanismus eines Romanautors tätig wird. Offenbar braucht es nur einen Namen, Albin Wadenbach, und schon entsteht um diesen Namen eine Familie, eine ganze Welt.

»Niemals, wir wissen das schon, hat auch späterhin der Schriftsteller, der Erzähler Karl May davon lassen können, wenigstens in der literarischen Fiktion, das große ›Ich‹ selber zu sein, was er aus Tiefen der Traumkraft hervorbrachte: Old Shatterhand und Kara Ben Nemsi. Hier freilich, in der Amtsstube von

Bensen, war dies, sich identisch zu erweisen mit seinem Traumgebilde, das dringendste Gebot der Stunde, war es gewiss noch mehr Hochstapelei als Literatur.«[10]

Ergänzen möchte man: Aber so verschieden waren die Situationen nicht. Hier die Ordnungshüter, dort die Leser. Wahrscheinlich hatten es die Beamten auf dem Polizeiposten noch nie zuvor mit einem Menschen zu tun, der eine erfundene Geschichte, oder soll man sagen eine Lüge, so erfolgreich und überzeugend und auch mit so vielen schwer nachprüfbaren Details versehen vorzutragen in der Lage war. Hermann Wohlgschaft hat in seiner großen Karl-May-Biographie auf die Ähnlichkeit der Geschichte mit Max Frischs Roman *Stiller* hingewiesen. Auch da behauptet jemand, nicht der zu sein, der er »amtlich« sein sollte. Der Germanist Heinz Stolte hat die Geschichte um die Identität des Landstreichers Wadenbach nach den Originalakten rekonstruiert. Er erzählt sie kommentierend so:

»Aus Orby ist er gekommen, weit über das Meer, von der Insel Martinique, und wir verstehen wohl schon, was diese Insel bedeutet: Sie ist so viel wie Otahiti, wie die Insel der Glückseligen, die Goldinsel der alten Sagen, die Insel Utopia des Thomas Morus. Und Orby (das man auf keiner Landkarte von Martinique hat auffinden können), dieses Orby ist vielleicht auch nichts anderes als jenes ›Orplid, mein

Land, das ferne leuchtet‹, was dem gewesenen Seminaristen Karl May aus Mörikes Gedichten im Kopf rumort.

Exotische Ferne, Märchenland steigt herauf, und wer dem Werden eines zentralen Motivs in der Erzählwelt Karl Mays näher nachspüren wollte, käme wohl auch darauf, dass dieser Insel-Mythos, der am Anfang steht, und der Mythos von Sitara, der das Ende kennzeichnet, ausgesponnen im Epos *Ardistan und Dschinnistan*, aus gleichem Ursprung kommen, ja, dass sie ein und dasselbe sind. Dort jedenfalls, im Jenseits, im Garten Eden, liegt seine wahre Heimat, das glückliche Idyll seiner Kindheit und Jugend. Nichts darin von den Kümmernissen und Nöten von Ernstthal, dem ernsten Tal seiner wirklichen Herkunft. Zwar ist die Mutter schon lange tot, aber der Vater ein reicher Mann. Tabak, Vanille und Hanf wuchsen auf seinen Plantagen, und er, Heinrich Wadenbach, konnte es sich leisten, seinem ältesten Sohn Albin eine ausgezeichnete Erziehung und Bildung mitzugeben. Nicht auf einer gewöhnlichen Schule wurde er unterrichtet, nein, er hat immer einen Hauslehrer gehabt und ›Privatunterricht genossen‹. Die Landwirtschaft hat er als Praktikant erlernt, aber auch – nebenher – bei einem berühmten Arzt namens Legrand ›practische Kenntnisse in der Medizin‹ erworben. Die Sache mit den praktischen Kenntnissen in der Medizin mag uns hier ja besonders ins Auge springen: Es ist dies eine große Versagung seiner Jugend. Es muss ihn zutiefst frustriert haben, dass sein Lebenswunsch, Medizin zu studieren, nicht in Erfüllung gegangen ist. Hier hat eine seiner Hochstaplerrollen, der Doktor Heilig, ihren Ursprung; aber auch durch das ganze Erzählwerk zieht es sich als ein Leitmotiv in hundert Varianten hindurch: Seine ›practischen Kenntnisse in der Medizin‹ brillieren, wo immer sich im Fluss seiner Geschichte ein Anlass bietet, sodass wir ja nun sogar seit kurzem schon eine medizinische Doktorarbeit über dieses Thema bekommen haben.«[11]

Wenn das einer liest, der selbst schreibt, so erschrickt er, welche Anhaltspunkte über die eigenen geheimen Wünsche und Verdrängungen man einem geschickten Interpreten bietet. Auch wird klar, wie nahe das Erfinden einer Handlung für eine Geschichte oder einen Roman und Hochstapelei beieinander liegen, eine Tatsache, über die Thomas Mann häufig nachgedacht hat, Überlegungen, die ihn vielleicht schließlich zu seinem amüsant-geistreichen Roman *Die Bekenntnisse des Hochstaplers Felix Krull* geführt haben. Literatur und Lüge liegen also dicht beieinander. Aber sollen wir deswegen aufhören zu schreiben, zu erzählen?

Mays »Garn« jedenfalls ist noch nicht zu Ende: »Albin Wadenbach hat noch einen jüngeren Bruder namens Franz Friedrich. Der war Kaufmann geworden und hatte es auch zu etwas gebracht. Aber nun war der reiche Vater gestorben, das Schicksal hatte auch hier zugeschlagen. Albin Wadenbach musste Grundbesitz und Ökonomie übernehmen, nun selbst ein Mann von 20000 Dollar Vermögen. Das hätte wohl ein behagliches Leben versprochen, aber die beiden jungen Leute litt es nicht länger in Orby. Die Ländereien wurden zur Verwaltung dem Monsieur Marligny übergeben und man trat die große Reise über den Ozean an. War es eine Suche nach der verlorenen Liebe? Jedenfalls suchten die beiden in der alten Familienheimat Deutschland nach zwei lieben alten Tanten, von denen sie außer den Namen nichts wussten, nicht einmal die Adresse: Malwine Wadenbach die eine, Wirtschafterin bei Rittersgutsbesitzer Oberamtmann Poppel in der Nähe von Halle, Frau Ulrich auf einem Rittergut in der Nähe von Görlitz die andere, im Dezember 1869 reisten also Friedrich und Albin durch Deutschland und nahmen dabei, nach Amerikanerart, allerhand Sehenswürdigkeiten in Augenschein. Im Fürstentum Coburg-Gotha schließlich fassten sie den Plan, getrennt auf die Suche zu gehen, jeder nach einer Tante, Friedrich nach der bei Halle, Albin nach der bei Görlitz. Fasst man ihre Lage ins Auge, so muss füglich am gesunden Menschenverstand der beiden jungen Herren gezweifelt werden, zumal sich Albin beim Abschied von den 800 Dollar Reisegeld, die Friedrich, der Kaufmann, bei sich hatte, ›nur das nöthigste Geld‹ aushändigen ließ, Friedrich aus Versehen auch die Ausweispapiere seines Bruders mit sich nahm und beide ganz vergessen hatten, einen Treffpunkt oder eine Postanschrift zu verabreden.«[12]

Hier ist ein höchst begnadeter Krimischreiber am Werke. Als ich mir den Fall vergegenwärtigte, dachte ich: Die Realität ist ungerecht. Ging es nach meinen Sympathien, so dürfte man einen Mann, der sich all das ausdenkt, nicht bestrafen, vielmehr müsste er belohnt werden.

»Albin Wadenbach wollte von Coburg nach Görlitz, aber es muss auch mit seinen Geographiekenntnissen nicht gut bestellt gewesen sein, denn er reiste, wie er minutiös zu Protokoll gab, statt durch Sachsen, wie es näher gewesen wäre, durch Bayern nach Böhmen über Eger, Carlsbad, Teplitz, Aussig und Tetschen. Dann aber war sein Geld zur Neige gegangen, und da war er denn, nachdem er schon drei volle Tage ohne Geld und Verpflegung und zu Fuß seinen Weg nach Görlitz weiter verfolgt hatte, schließlich in Niederalgersdorf angekommen. ›Ich wollte‹, so versicherte er, ›im Dachboden nur ausruhen, vor Erschöpfung schlief ich ein und erwachte erst früh.‹«[13]

»Da haben wir die Geschichte«, kommentiert Stolte, »und wenn man weiß, dass der Mann, der sie erzählte, nach Pseudologen-Manier im selben Augenblick, in dem er sie produzierte, an ihre Wahrheit beinahe selber zu glauben vermochte, kann es nicht wundernehmen, dass er seine Verhörer zu überzeugen vermochte.«

So wurde der Diebstahlsverdacht gegen Karl May fallen gelassen, berichtet Stolte, »und eigentlich nur noch einiges routinemäßig in die Wege geleitet, um seine vermeintliche Identität zu überprüfen. Albin Wadenbach selber zeigte sich eifrig, die Beamten in ihrer Nachforschungsarbeit zu unterstützen. Er ließ sich Papier, Tinte und eine Feder geben und schrieb zwei schön stilisierte Briefe, die ich den Lesern unmöglich vorenthalten kann, legen sie doch eindrucksvoll Zeugnis ab von Mays schriftstellerischer Begabung:

›An das Bankhaus Plaut und Comp. in Leipzig, Katharinenstr. 13. Meine erste Bitte an Sie ist die um Verzeihung, dass ich Sie mit einem Schreiben von meinem gegenwärtigen Aufenthalt incommodire; aber, bitte werfen Sie die Schuld auf meine unangenehme Lage. Ich habe ohne Legitimation Böhmen durchreist, um meine Verwandten in der Lausitz zu besuchen, bin von der Polizei aufgegriffen worden und muss mich ausweisen, um meine Freiheit wieder zu erhalten. Diese Ausweisung kann nur durch meinen Bruder Fredrico Wadenbach, Kaufmann aus Orby auf Martinique, geschehen, welcher bei unserer Trennung die betreffenden Legitimationspapiere bei sich behalten hat. – Da nun derselbe einen Wechsel zur Präsentation auf Ihr Haus bei sich führt, sich Ihnen jedenfalls schon vorgestellt hat, so wage ich es, an Sie die ergebene Bitte auszusprechen, ihm umgehend Nachricht von meiner Lage zu geben und ihn zu veranlassen, mich durch seine Gegenwart und Vorzeigung der betreffenden Papiere zu erlösen. – Indem ich Ihnen schon im Voraus für die freundlichen Bemühungen meinen Dank ausspreche, behalte ich mir vor, später bei meiner Gegenwart in Leipzig demselben noch mündlichen Ausdruck geben zu dürfen. Achtungsvoll Albin Wadenbach, Plantagenbesitzer in Orby auf Martinique.‹

Ein zweiter Brief, gerichtet an den Ökonomen Emil Wettig in Ellersleben bei Cölleda, lautet:

›Entschuldigen Sie gefälligst, wenn ich Sie mit Gegenwärtigem auch einmal von einem europäischen Ort aus ennuyire [langweile]. Ich bin nämlich auf meiner Reise zu meinen Verwandten begriffen und befinde mich hier in Haft, weil ich die Unvorsichtigkeit begangen habe, dem Bruder unsere Legitimationspapiere zu lassen. Jetzt muss ich mich ausweisen und muss mich deshalb an Sie wenden. Mein Bruder Friedrich ist bei Ihnen gewesen, um mit Ihnen die amerikanischen Verhältnisse zu besprechen, welche die Mündel Ihres Herrn Vater berühren. Sie stehen deshalb in brieflichem oder wohl gar in persönlichem Verkehr, und deshalb spreche ich die ergebenste Bitte aus, ihn sofort von meiner Lage zu benachrichtigen, damit er mit den nöthigen Papieren und Geldmitteln komme und mich aus meiner unangenehmen Lage erlöse. Die Gewissheit meines Dankes brauche ich Ihnen nicht zu versichern.«‹«[14]

Heinz Stolte spricht in Bezug auf diese beiden Briefe vom Umschlagen aus dem Kriminellen ins Literarische.

Der Autor des vorliegenden Buches erinnert sich an einen Fall, der sich nicht 1870, sondern in den siebziger Jahren des zwanzigsten Jahrhunderts ereignete und in den er selbst, zur Fürsprache aufgeboten, verwickelt war. Ein Kollege in finanzieller Not brachte es fertig, eine ganze Anzahl anderer Autoren unter der glaubhaft geschilderten, aber völlig aus der Luft gegriffenen Behauptung, er leide an einer unheilbaren Krankheit, zu einem Schreiben an den Bundespräsidenten mit der Bitte um Zahlung eines Ehrensoldes an ihn zu veranlassen. Ein weiteres Beispiel für die Fähigkeit eines Schriftstellers, andere Menschen suggestiv von fiktiven ›Tatsachen‹ zu überzeugen.

Natürlich antwortet niemand auf die beiden Schreiben von Karl May, stattdessen wird er auf dem Foto eines Steckbriefes, den die böhmischen Behörden nach Sachsen geschickt haben, als jener Hochstapler und Betrüger erkannt, als der er in der Umgebung seines Heimatortes aktiv geworden war. Mitte März 1870 wird er von Tetschen in das Bezirksgefängnis in Mittweida überstellt.

In der Verhandlung ist er geständig. Die Delikte, die ihm zur Last gelegt werden, sind Diebstahl, Betrug und Fälschung. Strafverschärfend wirkt der Rückfall. Das Urteil lautet schließlich auf vier Jahre Zuchthaus.

Der ehemalige Lehramtskandidat Karl May, inzwischen achtundzwanzig Jahre alt, ist auf dem tiefsten Punkt seines Lebensweges angelangt.

May verbüßt seine Strafe vom 3. Mai 1870 bis zum 5. Mai 1874 im Zuchthaus Waldheim, Bezirk Leipzig, diesmal unter wesentlich härteren Bedingungen als im Arbeitshaus Schloss Osterstein.

Karl Mays zweite Ehefrau Klara hat nach Mays Tod alles getan, um Spuren und Zeugnisse über die Zuchthauszeit ihres Mannes zu tilgen. Dennoch ist es den unermüdlichen Rechercheuren unter den Mitgliedern der Karl-May-Gesellschaft gelungen, einiges herauszufinden.

Hainer Plaul hat die Ergebnisse seiner Spurensuche in einem Aufsatz mit dem Titel *Resozialisierung durch ›progressiven Strafvollzug‹ – Über Karl Mays Aufenthalt im Zuchthaus zu Waldheim von Mai 1870 bis Mai 1874* vorgelegt.[15]

Die Haftbedingungen im Zuchthaus sind aus heutiger Sicht unmenschlich zu nennen – und sollten es wohl auch sein. Denn ein Zuchthäusler war jemand, der aus der menschlichen Gemeinschaft ausgeschlossen werden sollte.

Es herrscht in der Anstalt unbedingtes Schweigegebot für die Häftlinge. Sie arbeiten dreizehn Stunden pro Tag in einer Möbeltischlerei, in einer Turnschuh- und Militärtuch-Macherei oder in einer Strumpfwirkerei. Es kann zur Entziehung der Kost – also Arrest bei Wasser und Brot – für bis zu fünfzehn Tage kommen. Besonders gefürchtet ist die bis zu einer Dauer von zehn Tagen verhängte Lattenstrafe.

»Zur Verbüßung des Lattenarrests«, so berichtet ein Zeitgenosse, »hatte man die eigene Zelle höchst kunstvoll hergerichtet. Sowohl der Boden als die Wände derselben waren mit Dreikant-Latten, die scharfe Kante nach oben bzw. nach außen gerichtet, aus hartem Holz bedeckt. Der zu dieser Strafe Verurteilte musste auch noch ein eigenes dünnes Gewand und Schuhe ohne Ledersohlen anziehen, damit, wo immer er stehen oder sich anlehnen konnte, die scharfen Kanten leichter einschneiden konnten. […] Ein junger, von bestem Willen beseelter Geistlicher […] hatte gleich nach seinem Amtsantritt in seiner gewöhnlichen Kleidung einen kurzen Versuch gemacht und versicherte mich dann, dass er es nicht eine Viertelstunde aushalten würde.«[16]

Gefürchtet waren auch die »Eisenstrafen«, bei denen ein Stein oder Klotz mit einer Kette am Bein des Gefangenen befestigt wurde.

Bei der Einlieferung des Strafgefangenen wurde

ein Gebet gesprochen, in dem die damals von der Allgemeinheit vertretene These von der Alleinschuld des Verbrechers zum Ausdruck kam.

Karl May wird zur Arbeit in der Zigarrenfabrik eingesetzt. Seine schwarzen Metallknöpfe und eine gelbe Litze zeigen den Wärtern und den Mitgefangenen an, dass es sich um einen Rückfälligen handelt. Das bedeutet außerdem, dass ein Viertel seines Arbeitsentgelts zu Gunsten der Anstaltskasse eingezogen wird.

Entscheidend für Mays späteres Verhalten und für seine psychische Lage im Zuchthaus wird eine Begegnung mit dem katholischen Anstaltslehrer Johannes Kochta (1824–1886). In ihm lernt er einen »Menschen mit echt christlicher Gesinnung« kennen und schätzen, der ihm nicht nur bald Hafterleichterung verschafft, sondern auch dafür sorgt, dass der Protestant May als Organist beim katholischen Anstaltsgottesdienst eingesetzt wird. Unter dem Eindruck von Kochta scheint sich bei May eine Hinneigung zum Katholizismus vollzogen zu haben, wie sie sich schließlich auch in seinem in späteren Jahren niedergelegten persönlichen Glaubensbekenntnis ausdrückt. »Er war nur Lehrer ohne akademischen Hintergrund«, berichtet Karl May, »aber ein Ehrenmann in jeder Beziehung, human wie selten einer und von einer reichen, erzieherischen psychologischen Erfahrung, so daß das, was er meinte, einen viel größeren

Wert für mich besaß, als ganze Stöße von gelehrten Büchern.«[17]

Zwar wird ein Gnadengesuch Mays abgelehnt und er gerät einmal wegen eines beschädigten Buches in der Gefängnisbücherei in Schwierigkeiten, weil er sich vor den seiner Meinung nach zu Unrecht beschuldigten Entleiher stellt. Aber er ist inzwischen in die zweite Disziplinarklasse aufgerückt, was gewisse Vorteile mit sich bringt.

May hat später in seiner Autobiographie *Mein Leben und Streben* mit subjektiver Wahrheit die letzte Zeit im Zuchthaus beschrieben:

»Ich muß konstatieren, daß diese vier Jahre der ungestörten Einsamkeit und konzentrierten Sammlung mich sehr, sehr weit vorwärts gebracht haben. Es stand mir jedes Buch zur Verfügung, das ich für meine Studien brauchte. Ich stellte meine Arbeitspläne fertig und begann dann mit der Ausführung derselben. Ich schrieb Manuskripte. Sobald eines fertig war, schickte ich es heim. Die Eltern vermittelten dann zwischen mir und den Verlegern. Ich schrieb diesen nicht direkt, weil sie jetzt noch nicht erfahren sollten, daß der Verfasser der Erzählungen[18], die sie druckten, ein Gefangener sei. Einer aber erfuhr es doch, weil er persönlich zu den Eltern kam. Das war der später noch zu erwähnende Kolportagebuchhändler H. G. Münchmeyer in Dresden. Er war Zimmergeselle gewesen, hatte bei Tanzmusiken auf dem

Dorf das Klappenhorn geblasen und war Kolporteur geworden. In dieser Eigenschaft kam er auch nach Hohenstein-Ernstthal und lernte in einem benachbarten Ort eine Dienstmagd kennen, die er heiratete. Das fesselte ihn an die Gegend. Er wurde da bekannt und erfuhr auch von mir. Was er da Tolles hörte, schien ihm außerordentlich passend für seine Kolportage. Er suchte meinen Vater auf und machte sich vertraut mit ihm. So kamen ihm meine Manuskripte in die Hand. Er las sie. Einiges war ihm zu hoch. Andres aber gefiel ihm so, daß es ihn, wie er sagte, entzückte. Er bat, es drucken zu dürfen, und bekam die Erlaubnis dazu. Er wollte sofort bezahlen und legte das Geld auf den Tisch. Vater aber nahm es nicht. Er schob es zurück und forderte ihn auf, es mir persönlich zu geben, wenn ich entlassen sei. Hierauf ging Münchmeyer sehr gern ein. Er versicherte, ich sei der Mann, den er brauchen könne; er werde mich nach meiner Heimkehr aufsuchen und alles Nähere mit mir besprechen.«[19]

May geht dann auch auf seine psychische Situation ein. In Waldheim liegt die Zahl der auftretenden Geisteskrankheiten zwar unter der anderer Anstalten, dafür treten im Zuchthaus vermehrt Fälle von »Haftpsychosen« auf. Auch Karl May ist davon nicht verschont geblieben, wie das nachstehende Gedicht aus dieser Zeit andeutet: »Kennst Du die Nacht, die auf den Geist Dir sinkt / Daß er vergebens nach Erlösung schreit / Die schlangengleich sich ums Gedächtnis schlingt / Und tausend Teufel ins Gehirn dir speit? / O sei vor ihr ja stets in wachen Sorgen / Denn diese Nacht allein hat keinen Morgen.«[20]

Dann aber scheint sich eine Besserung bei ihm vollzogen zu haben: »In den ersten Wochen der letzten vier Jahre war es noch vorgekommen, daß die dunklen Gestalten mich innerlich gequält und mit Zurufen belästigt hatten; das hatte aber nach und nach aufgehört und war schließlich still geworden, ohne sich wieder zu regen. Wenn ich hierüber nachdachte, ohne auf psychologische Abwege zu geraten, so kam ich zu der Einsicht, daß diese Gebilde nur so lange Einfluß besitzen, wie man in der betreffenden Anschauung steckt. Hat man aber die letzteren überwunden, dann müssen die Schreckbilder schwinden.«[21]

May berichtet von der Wirkung eines Buches mit dem Titel *Die so genannte Spaltung des menschlichen Inneren, ein Bild der Menschheitsspaltung*, das ihm geholfen habe, mit seinen Psychosen fertig zu werden. Die Karl-May-Forschung hat ein solches Buch nicht auffinden können.

Hans Wollschläger äußert in diesem Zusammenhang die Vermutung: »Kochta dürfte es gewesen sein, der May zum Schreiben anregte und ihm damit das Abfuhrmittel in die Hand gab, das sein Leben in Sicherheit brachte und es vielleicht davor bewahrte, einmal hinter den Mauern eines Gefängnisses oder einer Anstalt zu Ende zu gehen.«[22] Wollschläger widerspricht aber der Vorstellung Mays, dass analyseähnliche Gespräche mit Kochta ihn von seinen Psychosen vollständig geheilt hätten.

In einem seiner frühen Werke, in dem Mammut-Kolportageroman *Der verlorene Sohn*, hat May durch »zwei Sclaven der Schande«, die Figuren Petermann und Heilmann, seine Erlebnisse im Arbeitshaus und im Zuchthaus literarisch wiederzugeben versucht.

»Petermann ist Schreiber, und zwar in einer Vertrauensstellung; sein Arbeitslokal ist Teil einer Doppelzelle; er ist während seiner Haft nicht bestraft worden; er wird begnadigt und außerdem mit einem Vertrauenszeugnis ausgestattet. Heilmann dagegen ist bestraft und zusätzlich disziplinarisch belangt worden; er erhält kein Vertrauenszeugnis ausgestellt und wird nach Verbüßung seiner Strafe unter Polizeiaufsicht gestellt.«[23]

Man muss annehmen, dass mit Heilmann Karl May seine eigenen Empfindungen zum Ausdruck bringt: »Übrigens war es mir unmöglich, mich in die aufgezwungene Willenlosigkeit zu fügen. Man ist nicht mehr Mensch, sondern Strafobjekt. Man ist ein Ding, an welchem ein jeder seine vermeintlichen Besserungsexperimente macht. Bessern! Herrgott. Und wer sind diese Leute? Diese Aufseher sind ja selbst nichts Anderes gewesen als Handwerker. Was verstehen sie von Psychologie?«[24]

Ist diese Vermutung richtig, so kann folgender Vermerk in den Entlassungsunterlagen Karl Mays nicht erstaunen. In der Spalte »Urtheil des Anstaltsbeamten über des Entlassenen moralische und physische Befähigung zu einem selbständigen Erwerbe« heißt es: »Kalt, gleichgültig, glatt hochmütig. Etwas entkräftet, sonst arbeitsfähig.«[25]

Wenn unter »Plan und Wunsch des Entlassenen über sein ferneres Fortkommen und wozu er sich eignet« steht: »Will nach Amerika auswandern«, so handelt es sich dabei um das, was die meisten Gefangenen angaben. Zudem bestand die Auflage, May für zwei Jahre unter Polizeiaufsicht zu stellen. Da May im Unterschied zum Arbeitshaus in Zwickau nur aus der so genannten zweiten Disziplinarklasse kam, was bedeutete, dass er sich in der Anstalt nicht unbedingt tadellos geführt hatte, wurde er ohne Vertrauenszeugnis entlassen.

Nach der Entlassung war die Heimreise des ehemaligen Sträflings hinsichtlich Weg und Dauer genau vorgeschrieben: May, »33¼ Jahre alt, Größe 72 Zoll [etwa 1,70 m]. Statur: mittel und schmächtig, Gesichtsform: lang – Gesichtsfarbe: blass«, musste spätestens am 4. Mai 1874 in seinem Heimatort Ernstthal eintreffen.

An einem stürmischen Frühlingstag, an dem es

86

regnete und schneite, verließ er mit Demissions-
schein, Reisegeld und einem gewissen Betrag aus dem
Guthaben seines Arbeitsentgelts die Anstalt. Dem
Aufseher Karl Wilhelm Müller, der zu ihm sagte:
»Na, ich bin neugierig, wann wir uns wieder sehen«,
legte May die Hand auf die Schulter und erwiderte
ernst, jedes Wort betonend: »Herr Schließer, mich sehen Sie nie mehr wieder!«

IV.
Wie konnte es dahin kommen?
Psychogramm eines Unglücklichen

> »Aber Liebe muß sein, selbst im allerärmsten Leben,
> und wenn dieser Ärmste nur will, so kann er reicher
> als der Reichste sein. Er braucht nur in sich selbst zu
> suchen. Da findet er, was ihm das Geschick
> verweigert, und kann es hinausgeben an alle, von
> denen er nichts bekommt.«

Karl May

Es scheint hier der rechte Punkt, um einen Augenblick innezuhalten und nach der Darstellung der äußeren Tragödie des jungen Mannes nun über die innere und deren Ursache nachzudenken.

Vorbildlich hat dies Hans Wollschläger in seinem Aufsatz *Materialien zu einer Charakteranalyse Karl Mays* getan. Er hat sich dabei der Methoden und der Sprache der Psychoanalyse bedient, was das Verständnis für den Laien nicht unbedingt erleichtert. Dennoch ist Hans Wollschläger die in meinen Augen überzeugendste Erklärung für das Wesen dieses eigenartigen Menschen und sonderbaren Autors Karl May gelungen.

Übrigens hat May selbst einen Hinweis für diesen Interpretationsansatz gegeben, indem er in einer seiner Schriften schreibt: »Ich habe meinen Geist und meiner Seele ein irdisches Gewand gegeben, Romane genannt ... Dieses Gewand ist der einzige Körper, in dem es meinem inneren Menschen möglich ist, mit meinen Lesern zu reden.«[1]

Ausgangspunkt für Wollschlägers Analyse ist zunächst einmal das Bild, das May von seiner Mutter in seiner Autobiographie entwirft. Er nennt sie »eine Märtyrerin, eine Hilfe [...], einen Segen für jeden [...]. Niemals habe ich ein ungutes Wort aus ihrem Mund gehört.«[2]

Tatsächlich aber hat er aus ihrem Mund durchaus »furchtbare Worte« gehört. Und auch das beschreibt er selbst in *Mein Leben und Streben*, als er sein Auftauchen bei den Eltern während seiner Zeit auf der Flucht erzählt und die Mutter ihn mit einer Brandstiftung in Zusammenhang bringt. Er ist verzweifelt, dass gerade sie an ein Verbrechen glaubt, das er nie begehen würde: das Haus eines Menschen anstecken.

Zudem verweigert sie ihm die Zuflucht im Elternhaus: »Um Gottes Willen laß dich nicht erwischen, vor allen Dingen nicht hier bei uns im Haus! Geh, geh! Ehe die Leute aufstehen und dich sehen.«[3]

Hat die Mutter, so fragt sich Hans Wollschläger, in einem entscheidenden Lebensabschnitt ihrem Sohn ihre Liebe versagt?

Hinweise darauf glaubt der psychoanalytisch arbeitende Biograph in einem der weniger bekannten Werke Mays, in der Erzählung *Des Kindes Ruf* aus den *Erzgebirgischen Dorfgeschichten*, gefunden zu haben. Es geht darin um eine Frau, die schon nach kurzer Ehe ihrem Mann untreu geworden ist. Der Ehemann sitzt im Gefängnis und nun besucht der Geliebte, der »Reiterkurt«, die Frau. Das Zusammentreffen der beiden wird von dem Knaben Fährmanns-Paul belauscht, der den Geliebten der Mutter ablehnt. Aber die Mutter hasst auch ihren Sohn Paul.

Hans Wollschläger rekonstruiert aus dieser Fiktion nun eine Urszene im Leben des Kindes Karl May: das Erlebnis des Liebesentzugs der über alles geliebten Mutter. »Wir getrauen uns zu behaupten«, schreibt er, »dass die Mutter Christiane Wilhelmine May um die Zeit 1844/45 einen Geliebten gehabt hat, dem sie ihre Liebe schenkte, und dass das Kind Karl in einem ganz bestimmten, ganz konkreten Augenblick mit eigenen Ohren erfuhr, dass die Liebe der einzigen geliebten Person nicht ihm allein gehörte. In diesem Augenblick zuckten die Tentakeln der kindlichen Objekt-Libido endgültig ins eigene Ich zurück, in diesem für ein ganzes Leben entscheidenden Augenblick ist Karl Mays Liebesfähigkeit zusammengebrochen.«[4]

Die seelischen Vorgänge, die sich hier abgespielt haben könnten, finden wir bei Sigmund Freud und später bei Wilhelm Reich unter dem Fachbegriff der »narzisstischen Affektion« erörtert. Diese entsteht durch ein schweres Liebesversagen von Seiten einer wichtigen Bezugsperson. Die Fähigkeit, Liebe von anderen zu empfangen und an andere Liebe abzugeben, wird bei dem Betreffenden elementar gestört. Seine »Liebesfähigkeit« wendet sich dann nicht mehr nach außen, sondern nach innen. Zum »Ersatzobjekt« für das Liebesbedürfnis des Betreffenden wird dessen eigenes Ich, »und zwar, da es durch die Grundschädigung traumatisch geschwächt ist, in psychisch erhöhter, gleichsam veredelter Gestalt, der des so genannten Ich-Ideals«.[5]

Die Person entwirft sich also als Liebesersatz ein ideales Ich, statt das reale Ich zu akzeptieren.

Es leuchtet ein, wenn man aus diesem psychischen Vorgang die schillernden Übertreibungen erklärt, mit denen Karl May in seinem Werk jene Helden umgibt, die sein Ich spiegeln und deren Rolle er auch in der Wirklichkeit spielt.

Nicht ganz so offen auf der Hand liegt der Zusammenhang mit Karl Mays krimineller Laufbahn. Hierzu noch einmal Hans Wollschläger: »Die Liebesbedürftigkeit des narzisstischen Neurotikers ist im gleichen Extrem gesteigert, wie seine Liebesfähigkeit sich reduziert hat.«[6]

Tatsächlich bringt May die Verweigerung von Zuneigung (Kerzenaffäre, Uhrenaneignung) auf den kriminellen Weg. Die Spannung zwischen Ansprüchen des Ideals und dem Zwang zur Anpassung wird in der Seminarzeit immer größer. Nach der zweiten Verurteilung fasst er eingestandenermaßen den Entschluss, sich nun an der Gesellschaft zu rächen. Was er dann ja auch gründlich, wiewohl recht grotesk tut. Seine Taten sind letztlich der Ausdruck einer gespaltenen Persönlichkeit, die nicht mehr zwischen Wirklichkeit und Einbildung zu unterscheiden vermag.

Claus Roxin hat das, was in May vorgeht, »Pseudologia phantastica« genannt. Gerade die psychische Verletzung ist es, die bei ihm zur Kriminalität führt, ihn andererseits aber auch zu seinem Romanwerk befähigt. Insofern liegt May gewiss nicht falsch, wenn er meint, dass ihn das Nachdenken über sich selbst »in stiller einsamer Zelle in Beziehung auf Menschheitspsychologie viel weiter vorwärts gebracht« habe, als er »ohne diese Gefangenschaft jemals gekommen wäre«.

Seine kriminellen Taten ergeben sich aus einem seelischen Zustand am Rand einer Bewusstseinsspaltung. Er selbst spricht von schreienden Stimmen, die er während seiner Zeit im Zuchthaus zum Schweigen gebracht habe und von denen er endlich habe annehmen können, »daß sie ganz und für immer stumm geworden seien«.[7]

So erstaunlich und befremdlich es klingen mag: Vieles spricht dafür, dass sich Mays kriminelle Taten und sein literarisches Werk aus derselben Quelle speisen.

Indem er später nur noch »fiktionalisierte«, also gewisse seelische Vorstellungen in Form von erfundenen Geschichten auslebte, vollzog sich eine »harmlose« Ableitung der ihn sonst ins Kriminelle führenden Bedürfnisse seines Ideal-Ichs. Wir werden sehen, wie die endgültige Sublimierung schließlich in dem sich von seinen Reise- und Abenteuerromanen schroff absetzenden Alterswerk stattfindet.

Bei Mays innerer Entwicklung handelt es sich, wenn man so will, um eine seelische Reifung oder, mit einem von C.G. Jung geprägten Begriff, um eine Individuation. Verletzungen, Leid, Niederlagen werden von ihm psychisch verarbeitet, umgewandelt ins Positiv-Kreative. So betrachtet lassen sich die Zeiten der Haft durchaus als Anstoß einer Entwicklung zum Besseren betrachten. Zwar nicht so, wie die bürgerliche Gesellschaft den Sinn solcher Strafen begründete, sondern auf eine Art und Weise, wie sie vielleicht nur bei einem hoch begabten Menschen möglich wurde, der von seinen materiellen Lebensumständen her als ein Benachteiligter geboren und aufgewachsen war.

Erster Exkurs
Die Rose von Ernstthal – ein frühes Werk

Dieser Text ist wahrscheinlich die früheste unter eigenem Namen veröffentlichte Erzählung Karl Mays.[1] Sie trug zunächst den Untertitel *Eine Erzählung aus der Mitte des vorigen Jahrhunderts*. May soll sie unmittelbar nach seiner Entlassung aus dem Zuchthaus Waldheim, aber schon während seiner folgenden Redakteurstätigkeit verfasst haben. Sie enthält zahlreiche Reminiszenzen aus seiner Kindheit.

In der Gestalt des Schmiedes Weißpflog taucht die Erinnerung an Mays Patenonkel auf. Der militärische Hintergrund könnte von den »Kriegsspielen«, die Vater May mit seinem Sohn unternahm, inspiriert sein. Bezeichnenderweise hat die Heldin ein Augenleiden, und der Ort der Handlung ist der Heimatort des Autors, den er den Lesern als »ein armes Städtchen«, in dem sich »keine welterschütternden Begebenheiten« vollziehen, vorstellt. Gleich anschließend wird hinzugefügt, um keinen negativen Eindruck aufkommen zu lassen, »Blüthenflocken der Poesie« seien auch in diesem entlegenen Winkel zu finden.

Die Handlung spielt Mitte des 18. Jahrhunderts während eines Krieges zwischen Österreich und Preußen. Ein preußischer Offizier, »der Weißblaue«, ist desertiert und versucht nun in Sachsen Soldaten für den Kurfürsten anzuwerben. Ihm begegnet Richard, der sich als Handwerksbursche ausgebende Major von Göbern, der zur Suche nach dem Deserteur ausgeschickt worden ist. Der »Weißblaue«, auch »der Junker« genannt, ein angeberischer Frauenheld, macht sich an die zunächst blinde Auguste, die »Rose von Ernstthal«, heran. Sie weist ihn ab, denn Auguste hat sich in Richard verliebt.

Augustes Vater Emil Wallner hat seine Geliebte, Augustes Mutter, vor Jahren verlassen, ohne zu wissen, dass die von ihm schwanger war.

Als Mutter und Tochter zum Augenarzt fahren, entführt der Junker Auguste auf dem Rückweg. Eine drohende Vergewaltigung deutet sich an. Rechtzeitig erscheint Richard auf dem Plan und streckt den Junker mit einem Faustschlag nieder.

Happy End: Emil Wallner, der verschollene Vater Augustes, taucht in der Uniform eines Stabsarztes auf und schließt freudig bewegt Frau und Tochter in die Arme. Richard gibt sich als preußischer Offizier zu erkennen. Der Junker wird, wie sich das gehört, der Militärgerichtsbarkeit überstellt und Auguste, wunderbar geheilt, wird Richard alias Major von Göbern, ungeachtet der Klassenunterschiede, heiraten.

V.
Kolportage

»Dem Autor gelang es – abweichend von seiner
(späteren) Schreibweise – einen Stil zu finden, der
heute noch durch seine fast kabarettistisch anmutende
Überzogenheit einen ganz besonderen Lesereiz bietet
und damals einen unglaublichen Erfolg erzielte.«

Gerhardt Lußmeier

Obwohl es in seiner Autobiographie anders dargestellt wird, scheint Karl May nach seiner Entlassung
aus dem Zuchthaus nicht sofort seine Tätigkeit für
den Kolportageverleger Heinrich Gotthold Münchmeyer aufgenommen zu haben. Erst 1875 bieten ihm
dieser und dessen Bruder Friedrich Louis Münchmeyer eine feste Anstellung als Redakteur in Dresden
an. Das Jahresgehalt beträgt 600 Taler, eine Summe,
die allenfalls genügte, um den Lebensunterhalt bei
bescheidenen Ansprüchen zu bestreiten. Bei der Fest-
setzung dieses nicht gerade großartigen Salärs spielt
gewiss eine Rolle, dass die Bruder Münchmeyer über
Mays Haftstrafen orientiert sind.

Was May bei seiner Suche nach einer literarischen
Tätigkeit zu Hilfe kommt, ist die Tatsache, dass am

7. Mai 1874 ein Reichsgesetz in Kraft getreten ist, das zu einer starken Zunahme der in Deutschland erscheinenden Zeitschriften führt. Seit 1873 ist die Rotationsdruckmaschine auf dem Markt, 1884 werden dann die Setzmaschine und eine Maschine für Fadenheftung erfunden. Schon 1870 ist ein Gesetz zum Urheberschutz erlassen worden, das die Stellung der Autoren besser sichert.

Technisch wie juristisch verbessern sich also in diesen Jahren die Voraussetzungen für die Massenproduktion von Druckerzeugnissen. Die Zahl der jährlichen Neuerscheinungen liegt 1870 bei 10000 und wird bis 1890 bis auf 19000 steigen. Die Zunahme der Druckerzeugnisse geht Hand in Hand mit dem Bevölkerungswachstum, außerdem nimmt der Lektürebedarf beim Einzelnen zu.

Anfang März 1875 fährt May nach Dresden, um dort seine Tätigkeit zu beginnen. Jedoch ist seine Entlassung aus dem Gefängnis mit der Auflage verbunden, sich regelmäßig bei der Polizei zu melden. Erstaunlich ist, dass ihn schon vier Tage nach seinem Arbeitsbeginn in Dresden eine Person, die nicht namentlich bekannt ist, wegen Verletzung dieser Auflage anzeigt und dabei die Bemerkung macht, es sei zu erwarten, dass er neben seiner Funktion als Redakteur »auch seine frühere verbrecherische Laufbahn teilweise wieder betreten dürfte«.[1]

Es folgt rasch der Befehl zur Ausweisung, May

soll die Stadt innerhalb von drei Tagen verlassen. Er richtet ein Bittgesuch, in dem er überzeugend begründet, warum er in Dresden bleiben will, an die Polizeidirektion: »In Rücksicht darauf, daß meine Stellung eine fixierte und sichere ist und mir nach Verlauf von fünf Wochen der Aufenthalt in Dresden doch gestattet sein würde, bitte ich einmal gute Nachsicht hegen zu wollen und mich durch die Domicil-Verweigerung nicht in neue Not und Schande zu stürzen.«

Als dies abgelehnt wird, bleibt ihm nichts anderes übrig, als zunächst nach Ernstthal zurückzukehren und seine Redaktionsarbeit von dort aus weiterzuführen. Ihn schockiert jedoch die erneute Erfahrung mit einer Gesellschaft, die einen einmal Gestrauchelten mit Misstrauen betrachtet und unterstellt, er werde selbstverständlich wieder kriminell werden. Aber jetzt hat May genügend Energie und ist innerlich gefestigt genug, um den Leuten, die erwarten, er werde sich wieder verbrecherisch betätigen, diesen Gefallen gerade nicht zu tun. Es gelingt ihm zudem in den folgenden Monaten, eine Revision des Ausweisungsbeschlusses durchzusetzen. Ende 1875 kehrt er nach Dresden zurück und wohnt im Verlagsgebäude, in dem auch der Verleger und dessen Familie leben.

Die allgemeine wirtschaftliche Lage in diesen Jahren nach Ende des Deutsch-Französischen Krieges ist gekennzeichnet durch den Zufluss der Milliardenbeträge, die Frankreich an das eben gegründete Deutsche Kaiserreich als Kriegsentschädigung zu zahlen hat. Es beginnen die so genannten Gründerjahre, ein Boom, auf den allerdings bald eine Stagnation folgen wird. Deutschland entwickelt sich von einem Agrarland zu einer der führenden Industrienationen der Welt. Die Bevölkerung wächst rasch, von etwa 30 Millionen im Jahr 1842 auf 60 Millionen zu Beginn des Ersten Weltkriegs. Das Eisenbahnnetz weitet sich schnell aus. Die tägliche Arbeitszeit eines Arbeiters liegt bei zwölf Stunden. Noch gibt es keine die Interessen der Unterschicht vertretende Partei. Erst 1890 übernimmt diese Aufgabe die SPD. Noch kennt man in Deutschland, wie auch im übrigen Europa, keine Kranken-, Unfall- und Invalidenversicherung, die dann unter dem Reichskanzler Bismarck nicht zuletzt deswegen durchgesetzt wird, um zu verhindern, dass die Sozialdemokratie weiter an politischem Einfluss gewinnt.

Die Wohnverhältnisse der Arbeiter und anderer Gruppen der Unterschicht in den wachsenden Städten sind teilweise katastrophal. Immer noch verfügt der Adel über ein hohes Maß an Sozialprestige und es gibt zwischen ihm und der Schicht von neureichen Bürgern eine deutliche Standesgrenze. Hoch im Ansehen steht das Militär, vor allem die Offizierskaste.

Mays Aufgabe innerhalb des Münchmeyerschen Verlages ist es zunächst, zwei Wochenzeitschriften zu gründen und redaktionell zu führen. *Schacht und Hütte*, die eine, ist auf die Interessen der Bergbau- und Hüttenarbeiter ausgerichtet und bringt neben Unterhaltung auch Belehrendes. In ihren Spalten erscheinen die *Geographischen Predigten*, in denen May sein, sich offenbar in der Haft angelesenes Wissen ausbreitet. Hier findet sich unter anderem auch ein Hinweis auf die Ausrottung der Indianer in den USA. Er wird mit dem Satz kommentiert, der wie ein Auftrag an die Zeitschrift und ihren Redakteur klingt: »Das Gedächtnis der an dem Bruder begangenen Todsünden wird fortleben in den Liedern des Dichters.«

Die zweite Zeitschrift, *Das deutsche Familienblatt*, deckt die Nachfrage nach Humorvollem und Exotischem ab. Für dieses Blatt schreibt Karl May unter anderem seine ersten Wildwestgeschichten *Inn-nu-woh, der Indianerhäuptling* und *Old Firehand*. In der May-Forschung gelten sie wegen der schon hier benutzten Ich-Form als »Ouvertüre zu den *Reiseerzählungen*«. In *Old Firehand* taucht zum ersten Mal der Name Winnetou auf.

Beide Zeitschriften müssen aber 1876 wegen mangelnder Nachfrage eingestellt werden, obwohl der Verlag May zwecks Abonnentenwerbung ins Ruhrgebiet zu Krupp und nach Berlin zu Borsig geschickt hat.

An ihre Stelle tritt nun die Zeitschrift *Feierstunden*

am häuslichen Heerde. In ihr veröffentlicht May unter Pseudonym die im Orient angesiedelte Geschichte *Leilet.* Dass Zeitschriften rasch liquidiert und durch Blätter mit neuen Titeln, aber ganz ähnlichem Inhalt ersetzt werden, ist in dieser Branche damals üblich. Jedenfalls wird die Aufgabe der beiden Blätter nicht deren Redakteur Karl May angelastet. Offenbar ist Heinrich Gotthold Münchmeyer mit ihm sehr zufrieden. Er scheint in Mays Erfindungsreichtum und seinen lockeren Erzählstil, der bei der sozialen Gruppe, aus der die meisten Käufer und Abonnenten stammen, gut ankommt, große Erwartungen zu setzen.

Was liegt näher, als den Herrn Redakteur an die Familie zu binden? Mit ziemlich durchsichtigen Manövern versucht Heinrich Gottholds Ehefrau Pauline ihn, Karl May, an ihre Schwester Minna Ey zu verkuppeln. Da sie bei diesem Unternehmen so leicht nicht aufgibt, May sich ihrer aber anders nicht zu erwehren weiß, kündigt er.

Es gibt noch einen weiteren Grund, weshalb Pauline mit ihren kupplerischen Plänen scheitert. Im Sommer 1876 hat sich Karl May in die zwanzigjährige Emma Lina Pollmer verliebt, ein Mädchen, das beständig von schwärmerischen Verehrern umgeben ist. Er hat Emma im Haus seiner Schwester in Ernstthal kennen gelernt. Emma ist unehelich zur Welt gekommen. Ihre Mutter ist wenige Tage nach der Geburt an Kindbettfieber gestorben. Als Erzeuger kommt ein

Barbiergeselle namens Zimmermann in Betracht. Aufgewachsen ist Emma in Hohenstein im Haushalt ihres Großvaters, des Barbiers und Dentisten Christian Gotthilf Pollmer, sie ist eine Kleinstadtschönheit, kokett, sich ihrer Attraktivität wohl bewusst. Mit ihren etwas üppigen Formen stattet May später die weiblichen Gestalten seiner Kolportageromane aus.

May ist entschlossen, Emma zu heiraten. »Es ist wohl vor allem eine starke erotische Anziehungskraft, die den zu langer Askese verurteilten May an Emma bindet«, mutmaßt einer seiner Biographen.[2] Aber der Großvater Pollmer hat Einwände. Nicht dass er an den Vorstrafen Mays Anstoß nehmen würde, aber er hegt wie so manch einer Zweifel, ob man mit Schriftstellerei eine Familie ernähren könne. Von solchen Argumenten lässt sich das Liebespaar nicht beeindrucken. Gegen den Willen des Großvaters geht Emma im Mai 1877 mit ihrem Geliebten nach Dresden. Da May sie von seinen Einkünften allein nicht ernähren könnte, nimmt sie eine Stellung als Dienstmädchen bei einer Pfarrerswitwe an. May schlägt sich als »freier Schriftsteller« mehr schlecht als recht durch. Immerhin erfährt er zu dieser Zeit Zuspruch von dem damals populären Autor von Heimatromanen, Peter Rosegger. Dieser druckt in der von ihm geleiteten Zeitschrift *Heimgarten* Mays in Ägypten spielende Geschichte *Die Rose von Kahira*, ein Stoff, der später in *Durch die Wüste* integriert werden wird.

Schließlich kriecht May doch wieder bei einem Verlag unter. Wieder wird er Redakteur eines Unterhaltungsblattes. Diesmal trägt es den viel versprechenden Namen *Frohe Stunden*. In seinen Spalten erscheinen mehrere Arbeiten Mays, darunter auch sein erster Roman *Auf See gefangen*, der später einen Teil von *Old Surehand* ausmachen wird.

Karl Mays finanzielle Lage bessert sich. Er scheint nun genügend Erfahrung in der Branche gesammelt zu haben, um zu wissen, was für Geschichten sich absetzen lassen. Anfang 1878 mietet er in Dresden-Striesen eine möblierte Parterrewohnung. Emma zieht zu ihm. Vor Bekannten und der Öffentlichkeit gibt er sie als seine Frau aus. Dann aber zieht Emma wieder nach Hohenstein, offenbar weil der Großvater versorgt werden muss, vielleicht auch, weil der alte Mann Anstoß daran nimmt, dass das Paar ohne Trauschein zusammenlebt. May besucht sie dort und wohnt teils bei den Pollmers, teils bei seinen Eltern.

Und nun scheinen sich die Vorurteile der Gesellschaft zu bestätigen. Abermals wird Karl May straffällig. Die Ereignisse sind als so genannte »Affäre Stollberg« in seine Lebensgeschichte eingegangen. In seiner Autobiographie werden sie von May selbst nicht erwähnt.

Sein Verhalten ist auch in diesem Fall letztlich mehr kurios-töricht als gravierend kriminell. Sein Hang zur Hochstapelei – oder soll man es dichterische Freiheit nennen – ist wieder einmal mit ihm durchgegangen.

Vorgefallen ist dies: Ende Januar 1878 kommt der einzige Sohn von Emmas Großvater in Niederwürschwitz bei Stollberg in Sachsen nach einer Wirtshausschlägerei ums Leben. Er ist betrunken gewesen, ist überfahren worden und stirbt schließlich angeblich an den Folgen des Unfalls. Der alte Pollmer hat an dieser Darstellung des Hergangs seine Zweifel. Er bittet May, nach Niederwürschwitz zu fahren und dort über die näheren Umstände beim Tod seines Sohnes Nachforschungen anzustellen. May, der sich bei seinem Noch-nicht-Schwiegervater in ein gutes Licht setzen möchte, willigt ein. An Ort und Stelle spielt er den Detektiv im Regierungsauftrag, deutet an, sein Rang sei höher als der eines Staatsanwaltes. Irgendjemand wird misstrauisch und läuft zur Polizei. Die Folge ist ein Strafverfahren gegen den Detektiv aus Liebe.

Im Januar 1879 wird, obwohl er keine Amtshandlung vorgenommen hat, May wegen Amtsanmaßung zu drei Wochen Gefängnis verurteilt. Der Fall geht in Revision, die vom königlichen Bezirksgericht Chemnitz verworfen wird. Auch ein Gnadengesuch Mays, dem er ein lobhudelndes Gedicht auf den König beifügt, führt zu nichts. Er muss für die Zeit vom 1. bis 22. September 1879 wieder ins Gefängnis.

Claus Roxin, selbst Jurist und somit im Sinngehalt

von Paragraphen und ihrer Auslegung bewandert, kommentiert dieses Urteil so: »Der Fall ist psychologisch aufschlussreich. Er zeigt wieder Mays unbezähmbaren Drang, sich in beherrschenden Rollen darzustellen; er zeigt aber auch, dass er nun niemanden mehr schädigte. May ist zu Unrecht verurteilt worden. Es ist nicht strafbar, wenn jemand sich fälschlich eines öffentlichen Amtes rühmt. Er hätte dieses Amt auch ›ausüben‹, das heißt etwas tun müssen, was nur ein Beamter darf. Erkundigungen einziehen darf aber jedermann; und mehr hatte er nicht getan. Selbst die Anmaßung eines Titels, die damals nach § 360 Nr. 8 StGB als Übertretung unter (geringer) Strafe stand, war ihm nicht vorzuwerfen. Denn die Zeugenaussagen ergaben, dass er sich einen Titel nicht beigelegt hatte. Bemerkenswert ist, dass auch die ›Affäre Stollberg‹ May nicht mehr aus der Bahn werfen konnte, obwohl ihm durch die Verurteilung und ihre diskriminierenden Begleitumstände Unrecht geschehen war.«[3]

Freilich stellt sich die Frage, auf die Roxin nicht eingeht: Wie konnte es zu dem Fehlurteil kommen? Man muss annehmen, dass May wahrscheinlich keinen sehr fähigen Anwalt hatte und das Gericht natürlich um seine Vorstrafen wusste.

Mays schriftstellerische Karriere beeinträchtigt dieser »Rückfall« übrigens nicht. Seine Erzählung *Unter Würgern, Abenteuer aus der Sahara*, die in der im Verlagshaus Pustet erscheinenden größten katholischen Zeitschrift *Deutscher Hausschatz* abgedruckt wird, schlägt so gut ein, dass der Chef des Verlagshauses May mitteilen lässt, er wolle alles erwerben, was aus Mays Feder fließe, und zwar bei sofortiger Bezahlung.

Auch eine andere Zeitschrift, *Vom Fels zum Meer*, bemüht sich unter Zusicherung eines Bogenhonorars von tausend Mark um ihn als Mitarbeiter. »Das Honorar, welches ich von Pustet bekam, war gegen diese tausend Mark so unbedeutend, daß ich mich scheue, seinen Betrag hier zu nennen. Wenn ich Pustet trotzdem vorgezogen habe, so ist das ein gewiß wohl mehr als hinreichender Beweis, daß ich für den *Hausschatz* nicht geschrieben habe, um ›mehr Geld zu machen, als ich von Anderen bekam‹ [wie man ihm später vorwerfen wird]. Auch meine anderen Verleger zahlten bedeutend mehr als Pustet. Das muß ich, um diesen böswilligen Ausstreuungen zu begegnen, hiermit konstatieren.«[4]

Durch Mays erneuten Gefängnisaufenthalt aber scheint es zu gewissen Spannungen zwischen Emma und Karl gekommen zu sein. Die Situation findet sich im Roman *Scepter und Hammer* gespiegelt. Als im Mai 1880 Großvater Pollmer mit dreiundsiebzig Jahren stirbt, verspricht May ihm auf dem Sterbebett, Emma zu heiraten. Ein Versprechen, das er im September mit der kirchlichen und standesamtlichen

Trauung in Ernstthal einlöst. Emma erbt von ihrem Großvater eine Laden- und Wohnungseinrichtung und 200 Mark in bar.

Mays Bekanntheitsgrad nimmt nun zu. Sein Name erscheint als »May, Dr. Karl, Journalist, Redakteur« im *Allgemeinen deutschen Literaturkalender.* Seine Einkünfte 1881 entsprechen mit circa 1500 Mark in etwa dem eines nicht weiter qualifizierten Arbeiters. Dies und Emmas Unfähigkeit zu einer sparsamen Haushaltsführung bei gleichzeitigem Verlangen nach mehr Luxus dürften die Gründe dafür sein, dass May sich zu einem Schritt entschließt, der weit reichende Konsequenzen zu seinem Schaden hat.

Auf einer einwöchigen »Erholungsreise« begegnen in einem Gartenlokal in Dresden Emma und Karl dem Verleger Münchmeyer. Mays alter Chef ist seit dessen Weggang in finanzielle Bedrängnis geraten und erinnert sich an die flotte Schreibe des Herrn Doktor. Könnte May nicht einen 100 Hefte à 24 Seiten umfassenden Lieferungs- oder Kolportageroman für ihn schreiben? May bittet sich Bedenkzeit über Nacht aus. Was dann geschieht, hat May selbst in einer seiner Schriften geschildert:

»Der Heinrich [Münchmeyer] sagte, daß er am Vormittag kommen werde; er kam aber schon früh, so zeitig, daß zunächst nur ich, nicht aber meine Frau zu sprechen war. Einmal aufgewacht, hatte er nicht wieder einschlafen können. Der Gedanke, einen Ro-

man von mir zu bekommen, hatte ihn von zu Hause
fort und in das Freie hinausgetrieben. Da hatte er sich
alles, was wir gestern besprochen hatten, nochmals
überlegt und kam nun, mir zu sagen, daß er mit meinen Bedingungen einverstanden sei. Es sei zwar noch
sehr früh am Morgen, aber ich werde das entschuldigen. Es hänge ja so viel davon ab, daß er mit mir ab-
schließen könne, und da werde ich wohl begreifen,
daß er nicht eher Ruhe finden werde, als bis dies geschehen sei. Auf meine Frage nach dem Honorare erklärt er, daß er leider nicht in der Lage sei, mir mehr
als dreißig Mark pro Nummer zu geben. Das war allerdings blutwenig, denn wieviel er anderen zahlte,
das könnte doch auf mich keine Anwendung finden.
Ich machte eine Mehrforderung, wenn auch keine bedeutende, nur fünf Mark höher; aber die Art, wie er
sie hinnahm, tat mir beinahe weh. Es war aus ihr zu
sehen, daß er sich allerdings in Verlegenheit befinden
müsse. Er ging zwar schließlich darauf ein, gab mir
aber zu bedenken, daß er auch schon in Beziehung
auf die anderen Punkte das Allermöglichste geleistet
habe. Die Rechte nicht für immer! Sondern nur
Zwanzigtausend! Dazu eine ›feine Gratifikation‹!
Das seien Bedingungen, auf welche er nur eingehe,
weil ich sein besonderer Freund sei, weil ich immer
besser schreibe und er mich also auch besser behandeln müsse als alle anderen, und weil ich doch wohl
jetzt keine schlechteren Bedingungen stellen könne

als diejenigen, unter denen ich damals als sein Redakteur abzuschließen pflegte. Er bitte also, ihn nicht weiter zu drücken. Sollte es aber bei gutem Erfolg zu weiteren Romanen kommen, so werde er dann im Stande sein, auf bessere Honorare einzugehen. Ich wußte von früher, daß er grundsätzlich gegen schriftliche Verlagskontrakte war. Er gab sich gern als Biedermann, für den es ein Mißtrauen bedeutete, seine Unterschrift zu verlangen. Ob das nur so klang und er dabei doch gewisse Berechnungen im Nacken sitzen hatte, das ist eine Frage, auf die ich hier nicht einzugehen habe. Natürlich schlug ich ihm die Anfertigung eines Kontraktes vor, er aber lehnte ab. Ich wisse ja, daß er das nicht tue. Wir seien Freunde und Ehrenmänner; da gelte das Wort mehr als die Schrift. Er hoffe nicht, daß ich an seiner Ehrenhaftigkeit zweifle.

So schloß ich also mit ihm ab, ohne die Anfertigung eines schriftlichen Dokumentes, sondern nur durch Wort und Handschlag.«[5]

Festzuhalten bleibt: Der Verleger wird dem Autor bis zum 20. Tausend der Auflage 35 Mark pro Heft zahlen, anschließend soll May eine »feine«, will sagen beträchtliche Gratifikation erhalten. Dazu muss in Vorausschau auf spätere Konflikte, die sich aus dieser Absprache ergeben, erklärt werden, dass es in diesem Geschäft üblich war, an Kunden, die die gesamte Serie abonnierten, die Fortsetzungen eins bis fünf gratis abzugeben. Der Verlag macht später geltend, um 20000 Abonnenten zu bekommen, müsse er, wenn er die Lieferungen eins bis fünf gratis abgebe, 500000 Exemplare drucken.

Offen bleibt bei der mündlichen Abmachung die Frage, ob die gratis abgegebenen Exemplare im Honorar inbegriffen sind oder nicht.

Damit Mays Kontakte zum Pustet'schen *Hausschatz* nicht gefährdet werden, ist Münchmeyer damit einverstanden, dass May sich bei ihm eines Pseudonyms bedient.

Man kann davon ausgehen, dass May von Emma gedrängt worden ist, auf den Vorschlag Münchmeyers einzugehen. Vor allem sie, seine Ehefrau, verlockt das große Geld und die Chance, nun endlich in die Großstadt Dresden übersiedeln zu können. Viel später, nach dem Tod des Heinrich Münchmeyer und dem Verkauf des Verlages durch dessen Witwe, die May aus nahe liegenden Gründen alles andere als wohlgesonnen ist, sollte sich die Nichtexistenz eines geschriebenen Vertrages für den Autor als höchst problematisch erweisen.

Im November 1882 erscheint der erste Lieferungsroman Mays: *Das Waldröschen oder die Verfolgung rund um die Erde. Großer Enthüllungsroman über die Geheimnisse der menschlichen Gesellschaft* von Capitain Ramon Diaz. Sein Umfang: 109 Hefte mit insgesamt 2612 großformatigen Seiten, die innerhalb eines Jahres erscheinen und vertrieben werden. Der Roman wird ein großer Erfolg, er wird nachgedruckt, übersetzt. Die versprochene Gratifikation bleibt jedoch aus. Dennoch lässt sich Karl May überreden, nun zu einem Honorar von schon 50 Mark pro Heft, einen weiteren Roman, aber unter seinem tatsächlichen Namen zu liefern.

Nur wenige Leser von Karl May dürften alle Romane vollständig gelesen haben. Welche Schinderei es bedeutete, sie zu schreiben, steht noch auf einem anderen Blatt.

Es muss einer verzweifelten Anstrengung bedurft haben, ein solches Arbeitspensum durchzuhalten. Immerhin stieg durch diese Fronarbeit Mays bisheriges Einkommen um das Dreifache, nämlich auf 5000 bis 6000 Mark im Jahr. Das entsprach etwa den Bezügen eines akademisch vorgebildeten Beamten in dieser Zeit.

Zweiter Exkurs
Die Kolportageromane

>»Aus der Elite-Prosa haben sie sich längst
>verabschiedet, im Schmöker leben sie weiter: der
>große Held und der große Schurke oder gar der ganz
>Große, der schwarze Doppelspieler, der – alle Welt
>täuschend – beides ist, ehrbarer Richter und Flusspirat
>auf dem Mississippi. Und sage niemand, so etwas sei
>unrealistisch, sonst nenne ich Beispiele aus dem
>richtigen Leben.«

Heiko Postma

Die so genannten Kolportage- oder Lieferungsromane – zu vergleichen in unserer Zeit etwa mit den
Heftchenromanen – waren Fortsetzungsromane. Sie
erschienen wöchentlich und wurden vertrieben von
so genannten »Kolporteuren«, Verkäufern, die von
Tür zu Tür gingen.

Karl May hat als Mitarbeiter des Verlages H.G.
Münchmeyer in Dresden teils schon von anderen Autoren begonnene Romane dieser Art fortgeschrieben,
teils eigene und meist sehr umfangreiche Geschichten
dieser Art erfunden. Es sind dies im Einzelnen:
Der beiden Quitzows letzte Fahrten (1876/77).

Dabei handelt es sich um die Fortführung eines von Friedrich Axmann verfassten Romans *Fürst und Junker*.

Auf See gefangen, veröffentlicht 1878 in der Zeitschrift *Frohe Stunden*. Teile der Handlung wurden später (1900) in *Old Surehand II* verwendet.

Scepter und Hammer, erschienen in der Zeitschrift *All-Deutschland* zwischen Ende August 1879 und Mitte August 1880.

Die Juweleninsel, erschienen 1880/81.

Waldröschen oder Die Verfolgung rund um die Erde, veröffentlicht 1882 zunächst unter dem Pseudonym »Capitain Ramon Diaz de la Escosura«.

Die Liebe der Ulanen, erschienen zwischen September 1883 und Juni 1885 in der Zeitschrift *Deutscher Wanderer*. Parallel dazu schrieb Karl May *Der verlorene Sohn oder Der Fürst des Elends*.

Deutsche Herzen, Deutsche Helden, veröffentlicht zwischen 1885 und 1887. Allerdings scheint nur der Text bis Seite 2232 (Lieferung 93) von Karl May selbst zu stammen. Für den fragwürdigen Schlussteil, in dem sich die Geheimnisse der bisherigen Handlung nicht lösen, trägt May keine Verantwortung.

Der Weg zum Glück. In diesem Roman (erschienen ab August 1886) fährt der bayerische »Märchenkönig« Ludwig II. wie Harun al Raschid incognito durchs Land, um die Sorgen und Nöte des einfachen Volkes kennen zu lernen.

Für die Biographie Mays und seinen Werdegang als Autor sind die Kolportageromane in mehrfacher Hinsicht von Bedeutung. Sie belegen Mays enorme Erfindungs- und Erzählfreudigkeit, außerdem seine Arbeitskapazität, die auf seinen Gesundheitszustand nicht ohne Auswirkungen bleiben konnte. Schließlich enthüllt ihre Publikationsgeschichte einiges über die Zustände auf dem Markt der Trivialliteratur während der zweiten Hälfte des 19. Jahrhunderts.

Das Waldröschen
Statt die komplizierte Handlung der sechs Bände dieses Riesenwerkes in all ihren Verzweigungen nachzuerzählen, skizziere ich hier nur kurz die Charaktere, die Motive und Schauplätze und ihre Bedeutung für das Gesamtkonzept.

Im Mittelpunkt des Geschehens steht der deutsche Arzt (!) und Prärieläufer Doktor Sterne, bei dem eine Ähnlichkeit mit Old Shatterhand und Kara Ben Nemsi nicht zu übersehen ist. Er ist gewissermaßen ihr Vorläufer: Sein Faustschlag ist eindrucksvoll, wie Old Shatterhand besitzt er einen Henrystutzen und einen Bärentöter.

Charakteristisch für Mays Kolportageromane ist, dass sich der Verlauf der Handlung durch Familiengeheimnisse ergibt: entführte oder vertauschte Kinder, Erbschleicherei, erzwungene Heiraten etc. Die Schurken, aber auch die Rächer versuchen ihre wahre

Identität hinter angenommenen Namen zu verbergen, was seltsamerweise meist zu ihrer Tarnung hinreicht. Die Schauplätze im *Waldröschen* sind Deutschland (Rheinwalden), Spanien, dann das Grenzgebiet zwischen den USA und Mexiko, Schiffe auf hoher See und schließlich auch die Osterinseln.

Die meisten Gestalten des Romans sind Männer, die in der Heimat scheitern und dann ausziehen, um in der Ferne ihr Glück zu suchen. Sie ergreifen dort Partei für die Entrechteten und Unterdrückten. Sie sind tugendhafte Bürger und »edel denkende und handelnde Angehörige einer Mittelschicht«. Sie stammen aus ebenjenem deutschen Bürgertum, das seine politische Mündigkeit nicht oder nur unzureichend erlangt hat.[1]

Schätze werden gesucht und gefunden, die Guten werden von den Bösen überraschend gefangen genommen, nur damit Erstere sich jeweils eindrucksvoll wieder befreien können. Durch derlei Zwischenfälle kann die Handlung gestreckt werden. Am Schluss gibt es ein Happy End: »So will es Gott.« Die Schurken wandern unter das Beil des Henkers oder in den Kerker, die Guten kommen zu ihrem Recht, die Liebenden heiraten ohne Rücksicht auf Standesgrenzen und feiern ein Freudenfest.

Der Literaturwissenschaftler Gert Ueding über Kolportageromane im Allgemeinen: »Mehr noch als im 18. war im 19. Jahrhundert das Verlangen breiter

Schichten der Bevölkerung nach einem Gegenbild zur Ausweglosigkeit und Stagnation der gesellschaftlichen Verhältnisse gewachsen, ein Verlangen, das sich ungeschminkt und unverstellt in der Kolportageliteratur der Zeit ausdrückte. Diese Romane waren Tagträume der Gesellschaft, fiktive Wunscherfüllungen, die von der gesellschaftlichen Wirklichkeit verweigert wurden. Wo die realen Bedingungen fehlten, um gesellschaftliche Bedürfnisse zu befriedigen, da wurden diese Bedürfnisse privatisiert, um fiktiv in Form von Wunscherfüllungsträumen befriedigt zu werden.«[2]

Exakt hat die Reizwirkung des Trivialen Heiko Postma in der Karl-May-Nummer der Zeitschrift *Die Horen* beschrieben: »Von den südlichen Ausläufern der Pyrenäen her trabte ein Reiter auf die altberühmte Stadt Manresa zu. – Ja, so muss ein Buch anfangen, das ein Reißer werden will. Ruhig und spanisch. Der Rhythmus der Sprache folgt dem Trab des Tieres, doch in den winkligen Gassen Manresas wartet das Abenteuer. Gleich ist der Leser gefangen; unrettbar gefesselt an die Geschehnisse, die noch vor ihm liegen; gebannt von einer Geschichte aus Verrat und Liebe, Treue und Wahnsinn, Scheintod und Eifersucht, 2612 Seiten lang, von einem Atemraub zum anderen.«[3]

Alles ist auf Spannung angelegt, um den Leser bei der Stange zu halten. »Das ist das Eigenartige dieser Gattung«, gibt der begeisterte Kolportage-Leser

Postma zu Protokoll: »Man durchschaut mit der Zeit sämtliche Tricks dieser Kolporteure und fällt jedes Mal bereitwillig drauf rein. Siebenmal habe ich *Das Waldröschen* schon gelesen und immer fiebere ich der Szene am Alligatorenteich entgegen – wie schafft es der finstere Graf bloß, gefesselt über dem Wasser hängend, den schnappenden Bestien zu entkommen?«[4]

Der verlorene Sohn oder Der Fürst des Elends
Womöglich in seiner Handlung noch verschlungener ist der Roman *Der verlorene Sohn*. Es beginnt mit einer heimlichen Liebe über Standesgrenzen hinweg. Der Försterssohn Gustav Brandt, der Polizist geworden ist und Schmuggler jagt, verliebt sich in die Baronesse Alma von Helfenstein. Um diese wirbt aber auch der Erbschleicher und mit Spielschulden behaftete Vetter, Franz von Helfenstein. Der skrupellose Franz beseitigt einen weiteren Bewerber um Almas Hand, den Hauptmann Hellenbach. Die Zofe Ella ist Zeugin dieser Untat geworden. Ihr Schweigen erkauft der Mörder damit, dass er sie heiratet. Den Schmied Wolf und dessen Sohn stiftet er an, das Schloss Hirschenau niederzubrennen. Auf diese Weise soll der kleine Robert, der rechtmäßige Erbe, aus dem Weg geräumt werden. Statt das Kind in den Flammen umkommen zu lassen, hinterlassen die Brandstifter im Schloss die Leiche eines gleichaltrigen Kindes, das sie

auf dem Friedhof ausgegraben haben. Beide Morde werden Gustav Brandt, dem braven Försterssohn, angelastet. Er muss fliehen und kehrt erst nach zwanzig Jahren, durch Diamantenfunde auf Borneo nun steinreich geworden und in Indien in den Adelsstand erhoben, als Fürst Befour heim.

Franz von Helfenstein, die Kanaille, ist inzwischen nicht nur Bankier und Kohlengrubenbesitzer, sondern auch Drahtzieher einer verbrecherischen Organisation.

Als »Fürst des Elends« und mit der Vollmacht eines Geheimpolizisten ausgestattet – unwillkürlich wird der Leser an Mays »Amtsanmaßung« 1878 bei seinen Nachforschungen im Fall Pollmer erinnert –, nimmt Brandt den Kampf gegen Franz auf.

In Zwischenhandlungen werden die Schicksale eines ganzen Tableaus von Personen der Unterschicht und des Mittelstandes in den Strang der Haupthandlung eingeflochten. Nach über 2000 Seiten gibt es selbstverständlich auch hier ein Happy End. Der Held bekommt seine Alma. Der König selbst ist bei der Vermählung zugegen und erhebt Gustav nun auch in Deutschland in den Adelsstand. Hinfort darf er sich Baron Brandt von Brandtstein nennen.

Gewiss ist *Der verlorene Sohn* ein Abenteuer-, Kriminal- und Heimatroman mit sozialkritischem Hintergrund, jedoch mit einer entscheidenden Einschränkung: Zwar vergisst Karl May als Autor »eines auf Spannungserregung abzielenden Kolportageromans an keiner Stelle, auf die der kapitalistischen Gewinnsucht anzulastende ›soziale Frage‹ hinzuweisen. Beachtenswerte Milieuschilderungen unterstreichen das. Allerdings fehlt jede tiefgründige Analyse, die die wahren gesellschaftlichen Ursachen aufzeigt«.[5]

Deutsche Herzen, Deutsche Helden
Die Handlung des umfangreichen Romans entwickelt sich aus tragischen Ereignissen in der Familie des deutschen, in der Türkei lebenden Diplomaten Alban von Adlerhorst. Ihm wird vorgeworfen, einen hohen türkischen Regierungsbeamten, Melek Pascha, umgebracht zu haben. Aus Rache wird er von dessen Sohn Ibrahim ermordet. Warum es zu dem Mord an Melek Pascha kam, ist der Handlung nicht zu entnehmen.

Von Adlerhorst hat fünf Kinder. Die beiden Mädchen Magda und Tschita werden in die Sklaverei verkauft.

Ein Diener der von Adlerhorsts, Florin, hat vergeblich versucht, seine Herrin, Anna von Adlerhorst, zu verführen.

Der erste Teil des Romans schildert den Versuch einer Gruppe von Freunden – bestehend aus dem deutschen Prinzen Oskar, einem deutschen Maler und einem spleenigen englischen Lord namens Eaglenest –, die Frauen zu befreien und die Übeltäter in der Türkei und später in Tunis ihrer verdienten Bestrafung zuzuführen. Damit haben sie aber nur teilweise Erfolg.

Der zweite Teil führt in den Westen der USA, auf die Plantage des Pflanzers Wilkins, auf der als Aufseher Martin von Adlerhorst arbeitet.

Die Schurken sind hier die Besitzer eines Quecksilberbergwerks, Roulin und Walker. In dem aus Sachsen stammenden Jäger Sam Barth hat man abermals einen Vorläufer Old Shatterhands vor sich. Auch der deutsche Prinz Oskar, unter dem bürgerlichen Tarnnamen Otto Steinbach, ist plötzlich in Amerika. Walkers Gefolgsmann Bill Newton entpuppt sich als der böse Florin.

Im Quecksilberbergwerk werden Magda von Adlerhorst und ihre Mutter als Arbeitssklaven festgehalten. Sam und der Prinz befreien sie. Wiedersehensfreude mit Hermann von Adlerhorst und Lord Eaglenest.

Der dritte Teil spielt in Sibirien. Auftritt von Sam Barth und Prinz Oskar als vom Zaren und der Justiz mit umfassenden Vollmachten ausgestattete Retter. In Sibirien nämlich schmachtet der ehemalige, nun verbannte Kosakenoffizier Georg von Adlerhorst. Hier lebt auch, unter der Maske des Pelzkaufmanns Peter Lomonow, der Bösewicht Florin.

In einem Schlussteil in Deutschland spinnen der aus der Gefangenschaft entkommene Florin und Meleks Sohn Ibrahim-Bei neue Ränke gegen die Familie von Adlerhorst. Schließlich tötet Florin den Bei und dann sich selber. Damit ist der Autor der Notwendigkeit enthoben, den Ausgangspunkt der Handlung, den Mord an Melek Pascha, zu erklären. Florin und der Bei nehmen das Geheimnis mit ins Grab. Happy End. Alle von-Adlerhorst-Kinder heiraten.

Diese gedrängte Wiedergabe der Handlung sollte hinreichen, um dem heutigen Leser eine Vorstellung davon zu geben, wie ein erfolgreicher Kolportageroman gebaut war. Wenn man hier von Kunstfertigkeit sprechen kann, so liegt sie in der Auswahl und dem Zusammenspiel von Figuren, an deren Schicksalen ein auf spannende Unterhaltung bedachtes Publikum interessiert ist. Immer ist sofort klar erkennbar, ob dieser oder jener zu den Bösen oder den Guten gehört. Außerdem geschieht die Darbietung der Ereignisse in einem raschen Tempo, mit zahlreichen Dialogen, wenig Reflexion, aber viel Ausschmückung, beispielsweise durch die Beschreibung der weiblichen Garderobe, wobei der Autor einen sicheren Instinkt für den Geschmack seines Leserpublikums verrät, das in seinen Gefühlen, seinen Vorlieben, aber auch in seinen Abneigungen bestärkt wird.

Nicht ohne Pikanterie ist übrigens, dass May, während er 1882 *Das Waldröschen* schreibt, auch einen Essay verfasst, in dem er heftig gegen ebensolche Romane polemisiert. Ausgangspunkt sind die verbreiteten Klagen über den allgemeinen Sittenverfall.

»›Die Sünde wird immer mächtiger!‹, klagt der Priester auf der Kanzel.

›Die moralischen Krebsschäden der Gegenwart fressen sich immer tiefer ein in das Geschlecht der Menschen!‹, ruft der Professor vom Katheder herab.

›Bei der Entwicklung des inneren Menschen scheint oft das Böse größere Fortschritte zu machen als das Gute!‹, bemerkt der aufmerksame Pädagog.

›Die Zahl der Verbrechen steigt, und das Raffinement wird fast beängstigend!‹, spricht der Richter, und ›baut neue Zuchthäuser, die bisherigen reichen nicht mehr zu!‹, respondirt ihm der Strafanstaltsbeamte.

Die Eltern klagen über ihre Kinder, die Lehrer über ihre Schüler, die Lehrherren über ihre Lehrlinge, der Meister über seine Gesellen, der Fabrikant über seine Arbeiter.

Einer der Haupthebel, welche bei der Volkserziehung in Bewegung gesetzt werden müssen, sind jedenfalls die Bibliotheken, und bei einsichtsvoller Leitung und einer guten, verständigen Wahl der Bücher ist ihr Einfluß ein unberechenbar günstiger. Aber auch ebenso sehr schädlich ist die Wirkung von schlechten Werken.«

Interessant ist nun auch, wie May das Publikum der »Schundromane«, die er geschrieben und an denen er nicht schlecht verdient hat, beurteilt. Hier offenbart sich ein gehöriges Maß an Heuchelei.

»Leider ist trotz des gegenwärtigen Dranges nach Volksbildung und Aufklärung das Verständniß für eine gute, nützliche Lectüre noch lange nicht in alle Schichten der Bevölkerung eingedrungen; vielmehr hängt eine nicht geringe Anzahl gerade derjenigen, denen die Öffnung ihres geistigen Auges am meisten Noth thut, mit bedauerlicher Beharrlichkeit an dem von den Anderen längst verurtheilten Genre der Ritter-, Räuber-, Kloster-, Geister- und Schundromane, und es ist deshalb nicht zu verwundern, daß dieses literarische Ungeziefer immer noch nicht vollständig auszurotten gewesen ist, zumal gewisse Verlagshandlungen sich nicht scheuen, den alten Schmutz immer wieder aufzuklauben und in immer neuer Gewandung an den Mann zu bringen.«

Und es ist amüsant, wie genau und lebendig, aber abwertend May ein Genre beschreibt, das er selbst bedient. Er steigert sich dabei in einen Eifer, dessen sprachlichem Impetus schöne Anschaulichkeit nicht abzusprechen ist.

»Welchen Hochgenuß versprechen uns denn nun eigentlich diese Bücher? Schlagen wir sie auf! Zunächst sind sie alle darauf berechnet, die Phantasie des Lesers zu ergötzen. Ob dies auf Kosten der Wahrheit geschehe, das geht dem Verfasser Nichts an. Er schickt zuerst seine eigene erfindungsreiche Phantasie auf Entdeckungsreisen, schüttelt dann den Staub, der ihr von der Reise anklebt, über die Schaar seiner Gläubiger aus und steckt endlich das Honorar für diese Menschen beglückende Anstrengung in den an die Theorie vom absoluten Nichts gewöhnten Geldbeutel. So prosaisch endet der poetische Flug.

Und der Leser? Dieser sieht sich aus seinen realen, vielleicht ärmlichen Verhältnissen in eine phantastische, reiche, buntbelebte Welt versetzt. Stolze Recken in goldflimmernden Rüstungen sprechen mit wehendem Helmbusche über den Plan; schön geschmückte Frauen vertheilen Preis und Minnesold; Sporen klirren; kostbare Gewänder rauschen; dort blinken die Schwerter; hier flüstert und kost es in der Laube; kühne, verwegene Gestalten dringen aus den Büschen; Dolche blitzen in ihren Fäusten; draußen auf See schwimmt der Pirat, vom Sonnenschein des Glückes und der Feder des Autors verklärt; zechende Mönche, liebglühende Nonnen, feuerspeiende Drachen, stehlende Zigeuner, klappernde Gerippe, betende Eremiten, fluchende Sbirren, wandernde Troubadours, nächtliche Gespenster, bärtige Sarazenen, alles nur erdenklich Schöne und Häßliche, Anmuthende und Fürchterliche. Wonnevolles und Schauderhaftes drängt der Verfasser in das blätterreiche Kaleidoskop, welches mit der vielverheißenen Bemerkung ›Roman in zwölf Bänden‹ vor dem Auge des entzückten Lesehungrigen liegt, eng und bunt, plan- und zusammenhanglos zusammen. Er führt den Leser zurück in eine längst vergangene Zeit, für welche dieser kein

Verständniß hat; er läßt ihm Erscheinungen und Verhältnisse erblicken, die es weder damals noch zu einer
anderen Periode gegeben hat oder geben konnte, und
diejenigen Gestalten und Typen, denen eine frühere
Wirklichkeit nicht abzusprechen ist, erscheinen in
unwahren Beziehungen und werden von falschem
Licht beleuchtet. Die Helden des Romans sind entweder so unmenschlich gut und fromm, daß ihre Tu-
gend uns arme Sterbliche geradezu blendet, oder
ebenso unmenschlich bös und gottlos, daß wir uns
unmöglich überwinden können, an die Existenz dieser Satane zu glauben. Ihre sittliche Freiheit und
Selbstbestimmung ist ihnen bei der erzwungenen Pas-
sage durch den Gänsekiel abhanden gekommen; ein
dunkles Verhängniß hat ihr Schicksal vorherbe-
stimmt; finstere Gestalten spielen mit ihnen Würfel;
ob von der höchsten Vortrefflichkeit, ob von der tiefsten Versunkenheit, sie haben keinen Theil an ihrem
moralischen Werthe oder Unwerthe und müssen die
vorgeschriebenen Thaten ableiern wie eine aufgezo-
gene Spieldose ihre Schnadhüpfl. So werden die leb-
und widerstandslosen Marionetten an dem Faden der
Erzählung über die Scene gezerrt, dürfen höchstens
einmal durch den zahnlosen Mund einer alten, wahr-
sagenden Hexe oder Zigeunerin einen scheuen Blick
hinunterwerfen in die Tiefen, in welchen an dem
Zwecke ihres Daseins herumgekocht und gebrodelt
wird, und nehmen glücklicher Weise als Gegenge-

schenk für das verbrauchte Trinkgeld die unvermeidliche Versicherung mit, daß am Rande des Abgrundes, nämlich auf der vorletzten Seite des zwölften Bandes, ein pflichteifriger Deus ex machina die Guten aus der Hölle von Unglück und Qual in einen Himmel von Glück und Seligkeit emporschleudern werde, während die Bösen natürlich den umgekehrten Weg gehen müssen.«[6]

Wie soll man diese Polemik eines Autors, der genau jenen Markt bedient, nun beurteilen?

Als Sehnsucht danach, dem verdammten Sklavendasein eines Schreibers von Kolportageromanen endlich zu entkommen? Als Erinnerung an die Wirkung solcher Lektüre in seiner Kindheit und Jugend auf ihn selbst?

Oder betrachtet er womöglich seine eigenen Lieferungsromane als moralisches Gegenmittel zu dem, was er da anprangert? Zwar treten in seinen Romanen weder wandernde Troubadoure noch klappernde Gerippe und bärtige Sarazenen auf. Doch sind diese lediglich durch ein zeitnäheres Inventar an Personen und Konflikten, durch andere Versatzstücke ersetzt.

Ich überlasse es dem kritischen Leser, in dieser Frage seine Entscheidung zu treffen, wohl wissend: Bei Karl May ist fast alles denkbar und möglich!

VI.
Freiheitssuche in einer imaginären Ferne

»In den vorzüglichen Reisenovellen und
Abenteuerromanen finden wir bei ganz natürlich
ebenmäßiger Entwicklung der Erzählung wundersam
frische Scenarien, so dass eine jede Schilderung ein
Visum in seinem Reisepass ist mit dem Atteste:
›Er ist dort gewesen, er hat es erlebt!‹«

Gustav Burgier,
Geschichte der deutschen Nationalliteratur

Aus den Jahren zwischen 1882 und 1887 ist an äußeren Ereignissen in Karl Mays Leben wenig zu berichten.

Er ist von der ungeheuerlichen Arbeitslast bei Tag
und Nacht völlig absorbiert. Obwohl Münchmeyer
bei der Abrechnung der Honorare nicht korrekt ver-
fährt, ist May auf dem Weg, ein wohlhabender Mann
zu werden. Er kann in diesen Jahren sogar seine Eltern unterstützen.

1885 stirbt seine Mutter. Trotz – oder gerade wegen – des problematischen Verhältnisses zu ihr er-
schüttert ihn ihr Tod sehr. In der Tat wird von nun
an »mit fortschreitender Lebensdauer das Prinzip des

Mütterlichen mehr und mehr Mays männliches Heldenideal verdrängen«.[1]

Für die Buchproduktion bahnen sich neue Kontakte an. May lernt 1886 den Verleger Spemann kennen, der die Monatszeitschrift *Vom Fels zum Meer* betreut und nun eine »illustrierte Knabenzeitung«, *Der Gute Kamerad*, herausbringt. Mit der Erzählung *Der Sohn des Bärenjägers*, die Spannung und Wissensvermittlung miteinander verbindet, begründet sich Karl Mays Ruf als verkaufsträchtiger Jugendbuchautor. Spemann schlägt ihm eine ständige Mitarbeit am *Guten Kameraden* vor, stellt zudem spätere Buchausgaben in Aussicht. Mit dieser Perspektive wagt es May, die Fronarbeit als Kolportageschriftsteller aufzugeben.

Damit ist für ihn der Einstieg in einen seriöseren Bereich der Literatur vollzogen; überdies kommt die Jugendliteratur auch seiner Neigung entgegen, durch Schreiben zu belehren, ein Anspruch, den man zu jener Zeit an diese Literaturgattung richtet, die im Zuge der volksaufklärerischen Tendenzen des 19. Jahrhunderts Konjunktur hat. Freilich bedeutet der Wechsel zunächst auch, dass der Autor genauer recherchieren, stilistisch sorgfältiger arbeiten muss. Außerdem sind die Honorare niedriger als in der Kolportageliteratur, da in dieser Branche mit niedrigeren Auflagen kalkuliert wird.

May ist in diesen Jahren ständig in Geldnöten,

weil er sich trotz eines niedrigeren Einkommens in Kötzschenbroda die »Villa Idylle« gemietet hat.

An seinem neuen Wohnort meldet er sich als »Dr. phil.« an. Und hier beginnt auch die Überblendung der Identität des Autors mit einer von ihm erfundenen Gestalt.

Im Oktober 1888 fragen zwei Leser beim *Guten Kameraden* an, wie Old Shatterhand mit seinem deutschen Namen heiße. Da diese Erzählungen von Karl May geschrieben seien, so vermuten sie, dass dieser selbst Old Shatterhand sei. May antwortet, dass die Vermutung der beiden Knaben richtig sei.[2]

Als folgenreich und gewinnträchtig wird sich ein weiterer Kontakt erweisen, der in diesen Jahren geknüpft wird.

Friedrich Ernst Fehsenfeld, geboren 1853 als Sohn eines Landpfarrers, aufgewachsen in Berlin in der Familie eines Literaturwissenschaftlers, ist zunächst Buchhändler gewesen und hat dann in Freiburg im Breisgau einen Verlag gegründet. Für sein junges Unternehmen ist er auf der Suche nach zugkräftigen Autoren. In der Zeitschrift *Deutscher Hausschatz* wird er auf die dort erscheinenden Orientromane Mays aufmerksam. Er schreibt an May. Die beiden Männer treffen sich und schließen im November 1891 einen Verlagsvertrag, der die Veröffentlichung der bisher in Zeitschriften erschienenen Reiseromane in Buchform vorsieht. Zum Erfolg der 1892 mit sechs Bänden gestarteten Reihe, der so genannten »grünen Ausgabe«, trägt entscheidend das einheitliche Format und die einheitliche Ausstattung bei. Die Bände kosten geheftet drei, gebunden vier Mark.

Dass sich zunächst vor allem die Orientromane gut verkaufen und Karl May bekannt machen, hat auch etwas mit der politischen Situation im damaligen Europa und in Deutschland zu tun. England und Frankreich haben früh in Afrika große Kolonien erworben. Erst 1884 beginnen die ersten Versuche Deutschlands, es auch in dieser Beziehung den beiden anderen Großmächtigen gleichzutun. In diesem Jahr stellt der Bremer Kaufmann Lüderitz Gebiete an der südwestlichen Küste Afrikas unter deutsche Oberhoheit und legt damit, sehr zum Missvergnügen Englands, den Grundstein für die Kolonie Deutsch-Südwestafrika. Es folgen die Kolonisierung von Togo und Kamerun und die von Carl Peters angestoßene Gründung Deutsch-Ostafrikas. Bei alledem bleibt Deutschland als Kolonialmacht zweitrangig.

»Karl Mays exotische Reiseerzählungen«, stellt einer seiner Interpreten fest, »spielen nicht in den deutschen Kolonien.« Wohl aus gutem Grund! Der eine oder andere Leser im Deutschen Kaiserreich, der dort gewesen ist, hätte sich vielleicht besser ausgekannt als er. »Doch ihre fernen Schauplätze verweisen auf den auch in Deutschland verbreiteten sehnsüchtigen Blick in die Fremde, der zum Teil dem Ungenügen an der eigenen Wirklichkeit entstammte und in den großen Auswanderungswellen seinen Ausdruck fand.«[3] Mays nun beginnender Massenerfolg verdankt sich also auch der heute unumstrittenen Tatsache, dass die verschiedenen Formen der Trivialliteratur auch als ein »therapeutisches Erleichterungsmittel inmitten einer schwer zu ertragenden Realität« dienen.[4]

1893 erscheint bei Fehsenfeld Karl Mays vielleicht literarisch bestes, auf jeden Fall sein bekanntestes Werk *Winnetou*.

Angesichts des Erfolges von Mays Reiseromanen stellt sich die Frage, wie ein Mensch, ohne die Länder, über die er schreibt, selbst gesehen zu haben, sie so genau beschreiben kann, dass fast jeder Leser davon überzeugt ist, der Mann müsse dort lange herumgereist sein.

Gewiss waren zu Karl Mays Zeiten die Informationsmöglichkeiten der sozialen Unterschicht weit geringer als heute. Aber die Leute waren neugierig, wie es in den fernen Ländern aussieht und zugeht. Zwar bringen gerade die letzten Jahrzehnte des 19. Jahrhunderts eine Fülle von Reiseberichten hervor, aus denen May selbst auch schöpft, aber dies ist eine Welt ohne Fernsehen, ohne Film, auch eine Welt, in der das Reisen den reichen Leuten vorbehalten bleibt.

Ein anderes Moment, das entscheidend zu dem geradezu horrenden Erfolg seiner abenteuerlichen Reiseromane beiträgt, ist May selbst durchaus bewusst.

Es liegt im Mangel an Reiz erzeugenden Erlebnissen im Alltag des Durchschnittsbürgers im wilhelminischen Deutschland. Gerade für uns heute, die wir in einer »Event«-Gesellschaft leben und einen unstillbaren Hunger nach immer stärkeren Reizen zu befriedigen versuchen, sollte das nachvollziehbar sein.

May selbst hat diesen Zusammenhang in einer Rede so beschrieben: »Jeder lebt so, daß ihm nichts besonders begegnen kann und soll. Unsere europäische Bildung besteht darin, daß der Zufall, das Ereignis, das Abenteuer, die Überraschung ganz ausgeschlossen ist. Das Leben eines jeden Menschen in Schule und Haus, in Amt und Würden, in Ehe und Gesellschaft ist festgelegt und darf sich nicht in Extravaganzen ergehen. Beim geringsten Abgleiten von der Bahn des Philisters wirken sogleich hundert Kräfte zusammen, jede fremde Zutat zu ersticken.«[5]

Mays Einnahmen aus den Honoraren von Fehsenfeld betragen 1892 um die 5000 Mark. Sie steigen drei Jahre später auf über 60000 Mark im Jahr. Es kommen auch noch weitere Gelder für die Beiträge in Zeitschriften hinzu. Der wohlhabende Autor kauft 1896 in Radebeul, einem Vorort von Dresden, das später »Villa Shatterhand« benannte Haus, über das er an seinen Schwager stolz vermeldet: »Meine Villa, welche wir natürlich ganz allein bewohnen, hat 1 Salon, 1 Musikzimmer, 1 Speisezimmer, 1 Studien- und Bibliothekszimmer, 1 Schlafzimmer, 2 Gastzimmer,

Stube für das Hausmädchen, Garderobe, Küche mit großem Herde, Obst- und andere Kammern, Waschhaus, Holz- und Kohlenhaus, Keller für Wein, Keller für Speisen, Wasserleitung für alle Zimmer und einen prächtigen Garten mit edlen Birnen, Äpfeln, Pflaumen, Pfirsichen, Aprikosen usw. Spalierwein und Erdbeeren habe ich viel erbaut. Nur an Stachelbeeren habe ich 34 große Stöcke [...].«[6]

Im Übrigen verläuft Mays Privatleben alles andere als glücklich, obwohl er diese Jahre selbst als die glücklichste Zeit seines Lebens bezeichnet.

Die Ehe ist kinderlos geblieben. Unter Umständen aber hat May 1889 mit einem Dienstmädchen ein Kind gezeugt, worauf außer Gerüchten auch gewisse Schriften über Säuglingspflege in seiner Bibliothek hindeuten.

Als Emma und er Clara, die Tochter von Emmas Schwester, vorübergehend zu sich nehmen, werden ihm von dem Kind Beobachtungen hinterbracht, die Emmas Lieblosigkeit belegen. Überhaupt gibt es zwischen den Eheleuten nun häufig Streit. Karl fühlt sich von seiner Frau in seiner schönen Seele nicht verstanden und nicht hinreichend genug bewundert. Er behauptet, sie sei oberflächlich, engherzig und bringe zu häufig zweifelhafte Bekannte mit ins Haus, in seinen eigenen Worten: »Ihr Ideal war ein immerwährendes offenes Haus, ein Starkasten für schwatzhafte Meisen und lockere Vögel allerlei Art, besonders aber jener Gattung, die weder arbeiten noch spinnen, und euer himmlischer Vater, nämlich ich, ernährte sie doch! Schauspieler, Sänger, lustige Künstler, allerlei fahrendes Volk sollte bei uns verkehren. Da wollte sie herrschen; da wollte sie als Königin gelten; da wollte sie geliebt sein und wieder lieben.«[7]

Auf der anderen Seite empört sich Emma über seine Arbeitswut, bezichtigt ihren Mann, der großzügig an Notleidende spendet, der Verschwendungssucht und beklagt sich über mangelnde Zuwendung.

Der Bekanntenkreis, in dem die Mays sich nun bewegen, ist nicht gerade zwielichtig, eher wohl exemplarisch für das gehobene Bürgertum und dessen fragwürdige Freizeitbeschäftigungen, um nicht zu sagen für die Spießbürger im damaligen Deutschland.

Die engsten Freunde Mays sind der Fabrikant Richard Plöhn und seine Ehefrau Klara. Man sucht den Kontakt mit dem Übersinnlichen, man beschäftigt sich mit Spiritismus. Für dieses zeitmodische Hobby hat Ferdinand Pfefferkorn, ein nach Amerika ausgewanderter Schulfreund Karl Mays, der nun seine alte Heimat besucht, vor allem die Frauen zu interessieren gewusst.

May selbst hat sich zwar zeit seines Lebens mit Esoterik beschäftigt, aber dem Spiritismus scheint er zumindest bald mit kritischen Vorbehalten begegnet zu sein. Die Seancen, zu denen sich Emma und ihre Freundinnen zusammenfinden, werden später noch einmal eine unheilvolle Rolle in den persönlichen Beziehungen zwischen Emma, Klara und Karl May spielen.

Der Glaube an einen Verkehr mit Geistern, das heißt mit den Seelen Verstorbener ist alt und es finden sich Zeugnisse davon in der Antike bei den Ägyptern, den Griechen und Römern. Die bekannteste Szene in der frühen europäischen Literatur findet sich in der *Odyssee*, wo der Held in der Unterwelt die Prophezeiung des Teiresias empfängt.

Im 18. und 19. Jahrhundert wird der Glaube an den Verkehr mit der Geisterwelt von Abenteurern wie Cagliostro und dem Grafen von Saint Germain gewinnträchtig ausgenutzt. Jung-Stilling und Justinus Kerner versuchen in der Romantik erfolglos den Geisterglauben wissenschaftlich zu beweisen. Zur »Bewegung« wird der Spiritismus 1848 durch A. J. Davis in den USA, der sich um die Aufklärung seltsamer Klopfzeichen in Hydesville bemüht und behauptet, dies seien Nachrichten von Geistern.

Von nun an arbeiten Spiritisten entweder mit Hilfe eines Mediums, das meist in einen Verzückungszustand (Trance) verfällt, wobei der herbeizitierte Geist aus ihm spricht; oder aber es werden mit Hilfe der Energie, die von den Teilnehmern an einer spiritistischen Sitzung angeblich ausgestrahlt wird, Fragen an die Geister gestellt, die diese durch Klopfzeichen beantworten. Exakte physiologische und psychologische Untersuchungen deuten solche Erscheinungen als durchaus natürliche und sehen als deren Ursachen, neben absichtlichem Betrug und bewusster Täuschung, die unbewusste Wiedergabe eigener Gedanken durch Muskel- oder Nervenbewegungen an.

Literarisch finden sich Spuren von Mays Beschäftigung mit dem Spiritismus in den *Old Surehand*-Romanen, in *Weihnacht* und in *Am Jenseits*. In letzterem Roman, der 1899 entsteht und den Übergang zum Spätwerk Mays darstellt, kann der scheintote Münedschi-Ben Nur, ein erblindeter Seher, mit Hilfe des Engels Ben Nur, dem Sohn des Lichts, in alle Zeiten der Vergangenheit, Gegenwart und Zukunft sehen und die Orte des Jenseits schildern.

Auch dieser blinde Seher ist eine der Romanfiguren, in die May viel von seinen eigenen Problemen hineingelegt hat. Er ist blind, wie es Karl May als Kind gewesen sein will. Er wird materiell ausgenutzt. Er sucht vergeblich nach Liebe. Er vertraut seinem angeblichen Wohltäter, Scherif von Mekka, in Wahrheit ein gefährlicher Verbrecher, der ihn betrügt, der aber schließlich entlarvt wird. Noch immer nicht belehrt, vertraut der blinde Seher dem Schurken abermals, was ihn nun in Todesgefahr bringt. Man hat in diesem Handlungsstrang eine »Übersetzung« der Beziehung Mays zu dem Kolportageverleger Münchmeyer gesehen.

Auch eine weitere Person im selben Roman, Khutab Agha, der Oberaufseher des islamischen Heiligtums, aus dem Ghani den »Schatz der Glieder« geraubt hat, macht okkulte Erfahrungen. Er durchleidet einen Scheintod[8], ein Erlebnis, das seine Läuterung bewirkt. In seinen Lebenserinnerungen erwähnt May ein ähnliches Erlebnis seiner Großmutter.

Der literarische Wert von *Am Jenseits* ist vor allem darin gesehen worden, dass es Karl May gelungen ist, den Text mehrdeutig zu gestalten. Man kann das Buch vordergründig als Abenteuerroman lesen, darunter aber liegt eine Schicht mit allegorisch-symbolischen Motiven wie beispielsweise die Vision von der »Waage der Gerechtigkeit«, genannt »El Mizan«, als Sinnbild für das Jüngste Gericht, oder »El Aschdar«, »der Drache«, als Symbol für die Macht des Bösen.

Es ist durchaus denkbar, dass Mays zunehmendes Interesse an metaphysischen Themen seinen Ausgangspunkt beim banalen Tischerücken gehabt hat. Das hindert ihn aber nicht, über den Schwarm von Frauen, die zu den Kaffeekränzchen und den spiritistischen Sitzungen ins Haus kommen, lebhaft Klage zu führen, weil sie sich in seinen Augen nur dem Klatsch hingeben, während er hart arbeiten muss.

1894 erkrankt May an einer schweren Influenza mit Rippenfellentzündung. Er hat zudem Probleme mit seinen Augen. Vorübergehend kommt, sehr zum Verdruss seines Verlegers, sogar seine Arbeit ins

Stocken. Doch inzwischen nimmt seine Berühmtheit als Autor langsam, aber sicher überwältigende Ausmaße an und führt zu Situationen, deren Komik May selbst nicht ganz verborgen bleibt.

Der Absatz seiner Werke erreicht phantastische Zahlen. Im Jahr 1896 werden 147000 Bände Karl May verkauft. Der erfolgreiche Autor lässt den Namenszug der »Villa Shatterhand« vergolden. Mays Arbeitszimmer wird mit allerlei Utensilien ausstaffiert, die er angeblich von seinen Reisen mitgebracht haben will. Der Fotograf Adolf Nunwanz in Linz vertreibt Aufnahmen von Karl May im Kostüm eines Wildwestmanns, eines Beduinenscheichs und in ziviler Aufmachung. Sie sollen in der Öffentlichkeit den Glauben an die Identität zwischen Autor und Romanheld weiter verstärken.

Wohin immer Karl May allein oder zusammen mit seiner Frau Emma reist, es spricht sich seine Anwesenheit am Ort herum und er kann sich des Besucherandrangs kaum erwehren. Er ist zu einem Medienstar seiner Zeit geworden.

1897 schreibt er an einen Freund: »In Stuttgart und Innsbruck ließen mir die Leser keine Minute Ruhe, am schlimmsten aber war es in München, geradezu unglaublich! Am ersten Abend entdeckte mich ein dortiger Buchhändler im Hotel und ließ ohne mein Wissen in die Zeitung setzen, daß ›May da sei‹. Am anderen Mittag hatte ich schon über 600 Briefe und

Karten mit Besuchsanmeldungen. Von nachmittags 2 Uhr bis abends 1 Uhr gegen 900 Besuche, am nächsten Tag 600, am folgenden über 800.«[9]

Man kann getrost einiges von den Besucherzahlen als Übertreibung abziehen, aber tatsächlich ist er jetzt eine Berühmtheit. Im Jahr darauf empfängt ihn in Wien der österreichische Hof, der Kaiser, Erzherzöge und Erzherzoginnen, ein paar Tage später in München der König von Bayern. Auf den Umgang mit dem Hochadel ist er besonders stolz. Er bringt es fertig, bei einem Vortrag in Graz vor Zöglingen von Adelshäusern spontan eine neue Winnetou-Episode zu erfinden. Überhaupt gibt er dem Bedürfnis seiner Bewunderer nach einem Superhelden tüchtig Futter, indem er seine angeblichen Fähigkeiten gehörig übertreibt:

»Ich spreche und schreibe französisch, arabisch, italienisch, spanisch, griechisch, lateinisch, hebräisch, rumänisch, arabisch 6 Dialekte, persisch, kurdisch 2 Dialekte, chinesisch 6 Dialekte, malayisch, Namaqua, einige Sunda-Idiome, Suaheli, hindustanisch, türkisch, und die Indianersprachen der Sioux, Apatschen, Komantschen, Snakes, Uthas, Kiowas, nebst dem Ketschumany, 3 südamerikanische Dialekte. Lappländisch will ich nicht mitzählen.«[10]

Dritter Exkurs
Winnetou I–III

»Der Glaube der rothen Männer lehrt
Haß und Tod, der Glaube der weißen Männer lehrt
Liebe und Leben. Winnetou wird nachdenken,
was er wählen soll, den Tod oder das Leben.«

Karl May, *Winnetou III*

Na, na – das ist ja nun doch etwas stark!, möchte der ausrufen, der sich mit den spirituellen Vorstellungen der Indianer genauer auskennt. Aber weder war das bei Karl May der Fall, noch gab es damals in Europa genauere Informationen zu diesem Thema, die ihm durch Lektüre zugänglich gewesen wären. So blieb denn als Mittel zur Glorifizierung der Indianer – und daran war Karl May durchaus gelegen – nichts anderes als die Bekehrung des Edelsten unter ihnen zum Christentum.

Dem Band *Winnetou I* ist eine Einleitung vorangestellt, die mit einem recht merkwürdigen Vergleich beginnt. Wie zu Karl Mays Zeiten von der Türkei als vom »kranken Mann am Bosporus« gesprochen wird, so gelten ihm die Indianer als der »sterbende Mann«.

Damit bezieht er sich auf den unaufhaltsamen Untergang der indianischen Kultur in Nordamerika.

In den USA hatte der Journalist John O'Sullivan im Juli 1845 in der Zeitschrift *Democratic Review* unter dem Stichwort »Manifest Destiny« die anglo-amerikanische Vorherrschaft auf dem nordamerikanischen Kontinent proklamiert. Als überlegene Zivilisation hätten die Weißen das Recht, ja die Pflicht, den ganzen Kontinent zu besiedeln, und die Indianer müssten sich ihnen anpassen oder sehen, wo sie blieben. Diese Haltung, die auch in Europa durchaus gebilligt wurde, deutet Karl May als Sozialdarwinismus, den er so kommentiert: »Es ist ein grausames Gesetz, daß der Schwächere dem Stärkeren weichen muß; aber da es durch die ganze Schöpfung geht und in der ganzen irdischen Natur Geltung hat, so müssen wir es wohl hinnehmen.«[1]

Er ist in diesem Punkt durchaus ein Kind seiner Zeit. Allerdings unterschlägt er nicht die Verwüstungen und Massaker der Eroberer, die Vernichtung der Natur. Erwähnt werden auch die vernichteten Mustangherden und die Millionen hingeschlachteten Büffel. Aber letztlich ist er doch der Meinung, der Tod der Native Americans (Indianer) lasse sich nicht abwenden: »Ich kann nur klagen, aber nichts ändern. Ich kann nur trauern, doch keinen Toten zurück ins Leben rufen. Ich? Ja, ich! Habe ich doch die Roten kennengelernt während einer ganzen Reihe von vielen Jahren und unter ihnen einen, der hell, hoch und herrlich in meinen Gedanken wohnt. Er, der beste, teuerste und opferwilligste aller meiner Freunde ... WINNETOU, DER GROSSE HÄUPTLING DER APACHEN.«[2]

May ist zu diesem Zeitpunkt noch nie in den USA gewesen, scheint sich aber einzubilden, dass Winnetou, eine von ihm erfundene Gestalt, wirklich gelebt hat. Wie soll man das nennen: Irreführung der Öffentlichkeit oder dichterische Freiheit? Da wir die psychologische Problematik, die hinter solchen »Einbildungen« steht, bereits beleuchtet haben, können wir auf »dichterische Freiheit« mit einem Schuss Cleverness im Umgang mit dem Publikum plädieren. Und wahrscheinlich wäre Winnetou, ohne jene vollständige Identifizierung seines Autors mit ihm, nie so populär geworden, wie er noch heute ist.

Diese ausführliche Vorbemerkung schien mir nötig, weil die Gestalt des Winnetou wie keine andere das Indianerbild in Deutschland über Generationen hin geprägt hat. Schließlich wurden sogar seine Filmdarsteller zu Idolen.

Die Romanfigur des Winnetou hat einen Vorläufer, der im September 1875 in einer Erzählung Karl Mays im *Deutschen Familienblatt* auftritt. Er heißt »Innu-woh, der Indianerhäuptling«, ist kein Apache, sondern ein Sioux und zudem einer der besten Schwimmer in den USA. Muss er auch sein, da er erst von einem Weißen beleidigt wird, von einem Mississippi-Dampfer aus dann aber dessen kleine Tochter vor dem Ertrinken rettet.³ Erst 1878 in einer weiteren Version der Geschichte erschienen in *Omnibus – Illustriertes Wochenblatt* unter dem Sammeltitel *Aus der Mappe eines Vielgereisten*, mit dem Untertitel *Winnetou, ein Reiseerlebnis*, heißt der Indianer nun Winnetou und aus ihm ist ein Apache geworden. In der Erzählung *Auf See gefangen* (1878) haben sich dann die an sich bösen Apachen dank ihrem Anführer Winnetou in »geschickte Jäger und verwegene Krieger« gewandelt.⁴

Außer in den erwähnten Erzählungen und den Bänden *Winnetou I–III* und *Winnetou IV* kommt die Gestalt des Apachen noch in mehreren anderen Romanen und Erzählungen vor. So in *Old Surehand I–III, Satan und Ischariot, Im Reiche des Silbernen Löwen I, Auf fremden Pfaden (Gott läßt sich nicht spotten), Weihnacht, Der Ölprinz* und *Der Schwarze Mustang*.

Karl May muss erkannt haben, dass es ihm mit Winnetou gelungen ist, eine Lieblings- und Identifikationsfigur für seine Leser zu schaffen, die sich zusammen mit Old Shatterhand/Kara Ben Nemsi in der deutschsprachigen Welt ähnlicher Beliebtheit erfreute wie der aus der englischen Literatur importierte Sherlock Holmes.

May hat diese Beliebtheit weidlich ausgebeutet –

und auch hier kann man hinzufügen: Warum eigentlich nicht?

Naheliegenderweise hat Karl May auch die Bedeutung des Namens erklären müssen. Er hat dazu im März 1898 vor dem Münchner Carl-May-Club ausgeführt:

»Winnetou heißt ›brennendes Wasser‹. Mit 13 Jahren bekam Winnetou als Kind diesen Namen, infolge einer Heldentat, die ihm und seinem Vater das Leben rettete. Von 18 Indianer[Apachen]-Stämmen erkannte nur einer Intschu Tschuna, Winnetous Vater, nicht als obersten Krieger an, weshalb sich ersterer aufmachte, um persönlich mit eben diesem [Stamm] über die Häuptlingsfrage zu verhandeln. Winnetou kam im letzten Augenblick, als sein Vater schon abritt, nach und bat, auf Tod und Leben mitreiten zu dürfen. Beim Stamm angekommen, wurden beide sofort gefangen und gebunden. Das Lager war an einem naphthahaltigen Tümpel. Nach der Beratung verkündete man, indem man den 13-jährigen Winnetou losband: Wenn er durch den Teich schwimmend das andere Ufer lebend erreichte, sei ihm und seinem Vater das Leben geschenkt, ja, der letztere werde sogar als oberster Kriegsherr anerkannt. Dann wurden von den den Tümpel umgebenden Kakteen welche gefällt, zerstückelt und nachdem diese angezündet wurden, in den Teich geworfen, dessen Oberfläche sofort zu brennen begann. Das Zeichen wurde gegeben, und

Winnetou sprang kopfüber in die brennende Flut. Mit Spannung beobachteten die Krieger den Verlauf der Szene. Minute auf Minute verrann – kein Winnetou kam mehr zum Vorschein. Nachdem die feste Überzeugung herrschte, Winnetou sei den vielen, die auf gleiche Weise zu Grunde gingen, gefolgt, band man Intschu Tschuna los, um auch ihn in den Tümpel zu werfen, als hinter dem Marterpfahl Winnetou erschien – doch hatte er starke Brandwunden und sein schönes Haar war verschwunden. Auf diese Heldentat hin schloß sich der Stamm den anderen 17 an und feierte ein großes Fest zu Ehren ihres obersten nun anerkannten Häuptlings Intschu Tschuna.«

Dass es siebzehn Apachenstämme gegeben haben soll, dürfte einem Völkerkundler die Haare zu Berge stehen lassen. Die Geschichte um die Namensgebung ist typisch für die Fähigkeit Mays, aus dem Stegreif Geschichten zu erfinden. Und was er wahrscheinlich nicht gewusst hat: Die von ihm geschilderten Umstände der Mutprobe könnten tatsächlich auf eine der Schöpfungsmythen der Navajo zurückgehen.[5]

Winnetou I

Im Mittelpunkt der Ereignisse steht die Freundschaft zwischen einem Deutschen, der in Chicago als Privatlehrer tätig ist, und dem Indianer. Der Erzähler, zunächst namenlos, macht die Bekanntschaft des circa fünfzig Jahre alten Büchsenmachers Henry und erhält von diesem den später legendären Bärentöter, einen 25-schüssigen Henrystutzen. Nach einer Prüfung seiner Fähigkeiten als Landvermesser wird er einem Trupp zugeteilt, der die Trasse für eine Bahnstrecke erkunden soll. In einem Streit mit seinen eher zwielichtigen und faulen Arbeitskollegen erweist er sich als geübter Faustkämpfer, wie er zuvor schon seine Fähigkeiten als guter Schütze und Zureiter wilder Pferde unter Beweis gestellt hat. Er ist also keineswegs das Greenhorn, für das die anderen ihn halten. Nach dem Faustkampf, bei dem er seinen Gegner mit einem Hieb an die Schläfe zu Boden gehen lässt, erhält er den Namen »Old Shatterhand«.

Er lernt den Westmann Sam Hawkins kennen, dem er seinen Wunsch anvertraut, über den Wilden Westen zu schreiben, was bei Hawkins auf empörten Protest stößt. Offensichtlich ist Hawkins jemand, der nicht zur Romanfigur gemacht werden will.

Der Häuptling der Mescalero-Apachen Intschu Tschuna und dessen Sohn Winnetou protestieren gegen die Verlegung der Bahnlinie durch ihr Land. Bei der Auseinandersetzung schießt der Leiter des Vermessungstrupps einen aus Deutschland stammenden Lehrer der Apachen, Klekih-Petra (Weißer Vater), nieder. Der Schuss hat Winnetou gegolten, aber Klekih-Petra hat sich für seinen Schüler geopfert.

In einer Folge von Duellen überwindet Old Shatterhand sowohl Krieger vom Stamm der Kiowa, der mit den Weißen verbündet ist, wie auch Intschu Tschuna und dessen Sohn Winnetou. Aus Feindschaft wird Freundschaft. Old Shatterhand und Winnetou schließen sogar Blutsbrüderschaft. Doch dann ereignet sich eine melodramatische Katastrophe. Weiße, die bei den Indianern Goldschätze vermuten, erschießen Intschu Tschuna und Winnetous Schwester Nscho-Tschi (Schöner Tag).

Der Schurke – Winnetous und Shatterhands Hauptwidersacher auch in den folgenden Bänden – kann schließlich unbestraft entkommen. Er flieht zu den Kiowa.

Winnetou II

Old Shatterhand gelangt nach New York und verdingt sich als Privatdetektiv. Er soll im Wilden Westen den Bankierssohn Ohlert aufspüren. Old Shatterhand erledigt seine Mission erfolgreich. Einer seiner Begleiter, der Westmann Old Death, erliegt einem irrtümlich auf ihn abgefeuerten Schuss, versöhnt sich aber vor seinem Tode noch mit seinem als verschollen geltenden Bruder.

Der zweite Teil der Handlung steht mit dem Anfang in keiner direkten Verbindung. Old Shatterhand entkommt bei einer Brandkatastrophe. Winnetous Freundin, die Assineboin-Indianerin Ribanna, auf die er zu Gunsten seines Freundes Old Firehand edelmütig verzichtet, wird von dem Weißen Tim Finnetey, der auch in sie verliebt ist, ermordet. Unter dem Namen Parranoh verleitet der Schurke dieses Bandes die Ponka-Indianer zu Überfällen auf einen Eisenbahnzug und auf die Pelzjägergesellschaft. Er kommt schließlich dabei um, aber auch zahlreiche Freunde Winnetous aus den Reihen der Wildwestmänner lassen im Kampf mit ihm ihr Leben. Old Firehand wird so schwer verwundet, dass er seinem Beruf als Pelzjäger nicht mehr nachgehen kann. Sein Felllager will ein Mann aufkaufen, der sich als Santer, der Mörder von Winnetous Vater und seiner Schwester entpuppt. Die Freunde geraten in seine Gefangenschaft, können aber durch eine List entkommen. Ihr Versuch, Santer seiner gerechten Strafe zuzuführen, misslingt.

Winnetou III

Old Shatterhand kann einen Überfall auf einen Eisenbahnzug verhindern. Im Llano estacado zerstört er das Beutelager einer Verbrecherbande. Die Rolle des Schurken ist hier mit Fred und Patrik Morgan besetzt, die schwere Verbrechen begangen haben. In Kalifornien während des Goldrausches werden sie schließlich gefangen und bei einem Fluchtversuch getötet.

Im zweiten Teil überfallen Ogellallah-Indianer eine Siedlung deutscher Auswanderer (Helldorf). Shatterhand und Winnetou können die Entführten, denen der Marterpfahl droht, befreien. Aber Winnetou wird von einem Schuss der Ogellallah getötet. Zuvor findet ein grundsätzliches Gespräch zwischen dem von Todesahnungen heimgesuchten Winnetou und seinem Freund Old Shatterhand statt, bei dem sich herausstellt, dass Winnetou wunderbarerweise unter dem Einfluss Old Shatterhands Christ geworden ist. Entsprechend singt denn auch an seinem Grab ein Chor der deutschen Siedler ein von Shatterhand gedichtetes *Ave Maria*.

Im Schlussteil des Bandes geht es um Winnetous Testament, das am Grab seines Vaters hinterlegt ist. In ihm werden die Orte genannt, an denen große Goldschätze zu finden sind. Santer, der Erzschurke, ist ebenfalls auf der Suche nach dem Schriftstück und dem Versteck des Goldes. Zunächst obsiegt er über Shatterhand, der das Testament ausgegraben hat. Darin wird vor der verderbenden Wirkung des Goldes auf die Menschen gewarnt. Old Shatterhand gerät in die Gefangenschaft der Kiowa. Beim Versuch, sich der Schätze zu bemächtigen, kommt Santer dann aber durch eine Explosion ums Leben. Old Shatterhand, der aus der Gefangenschaft der Kiowa durch die Hilfe einer in ihn verliebten Indianerin entkommen konnte, wird Zeuge von Santers Untergang. Das Gold ist nun für immer unter Gesteinsmassen verschüttet und somit unerreichbar.

Zweifellos ist der erste Band der *Winnetou*-Romane der in seinem dramaturgischen Aufbau gelungenste. Das Motiv der Gier teilen die drei *Winnetou*-Bände übrigens mit Richard Wagners Oper *Der Ring des Nibelungen*, die um ebendiese Zeit entstand.

Die Routine des einstigen Verfassers von Lieferungsromanen im Erfinden publikumswirksamer Handlungsmomente (die Wunderwaffe, Zureiten eines wilden Pferdes, Bärenjagd, Eisenbahnüberfall etc.) ist ebenso wenig zu übersehen wie die schon hier auftauchende Vorstellung des »Edelmenschen« (eventuell von Nietzsche beeinflusst), dessen Verkörperung Winnetou ist. Dem Erzähler alias Old Shatterhand alias Karl May werden Eigenschaften eines modernen Märchenhelden zugeordnet. Ganz offensichtlich aber verarbeitet May in den Darstellungen von Gefangenschaft und Flucht, dem Belauschen und Verfolgen auch traumatische Erinnerungen an seine Jugendzeit.

Erstaunlich, wie es ihm gelungen ist, die wichtigsten Elemente der Lebensumstände und der Natur des amerikanischen Westens eindringlich in seine Romane einzubinden, ohne selbst je in dieser Gegend der Welt gewesen zu sein. Dabei ist die Darstellung der Westmänner als Originale besser gelungen als die der Welt der Indianer. Diese werden vor allem als Angehörige einer untergehenden Rasse vorgestellt, entrechtet und, abgesehen von Winnetou, der ja auch von einem Weißen erzogen worden ist, meist roh, wild und grausam. So bestätigt Karl Mays Sicht auf die Indianer das Klischeebild der Rothäute als entweder »edle« oder »barbarische« Wilde.

Überhaupt ist in diesem Zusammenhang einiges richtig zu stellen. In einer großen Ausstellung mit dem Titel *Indianer Nordamerikas – Vom Mythos zur Moderne* zeigte 1999/2000 das Berliner Völkerkunde-Museum 600 Exponate aus seinem reichhaltigen, weltbekannten Fundus von 30 000 Objekten. Natürlich war dort auch Winnetou, »der deutscheste aller Indianer«, vertreten.

In der Ausstellung und dem begleitenden Katalog[6] wurde darauf hingewiesen, dass im Laufe der Handlung des dreibändigen Romans Winnetou immer mehr deutsche Züge annimmt, bis er schließlich zu einem Exemplar des Edelmenschentums geworden ist. Zudem wird kritisch angemerkt, auch die Darstellungen von Indianern in Karl Mays übrigen Büchern erschöpften sich in den gewohnten Klischeebildern von den wenigen guten und den vielen bösen Wilden (Oglala-Sioux, Ute, Kiowa und Comanchen). Die Popularität von Mays Indianerdarstellungen sei darin begründet, dass der Leser in ihnen die Werte seiner eigenen Gesellschaft bestätigt fand. Das Aussehen von Winnetous Kleidung und Schmuck, wie es von May geschildert wurde und in zahllosen Buchillustrationen, Filmen und Bühneninszenierungen wiederkehrt, beruhe auf einem verständlichen, aber gravierenden Irrtum. May steckte seine Apachen,

Angehörige eines Stammes des Südwestens, der im weiteren Sinn zur Familie der Diné (Navajo) gehört, in das Outfit von Prärieindianern. Angehörige der Präriestämme waren es, die damals in Deutschland dem staunenden Publikum vorgeführt wurden, und zwar bei den Wildwest-Programmen eines Buffalo Bill, bei den Völkerschauen des in Dresden stationierten Zirkus Sarrasani und den von dem Norweger Adrian Jacobsen seit 1877 für den Carl Hagenbeck-Tierpark veranstalteten Vorführungen mit »echten« Indianern. Auch die Figuren des Museums in Radebeul mit der Gestalt des Elk Ebers, eines jener Häuptlinge, die an der Schlacht mit General Custer am Little Big Horn River teilnahmen, sind Plains Indians. Damit verfestigte sich in Deutschland – und nicht nur dort – die Vorstellung, alle Indianer seien Reiterkrieger mit Federhauben.

Dieses Klischee hielt sich bis ins zwanzigste Jahrhundert auch in den USA. So berichtet die Zeitung *Fort Apache Scout* noch 1977: »Eine Amerikanerin von der Ostküste besucht zum ersten Mal als Touristin eine Indianerreservation im Westen. Zielstrebig steuert sie auf den erstbesten Indianer zu, starrt ihn neugierig an und sagt dann enttäuscht: ›Oh, ich dachte immer, Indianer tragen Federn.‹ Ohne eine Miene zu verziehen, antwortet ihr der Mann: ›Normalerweise schon, aber ich bin gerade in der Mauser.‹«[7]

In einem Bericht im Magazin der Karl-May-Gesellschaft Radebeul wird, ausgehend von der Ausstellung in Berlin, über das zukünftige Bild der Indianer
in Europa spekuliert: »Dass Karl May die Vernich-
tungspolitik der weißen Amerikaner gegenüber der
›roten Rasse‹ noch zur Zeit der so genannten ›India-
nerkriege‹ verurteilte, findet in der Texttafel der Ausstellung eine kurze Erwähnung und wird im Ausstel-
lungskatalog ausdrücklich gewürdigt. Als Deutscher
protestierte er mit den Mitteln des Schriftstellers gegen Rassismus und Unterdrückung der Indianer und
forderte für diese die Anerkennung der Menschen-
rechte durch die Regierung der Vereinigten Staaten.
Dies zu einer Zeit, in der Deutschland selbst bestrebt
war, zur Kolonialmacht aufzusteigen.«[8]

Ich fürchte, dass hier jemand seinen Karl May
nicht genau gelesen hat oder vielleicht die Wirkung
schriftstellerischer Proteste und Imaginationen etwas
überbewertet. Karl May selbst war da vorsichtiger.
Im Vorwort zu *Winnetou I* schreibt er: »Aber was
nützen solche Fragen angesichts des Todes [gemeint
ist die Vernichtung der Indianer], der nicht abwend-
bar ist! Was können Vorwürfe helfen, wo überhaupt
nicht mehr zu helfen ist, [weil nämlich die Ausrottung schon so weit fortgeschritten ist!], ich kann nur
klagen, aber nichts ändern.«[9]

Gewiss vertrat Karl May in puncto Vernichtung
der Indianer eine in der deutschen Öffentlichkeit

durchaus unpopuläre Meinung, aber er war und blieb dabei ein Kind seiner Zeit.

Die *Winnetou*-Bände – insbesondere der erste Band – haben auf die Leser eine ungeheure und wahrhaft prägende Wirkung gehabt.

Der Dichter Carl Zuckmayer beispielsweise wollte aus Begeisterung für Karl May seine Tochter Winnetou nennen. Dies wurde ihm zunächst von einem Standesbeamten als »undeutsch« verwehrt. Er überrumpelte den Mann damit, dass er ihn fragte: »Wie, Sie haben noch nie etwas von der Heiligen Winnetou gehört?«

Von Zuckmayer stammt auch ein Essay mit einer geradezu glühenden Huldigung an Karl May. Was er darin über die Wirkung von dessen Romanen sagt, gilt in ganz besonderem Maße für Winnetou:

»Was machte diesen Karl May so überzeugend, so faszinierend, so glaubwürdig für uns junge Menschen, die wir damals schon Eichendorff und Mörike, Büchner und Kleist, sogar Schopenhauer und Nietzsche lasen, – für uns und für eine Million der älteren Generation, dass uns die ›Enthüllungen‹ über sein Vorleben völlig kalt ließen und dass es uns völlig gleichgültig war, wenn man seine Ich-Gestalten als Phantasieprodukte entlarvte? Was war es, und was ist es, das die Karl-May-Lektüre, damals wie heute, zu einer Droge der Selbstvergessenheit macht, in der gleichzeitig ein unfasslicher Antrieb, eine Stimulierung des eigenen Wunschbildes und Selbstvertrauens enthalten ist? Ich kann nicht umhin, den vielfach missbrauchten und missverstandenen Begriff des Mythos einzuführen. Für uns, für unsere Väter schon, für unsere Kinder und Enkel, steckt in den Karl-May-Geschichten, ganz gleich, ob man sie zur Literatur rechnen kann oder nicht, eine mythische Überzeugungskraft. Ich habe einmal in meiner Jugend geschrieben, dass uns Gymnasiasten von 1910 Hadschi Halef Omar Ben Hadschi Abul Abbas Ibn Hadschi Dawud al Gossarah eine viel lebendigere Gestalt gewesen sei als der göttliche Sauhirte Eumäos, dass uns das Freundschaftsepos Winnetou–Old Shatterhand tiefer erregt und beeinflusst habe als die Geschicke Jung Siegfrieds und der Nibelungen Not. Dies mag vor strengen Maßstäben unhaltbar, ja blasphemisch sein. Es ändert aber nichts an dem Phänomen, der kaum erklärbaren und durch die Kontinuität seines Erfolges bestätigten Wirkungskraft der Karl-May-Geschichten. […] Dass er die abenteuerlichen Breiten und Gestalten so darstellen konnte, als habe er sie wirklich auf Schritt und Tritt gekannt – er, der armselige Webersohn aus dem sächsischen Erzgebirge, der sich seine Kenntnisse in Gefängnisbibliotheken erwarb –, ist eine einzigartige Leistung, der ohne Zweifel ein genialer Zug innewohnt.«[10]

Und wirklich, das Phänomen hat etwas Wunderbares: Ein Autor denkt sich einen Namen aus. Der

Gestalt, die diesen Namen trägt, gibt er so viel Lebendigkeit und Anziehungskraft mit, dass kein Leser sie je vergisst. Mehr noch, sie sprengt die Buchdeckel, sie wird zu einer Figur, deren Namen nahezu jeder kennt, und zwar auch Menschen, die nie einen der *Winnetou*-Bände gelesen haben.

Unabhängig davon, wie man über die literarische Qualität der drei Romane urteilen mag: May stiftete mit ihnen einen Mythos, den Mythos Winnetou.

VII.
Ein Tag im Haus des Weitgereisten

> »›Der skalpierte Friedensengel‹ hieß ein May-
> Kränzchen von fünf jungen Kölner Verehrerinnen.«
>
> Karl May ABC

Wie arbeitet ein Schriftsteller? Wie verläuft sein Alltag? Das sind Fragen, mit denen ein Autor bei Le-
sungen immer wieder konfrontiert wird. Eigentlich
merkwürdig, man sollte doch meinen, dass seine Geschichten, seine Bücher am meisten interessieren.
Warum also wird er immer wieder gerade nach seinem Alltag und seinen Arbeitsmethoden gefragt? Die
Tatsache, dass jemand eine Geschichte, ein ganzes
Buch schreibt, grenzt für viele Leute an Zauberei.
Von daher bildet sich die Vorstellung, Spuren solchen
Zaubers müssten auch im Alltag auffindbar sein.

May hat solchen Spekulationen seiner Leser, sofern
sie ihm schrieben oder ihn gar in seiner Villa aufsuch-
ten, noch auf die Sprünge geholfen, indem er das
Haus mit allerlei Utensilien ausstaffierte, die er angeblich von seinen Reisen mitgebracht hatte. Sie sollten seinen Geschichten einen zusätzlichen Anstrich
von Authentizität verleihen.

Über seine Schreib- und Arbeitsgewohnheiten liegen hingegen nur wenige Zeugnisse vor. Eines trägt die Überschrift *Karl May zwischen Morgen und Abend* und stammt von seiner zweiten Frau Klara. Sie berichtet:

»Solange Karl May an einem Kapitel schrieb, arbeitete er Tag und Nacht ohne Unterbrechung daran. Wir haben oft den ganzen Tag äußerste Stille bewahrt.

Oft ist er zwischendurch im Zimmer auf- und abgegangen. Oft hat er laut mit seinen Gestalten gesprochen, so dass man glauben konnte, eine ganze Versammlung sei anwesend. Es durfte niemand bei ihm sein, wenn er schrieb. Hunger und Durst schien er dabei nicht zu kennen. Nur des Nachts ging er allein in die Küche, um sich ›Kaffee-Hämmeln‹ zuzubereiten. Das bedeutete, dass er in einen dünnen Kaffee ohne Milch und Zucker trockenes Brot hineinschnitt. Das war eine bei den armen Webern seiner Heimatstadt Hohenstein-Ernstthal beliebte Mahlzeit. Diese Nahrung der Armut, die er in seiner Jugendzeit wohl nur zu oft genossen hatte, war ihm lieb bis ins hohe Alter.

Wenn er aber ein Kapitel fertig geschrieben hatte und die letzte Tinte noch feucht stand, suchte er mich sofort auf, selbst dann, wenn ich gerade in der Küche war. Es war mir eine liebe Pflicht, die Speisen selbst zuzubereiten, da er ein ganz schlechter Esser war. Ich musste dann alles stehen und liegen lassen und es war jedes Mal wunderschön, wenn er mir erklärte: ›Herzle, ich bin fertig, hör zu!‹ Ich habe dann mit erlebt und mit gefühlt. Er selbst stand so tief unter dem Einfluss seiner eigenen Erzählung, dass er beim Vorlesen mit gelacht und mit geweint hat. Einmal, während er am II. Band seines *Silbernen Löwen* schrieb, klagte er mir händeringend: ›Ich bringe es nicht übers Herz, Hadschi Halef sterben zu lassen, es geht über meine Kraft. Ich habe den kleinen Burschen zu lieb, ist er doch ein Teil meines eigenen Ichs.‹«[1]

Im *Deutschen Hausschatz* erscheint im Oktober 1896 zusammen mit acht Fotografien – davon zeigen je zwei den kostümierten Karl May als Old Shatterhand und als Kara Ben Nemsi – ein Bericht unter dem Titel *Ein Arbeitstag bei Old Shatterhand*: die Klage eines Vielgelesenen und Hochberühmten, aber nicht ohne humorigen Unterton und freilich auch durchtränkt mit einer gehörigen Portion Eitelkeit eines nunmehr Großschriftstellers. Als Klage getarnt, hört man doch auch den Ausruf zwischen den Zeilen hindurch: Es ist geschafft! Ich bin oben angelangt. Es ist zwar nicht gerade Weltgeltung, aber in deutschen Landen kennt mich Niedrig und Hoch! Ein dreifaches Hipp Hipp Hurra!

Begeben wir uns also in die Villa in Radebeul und erleben wir einen ganz gewöhnlichen Tag im Hause Karl May mit. Und es lohnt sich, diesen Bericht möglichst ungekürzt in Karl Mays eigenen Worten zu hören.

»Es ist Dienstag früh punkt sieben. Ich werde um Manuskripte gedrängt, habe seit gestern Nachmittag drei Uhr, also sechzehn Stunden lang am Schreibtisch gesessen und kann, auch wenn ich nicht gestört werde, vor abends acht Uhr nicht fertig werden. Die Nacht, oft zwei, drei Nächte hintereinander, ohne dann am Tage schlafen zu können, ist überhaupt meine Arbeitszeit. Es klingelt unten am Eingange, und trotz der frühen Stunde wird mir ein Gymnasiast gemeldet, welcher so zeitig aus Dresden gekommen ist, um mich sicher anzutreffen resp. Kara Ben Nemsi Effendi persönlich kennen zu lernen. Beim Eintritt in die Studierstube erblickt er den mächtigen ›Abu er Rad‹ im Hintergrunde, läßt vor Schreck die Thür offen stehen, macht dann einen Sprung vorwärts und stürzt mit dem Rufe ›Dunner unds Messer, das ist ja ein Löwe, ein richtiger, wirklicher Löwe!‹ auf das von mir in Afrika geschossene Raubtier zu, wobei er aber an dem Kopfe des Grizzlybären hängenbleibt. ›Allerdings‹, antworte ich lächelnd. Das macht ihn darauf aufmerksam, daß ich auch da bin, und er wendet sich mir mit einer Verbeugung aus der Obersekunda zu, um mir den Zweck seines Besuches zu erklären. Er will sich nämlich folgendes von mir erbitten: eine Locke von Winnetou, einen Revolver, weil ich doch so viele hier hängen habe, ein Strau-

160

ßenei und nur ein Viertelpfund vom echten Dschebelitabak, den ich in meinen Werken so gepriesen habe. Ich erlaube ihm, sich einen Tschibuk mit Dschebeli zu stopfen, und während er, auf dem Diwan sitzend, ihn mit der Miene eines Pascha von zwanzig Roßschweifen raucht, versuche ich, weiter zu schreiben, komme aber vor den hundert Fragen, die ich beantworten muß, nicht dazu. Zu meiner Freude bittet er mich, meinen Garten und besonders ›das künstliche Gebirge‹ mit dem chinesischen Pavillon ansehen zu dürfen. Ich gestatte es; er geht mit einer rätselhaften Verneigung zur immer noch offenen Tür hinaus, wirft sie mit Riesenkrach ins Schloß, und ich kann endlich wieder schreiben.

Es klingelt abermals. Man bringt mir eine Depesche folgenden Inhalts: Heute mittag zwölf Uhr Hotel Europäischer Hof, Dresden. – Herbig. Weil das Telegramm aus Leipzig kommt und mein dortiger Commissioner Herbig heißt, nehme ich mir vor, nach Dresden zu fahren, obgleich es mich befremdet, daß dieser Herr, anstatt zu mir nach Radebeul zu kommen, mir meine kostbare Zeit verkürzt.

Acht Uhr! Die erste Post wird abgegeben; dreißig Briefe von Lesern, darunter vier mit zusammen achtzig Pfennig Strafporto, ein fast tägliches Vorkommnis; ferner drei Pakete und eine Kiste. Die Pakete enthalten Manuskripte jener Art glückseliger Schriftsteller, die keinen Verleger finden; ich soll sie verbessern und dann an die Redaktionen senden, welche gute Honorare zahlen. Die Kiste enthält zwei halbe Flaschen Wein, die mir ein Leser sendet, weil er ›so entzückt von meinen Werken‹ ist. Ich öffne und koste, nachdem ich zwei Mark fünfundneunzig und Verzollung bezahlt habe. Als Kenner schmecke ich, daß es ein Paysan für fünfzig Centimes pro Flasche ist. Ich bin natürlich von diesem Werke des Absenders nicht so entzückt wie er von den meinigen, fühle mich aber verpflichtet, ihm einen für zwanzig Pfennig frankierten Dankesbrief zu schreiben. Eben will ich mich wieder zur Arbeit setzen, da fällt mein Blick in den Garten. Der Gymnasiast ist mir über die Himbeeren geraten. Ich klingle, um ihm sagen zu lassen, daß die gute Hausfrau auf diese Weise zu keinem Himbeersafte und Old Shatterhand zu keiner Limonade kommen könne; er geht höchst indigniert von dannen, und ich erfahre, daß er vorher schon meine köstlichen Riesenerdbeeren, die ich mir mit vielen Mühen und durch eine Reihe von Jahren aus einer einzigen, von mir selbst hybrisierten Pflanze gezogen habe, den Weg aller Beeren habe gehen lassen. Wahrscheinlich hat er geglaubt, daß es eines Westmannes wie Old Shatterhand unwürdig sei, sich mit süßen Erdbeeren zu äsen!

Ich habe vielleicht eine halbe Seite geschrieben, da höre ich auf der Straße wiederholt meinen Namen nennen. Ich trete auf den Balkon und blicke, hinter

Blumenranken versteckt, hinab. Da stehen vier junge Burschen, nehmen die Villa in liebreichen Augenschein und werfen sich ihre leise sollenden, aber sehr vernehmbar ausfallenden Bemerkungen zu:

›Es ist richtig, ganz richtig! Mer ham uns nich verloofen! Siehste denn nich die großen, goldenen Buchstaben da droben, du Dummkopp, du? Das heißt Villa Schschschatterhand. Mer sin also an Ort und Schtelle! Itzt kanste klingeln!‹ – ›Nee, ich nich!‹ – ›Warum nich?‹ – ›Ich fürcht mich so.‹ – ›Unsinn! Er wird dich nich beißen! Hast's doch gelesen, was für een guter Kerl er ist!‹ – ›Wenn er aber grade heute schlechte Lune hat!‹ – ›Warum denn grad heute? Klingle nur; drück nur immer off'n Knopp! Du wirst gleich sehen, daß das elektrisch is!‹ – ›Nee, ich drück nich!‹ – ›Na, da drück du, August!‹ – ›Ich ooch nich! Höre, wenn er böse wird! Mer wolln lieber wieder heemegehn!‹ – ›Emil, du?‹ – ›Nee, ich hab ooch solche Angst!‹ – ›Na, wißt ihr, was mer machen? Mer losen, und wen's trifft, der drückt off'n Knopp, aber feste, daß mersch ooch hört!‹

Sie losen mit Streichhölzern, und dann schieben sie den Betreffenden an den ›Knopp‹. Die Glocke ertönt, und sie fahren erschrocken auseinander. Ich trete ins Zimmer zurück und bald werden die vier ›Bewunderer‹ angemeldet. Es sind Cartonnagearbeiter. Ihr Prinzipal feiert heute seinen Geburtstag; da wird nicht gearbeitet, und die dadurch hervorgerufene frohe Stimmung hat ihnen Mut gemacht, den Verfasser ihrer Lieblingsbücher aufzusuchen. Ich lasse sie natürlich kommen. Sie stellen sich wie Orgelpfeifen nebeneinander an der Thür auf, starren mit weit offenen Augen meine Jagdtrophäen an und wagen vor Angst nicht zu sprechen. Meine Freundlichkeit verfehlt aber ihre Wirkung nicht, und bald erklärt mir der beherzteste von ihnen:

›Eegentlich sind wir Viere als Deputation abgeschickt. Sie wird'n nämlich von der ganzen Fabrik gelesen, wenn ooch bloß nur aus der Leihbibliothek. Aber mer ham Sie alle liebgewonnen, und ooch die Großen halten sich lieber an Ihre Bücher, als daß se ins Wirtshaus gehen. Der Prinzipal spricht, Sie wär'n wahrer Segen für seine ganze Cartonnage.‹

Ich zeige ihnen alles, was zu sehen ist, beglücke sie mit einem Glas Wein, weil Geburtstag ist, und entlasse sie mit einem Gruße an den Prinzipal und ihre Mitarbeiter. Sie gehen stolz wie Spanier ab, und als sich unten das Thor hinter ihnen geschlossen hat, höre ich die Urteile, welche sie über mich fällen:

›Na, ist er nich ganz gemütlich gewesen? Grad so wie Unsereener! Schtolz scheint er nich zu sein, gar nich.‹ – ›Ne, er hat grade so mit uns gered', als ob mer ooch mit in Amerika und in Ägypten gewesen wären. Er hat mer sehre gefallen, sehre; das muß ich sagen – und die vielen, großartigen Sachen, die er hat. Allebönnöhr! Es is mer ganz angst und bange geworden, als mich der wilde Büffel so anguckte, und der Coyote und der Leopard! Und der Löwe erscht! Und sogar Wein ham mer gekriegt! Na, komm, mer wolln machen, daß mer heeme kommen und erzählen können, sonst vergessen mer alles wieder! Die anderen wä'n sich aber ärgrn, daß se nich ooch mitgewesen sin. So is es aber, wenn mer keenen Mut besitzt; nun ham se nischt gesehen!‹

Inzwischen ist es neun Uhr geworden, und ich vertiefe mich so in die Arbeit, daß mir ein abermaliges Glockenzeichen entgeht. Meine Frau, welche weiß, wie notwendig ich zu arbeiten habe, kommt, um mich besorgt zu fragen, ob man mich stören dürfe. Ich verneine, sehr energisch, erfahre aber, daß eine Dame mit zwei jungen Herren in einer Equipage angekommen sei, welche mir ihren Namen zwar erst beim Gehen sagen wolle, aber dennoch nicht gut abgewiesen werden könne, weil sie jedenfalls von hoher Distinktion sei.«[2]

Hier müssen nun doch ein paar Sätze des Kommentars eingeworfen werden. Ich zitiere diesen Text unter anderem deswegen so ausführlich, weil er zum einen wenig bekannt ist, zum anderen Ereignisse darstellt, die im Unterschied zu den Kolportage-, Abenteuer- und Reiseromanen Alltagsschilderungen sind. Es geht mir darum, an diesem Text zu erklären, was ein absoluter Erzähler ist und weswegen ich Karl May für einen solchen halte.

Ein absoluter Erzähler ist in meinen Augen jemand, der, gleichgültig um was für ein Thema es sich handelt, eine breite Leser- oder Zuhörerschaft in seinen Bann zu schlagen versteht. Ich behaupte: Man kann diese Fähigkeit nicht lernen. Der absolute Erzähler besitzt das Talent, einen inneren Film so in Worte zu fassen, dass er vor dem inneren Auge seines Gegenübers, also beim Zuhörer oder Leser, die gleichen Bilder erzeugt.

Ein absoluter Erzähler zeichnet sich freilich auch durch Defizite aus. Einer der Interpreten Mays weist darauf hin, Mays Bevorzugung des »inneren Sehens« sei verbunden mit der Störung des Differenzierungsvermögens und der Abstraktionsfähigkeit im intellektuellen Zugriff auf die Außenwelt, gehe also Hand in Hand mit Defiziten an abstrahierender Reflexion. »Wann immer May sich auf diese einlässt, verfällt er in pathetische Sprachgesten, die erst vom Leser zu füllen sind.«[3]

Der absolute Erzähler May reiht Bilder und Szenen so, dass wir wissen wollen, wie es weitergeht. Er ersetzt seine mangelnde Fähigkeit zu Reflexion durch die Erzeugung von Spannung. Er hat ein Ohr für Sprachmelodie. Man erinnere sich daran, wie er die Besucher aus der Kartonnagenfabrik charakterisiert und lebendig werden lässt. Und Spannung? Sind wir etwa nicht gespannt, wer die Herrschaften wohl sind, die da in einer »Equipage« vorfahren? Und was hat es mit dem Commissioner aus Leipzig auf sich, der sich mit einem so lakonischen Telegramm angekündigt hat?

Fahren wir also fort mit dem, was Karl May weiter zu erzählen hat. Und achten wir darauf, wie er hier die Fähigkeiten des absoluten Erzählers in den Dienst der Selbstreklame stellt.

»Ich lasse also die Herrschaften kommen; sie bleiben über eine Stunde bei mir, während welcher Zeit ich wieder hundert Fragen zu beantworten habe, und beim Abschiede erfahre ich, daß mir die Ehre geworden ist, Ihre Durchlaucht, die Fürstin J. aus Wien mit ihrem Prinzen bei mir zu sehen. Sie hat sich erst jetzt genannt, um zu verhüten, daß ich besondere Rücksichten auf ihren Stand nähme. Ich geleite sie zum Wagen und sehe einen Herrn kommen, den ich sofort als geistlichen Herrn taxiere. Er bleibt stehen, bis die Pferde anziehen, und begrüßt mich dann mit meinem Namen. Er hat mich nach von mir existierenden Bildern erkannt und stellt sich als den Regens eines Priesterseminars vor, dessen Lehrer und Schüler alle Leser von mir sind. Ich habe mit diesem hochwürdigen Herrn oft und gerne Briefe gewechselt, freue mich außerordentlich über diesen Besuch, fordere ihn auf, mein Gast zu sein, und bitte nur um die Erlaubnis, für zwei Stunden nach Dresden zu dürfen, um mit meinem Commissioner, der mir telegraphiert hat, sprechen zu können. Er ladet sich für übermorgen ein zu Gast, da er heute und morgen in Dresden sein müsse, und wir gehen nach einer halben Stunde zur Bahn, um in den Zug nach der Residenz zu steigen.«

Halten wir noch einmal kurz inne und überprüfen wir, wie Karl May bei Lesern aus ganz unterschiedlichen sozialen Gruppen Sympathien für sich zu gewinnen versucht! Wir wissen nun, Arbeiterschaft, Adel und Geistlichkeit sind an dem Autor interessiert und lesen mit Gewinn seine Bücher. Auch Gymnasiasten! Letztere werden mit Tabak bewirtet, die Arbeiter kriegen Wein – für gewöhnlich dürften sie wohl eher Bier und Schnaps trinken –, der geistliche Herr darf gar auf länger Gast im Haus des Autors sein. Jedem das Seine!

Die folgende Textpassage könnte unter der Überschrift stehen: Alle Welt dreht sich nur um mich, oder der Autor im Umgang mit Witwen, dem Vertreter des schnöden Kommerz und mit armen Irren.

»Unterwegs begegnet uns eine Dame in Trauer, welche uns nach der Wohnung von Dr. May fragt. Ich beschreibe ihr den Weg, ohne zu sagen, daß ich der leider allzusehr heimgesuchte Besitzer derselben bin, denn ich bin überzeugt, daß wir, wenn ich dies getan hätte, den nächsten Zug versäumen würden. Am Bahnhof faßt mich ein hiesiger Herr ab, um mich zu fragen, wann ich heute zu sprechen sei; er habe Besuch aus Breslau, einen Herrn und eine Dame, welche nicht hier gewesen sein wollen, ohne daheim

Hohenstein-Ernstthal, Geburtsstadt von Karl May. Ernstthaler Marktplatz um 1842

Karl May in seinem Arbeitszimmer in Radebeul

Karl May als Kara Ben Nemsi

Karl May um 1896

Karl May um 1905

Emma May, geborene Pollmer

Klara May

Wolfgang Lebius

erzählen zu können, daß sie mich gesehen haben; morgen seien sie nicht mehr da. Ich gebe eine Zeit an, denn ich weiß jetzt, daß ich das Manuskript nun einmal nicht bis abends acht Uhr fertig bringe, sondern auch die nächste Nacht daran zu schreiben habe.

In Dresden angekommen, trenne ich mich auf Wiedersehen übermorgen von meinem Begleiter und fahre, um ja nicht verspätet zu kommen, per Taxameter nach dem ›Europäischen Hof‹.

Da mein Commissioner dort nicht zu sehen ist, muß ich warten und bestelle, weil es kein Bier gibt, eine Flasche Wein. An einem Tisch frühstücken drei Herren. Nach einiger Zeit gesellt sich ein vierter hinzu, welcher Herbig genannt wird. Ich gehe hin, nenne meinen Namen und frage ihn, ob er vielleicht heute früh von Leipzig aus an mich telegraphiert habe. Er springt erneut auf, streckt mir die Hand hin und ruft: ›Ja, das habe ich, das habe ich! Ich bin aus Nürnberg, Reisender in Spielwaren. Sie besitzen dort viele Freunde und Leser, und ich bin beauftragt, Sie aufzusuchen, um genau beschreiben zu können, wie Sie eigentlich aussehen.‹

›Sie haben mich aber nicht aufgesucht, sondern mich nach Dresden und hierher befohlen!‹

›Weil ich keine Zeit hatte, nach Radebeul zu fahren; ich muß bald wieder fort. Geben Sie mir also die Hand! Wir möchten nämlich gern wissen, ob Sie wirklich so kräftig sind, wie Sie in Ihren Werken wirken.‹

›Also, weil Sie keine Zeit haben, glauben Sie, muß ich welche haben? Wenn jeder meiner Leser sich erlauben wolle, in so unverfrorener Weise über mich zu verfügen, würfe ich aus Rücksicht auf diese Rücksichtslosigkeit noch heute die Feder weg! Fühlen Sie denn nicht, daß Sie mich wie einen Domestiken behandelt haben, den man nach Belieben citieren kann? Und meine Hand wollen Sie? Da geben Sie her!‹

Er legt seine noch immer ausgestreckte Rechte in die meinige. Ich will sie ihm zur Strafe kräftig drükken, habe aber meine Finger noch nicht fest zusammengeschlossen, da brüllt er: ›O weh, o weh! Halten Sie ein, lassen Sie mich los! Sie sind nicht gescheit!‹

Die Anwesenden sind bei seinem Schmerzensschrei alle aufgesprungen; er hält die Rechte mit der Linken und hüpft von einem Bein auf das andere. Ich bezahle den Wein und gehe, mit mir selbst unzufrieden, daß ich ihm die Hand nicht fester gedrückt habe, er hätte da für einige Zeit das Schreiben von Depeschen, und nicht nur dies, lassen müssen.«

Nach Radebeul zurückgekehrt, trifft der Autor dort noch die Witwe an. Ihr Mann, sagt sie, habe zu Lebzeiten, inspiriert von Mays Romanen, wunderbare Illustrationen gestaltet. Würden sie Mays Werke zieren, ließe dies die Auflage gewiss noch weiter steigen. Sie stellen sich aber leider als völliger Pfusch heraus. Doch wie das der armen Frau beibringen? Karl May lädt sie stattdessen zum Essen ein.

Dabei werden das Ehepaar May und die törichte Witwe von dem schon angekündigten Besuch aus Breslau gestört. Der ist ein Bierbrauer. Während der Autor sich noch mit ihm unterhält, erscheint ein Weinhändler und Leser des *Deutschen Hausschatzes*; er will May einen guten Tropfen verkaufen. Der Autor macht beide Herren miteinander bekannt und sie ziehen mit ihren Frauen ab in ein Weinhaus. Nun taucht ein Verleger auf. Er hat *Winnetou III* gelesen und ist von dem *Ave Maria* nach dem tragischen Ableben des indianischen Übermenschen so begeistert, dass er bei Karl May einen Band mit Gedichten bestellen will. Daraus wird nichts, da der Großschriftsteller vertraglich strikt gebunden ist. Was aus der bittstellerischen Witwe nach der Mahlzeit geworden ist, erfahren wir nicht. Sie ist gespeist worden und löst sich in Luft auf.

»Nach soviel Störungen will ich den Rest des Tages mein Studierzimmer für mich allein haben!«, fährt der Erzähler fort. »Nun sitze ich wieder oben und gehe die Kouverts der eingegangenen Sachen durch. Zum Öffnen und Lesen habe ich heute keine Zeit. Ein Brief ist kurz adressiert: ›Mr. Shatterhand, Dresden‹; er ist selbstverständlich nach Radebeul zu mir expediert worden. Ein Brief aus Köln am Rhein ist mit der Aufschrift versehen: ›Herrn Schriftsteller

Karl May‹. Der Schreiber desselben hat vergessen, den Bestimmungsort zuzufügen; postamtliche Ergänzung lautete: ›Wahrscheinlich Oberlößnitz-Radebeul bei Dresden, Villa Shatterhand‹. Der betreffende Postbeamte ist jedenfalls ein Hausschatzleser. Dank dieses Umstandes ist das Schreiben zu dem Berühmten befördert worden.«

Abzufertigen ist nun noch ein brotloser Künstler, der Geld schnorren will und der, als er keines bekommt, kühn ausruft: »›Ein Schriftsteller, der nicht eine lumpige Mark für einen Kollegen übrig hat, der ist in meinen Augen nichts: das merken Sie sich! Adieu.‹«

Nun gelingt es dem Autor, seiner eigentlichen Beschäftigung, der Arbeit am Manuskript, nachzugehen. Er schafft etwa vier, fünf Seiten, dann kommt es zur nächsten Störung: Es erscheint Frau May und teilt dem weit gereisten Ehepartner mit, dass ein fremder Mensch sich den Zugang erzwungen habe und nun im Garten herumlaufe.

Und jetzt kommt die verrückteste Episode!

Vom Garten her steigt über eine Leiter und die Balkonbrüstung ein »kleiner, dünner, aber sehniger Kerl mit einem stark ausgeprägten, pfiffigen Vogelgesicht« ein. »Ein dünner Vollbart, zwischen Haaren und Haut zu sehen, deckt seine Wangen, die Oberlippe und das Kinn. Seine Füße stecken in grauen, weitmaschigen sogenannten Paradiesschuhen, auf dem

Kopf trägt er einen alten, abgebrauchten Luffahelm; dazu kommt eine braune, verkniete Hose, ein grüngelbes Jackett und eine hellblaue Weste, über welche die Zipfel eines roten Halstuches weit herabhängen. Er zieht den Helm vom Kopf, mustert mich mit listigen Augen und fragt in geläufigem, aber fremdbetontem Deutsch:

›Sie sind Mr. Kara Ben Nemsi Effendi, nicht wahr, Sir?‹

›Ja‹, antworte ich.

›Also habe ich richtig kalkuliert, very right! Habe es Ihrer little maid gleich angesehen, daß sie mich belog, als sie behauptete, Sie seien nicht at home!‹

Er scheint ein Westmann oder etwas Ähnliches zu sein, darum sage ich viel milder, als es sonst geklungen hätte:

›Und wenn man Sie fortweist, drängen Sie sich durch das Thor, gehen im Garten spazieren und steigen gar mit Hilfe der Leiter auf den Balkon! Wer sind Sie denn?‹

›Ich heiß Kraft‹, lacht er, ›und ich bin auf die Leiter geklettert, weil ich dachte, daß Sie hier oben zu finden seien. Ganz vortreffliche Idee, nicht?‹

›Allerdings, aber ich kenne keinen Mann Namens Kraft, der sich so ohne Frage erlauben dürfte, auf meinen Leitern herumzuklettern!‹

›Glaube es, glaube es gern, Sir. Vielleicht ist Ihnen ein anderer Name geläufiger als der meinige; ich will da zum Beispiel von einem gewissen David Lindsay sprechen.‹

›Lindsay?‹, fahre ich auf. ›Kennen Sie den?‹

›Will ich meinen! Wissen Sie, wo er jetzt ist?‹

›Nein, leider nein. Er ist nach Australien gegangen, um auf meinen Rat das Festland auf Kameelen zu durchqueren, hat diese schwierige Expedition, wie in allen größeren Zeitungen zu lesen war, zu einem glücklichen Ende gebracht und dabei nicht nur Gold-, sondern auch, was ich für noch besser halte, sehr ansehnliche Kohlenfelder entdeckt. Wo er sich gegenwärtig befindet, ist mir unbekannt.‹

›So haben Sie den richtigen Mann vor sich, es zu erfahren, denn ich bin während dieser Überlandreise bei ihm gewesen und auch später noch längere Zeit bei ihm geblieben. Als ich dann vor einigen Monaten mich auf nach Deutschland machte, trug er mir auf, Sie zu besuchen und Ihnen einen Brief von ihm zu übergeben.‹

›Einen Brief von meinem alten Lindsay? Das ist ein außerordentlich freudiges Ereignis für mich! Haben Sie ihn mit?‹

›Yes, hier in meiner Tasche ist er. Bin ja nur deshalb auf die Leiter gestiegen, um Ihnen das paper noch eher zu geben, als Sie at home kommen konnten, Sir!‹

›So kommen Sie herein! Haben Sie Hunger, Durst?‹

›Hunger wie ein Löwe und Durst wie ein Kameel!‹

›So eile, Emma, und sorge für den Mann! Er wird natürlich bei uns wohnen, solange es ihm gefällt.‹

Während meine Frau sich entfernt, führe ich den unerwarteten, aber hochwillkommenen Gast in das Studierzimmer, wo ich es ihm überlasse, die Einrichtung desselben unter lauten Ahs und Ohs in Augenschein zu nehmen, während ich mich über den zwanzig engbeschriebene Seiten langen Brief hermache. Noch bin ich damit nicht zu Ende, als das Mädchen mit dem Imbiss erscheint. Er klopft sie lachend auf die Schulter und fragt:

›Nun, my plum, habe ich recht gehabt oder nicht? Ich bin hier Gast, solange ich will, und wenn es mir gefällt, bleibe ich da, bis mir Wurzeln aus den Füßen wachsen. Das sind schlimme Folgen, wenn man Uncle Kraft die Nase mit dem Thor abschlagen will.‹

Es versteht sich ganz von selbst, daß nun von der Beendigung meiner Arbeit nicht mehr die Rede sein kann, und ob ich sie morgen oder übermorgen fertig bringe, das ist auch noch ungewiss.«

Armer Karl May! Armer Old Shatterhand! Armer Kara Ben Nemsi!

Aber eine höchst raffinierte Geschichte, die er seinem Publikum hier auftischt. Wer den Zyklus der Orientromane nicht gelesen hat, wird Sir David Lindsay nicht kennen. Das Personallexikon wichtiger

Figuren in *Karl Mays Illustrierte Werke, Zusatzband: Leben – Werk – Wirkung*[4] vermag da Abhilfe zu schaffen. Dort erfahren wir: »Lindsay, Sir David: Steinreicher englischer Lord mit einem sehr eigenwilligen und auffallenden Erscheinungsbild, denn er bevorzugt karierte Muster auf allen Kleidungsstücken. Freund von Sir John Raffley, der ihm von dem berühmten Kara Ben Nemsi erzählt. Lindsays ungezügelte Abenteuerlust lässt ihn zum Begleiter von Kara Ben Nemsi ins Zwischenstromland werden, wo er Altertümer für das Britische Museum auszugraben hofft. […] Auch wenn Karl May ihn oft als Karikatur eines spleenigen britischen Lords zeichnet, so steht er doch anderen Romanhelden in ihren Leistungen und ihrem Mut nicht nach.«[5]

Bei dem Besucher namens Kraft könnte es sich um den Autor von Abenteuerromanen Robert Kraft handeln.

Mays Kenntnisse über Kraft dürften »auf den irreführenden Verlagswerbungen des Münchmeyer Verlages basiert haben, wonach Kraft Seemann auf allen Meeren, Jäger und Fallensteller im Wilden Westen, Savannen- und Wüstenläufer, Pelzhändler, Akrobat, Zimmermann und Goldgräber in Australien, Postkutschenfahrer in Südafrika und auch Teilnehmer am sudanesischen Feldzug gewesen sein soll. Tatsache allerdings ist, dass Robert Kraft vor Beginn seiner dann andauernden erfolgreichen Tätigkeit als Kolportage-

und Abenteuerautor wirklich eine Zeit lang Seemann auf verschiedenen Schiffen war.«[6]

Man muss sich einmal vergegenwärtigen, welches Verwirrspiel zwischen Realität und Fiktion hier getrieben wird: Kraft ist eine tatsächlich existierende Person, Sir David Lindsay eine Erfindung, eine Romanfigur Karl Mays; aber da May glauben machen möchte, dass er, Karl May, alle Abenteuer selbst erlebt hat, lässt er eine reale Person den Brief einer erfundenen überbringen und macht diese somit ebenfalls – jedenfalls wird der Anschein erweckt – zu einem wirklich existierenden Menschen.

Der Aufsatz für den *Hausschatz* geht noch weiter, aber wir nehmen hier Abschied von diesem erstaunlichen Garn. Fragt man sich nun, was man gehört, was man gelesen hat, so lautet die Antwort: außer Prahlereien, ein bisschen Klatsch, vielleicht auch ein paar Nadelstichen gegen tatsächliche Besucher nicht eben viel. Aber wie großartig ist das erzählt! Kaum dass wir uns hier vom Text trennen können. Und genau das ist es, was zu beweisen war: Ein absoluter Erzähler ist dieser Karl May, jemand, der weiß, wie man eine Geschichte strickt, wie man den Leser bei der Stange hält und drankriegt. Und das zu können ist nicht wenig – was immer man sonst gegen Karl May alias Old Shatterhand einzuwenden haben mag.

Nicht nur die Zahl der Besucher, auch der Umfang

der Leserzuschriften an ihn nimmt so zu, dass Karl May sich genötigt sieht, eine Art Gebrauchsanweisung für den Umgang mit einem Vielbeschäftigten zu veröffentlichen.

»*Anweisungen an Leser und Verehrer*

Bei den vielen Tausenden von Zuschriften, mit denen ich seitens der Leserinnen und Leser förmlich überschwemmt werde und deren größere Hälfte Bitten enthält, welche ich erfüllen soll, ist es mir unmöglich, die an mich gestellten Wünsche zu befriedigen, wenn nicht folgende Bedingungen berücksichtigt werden:

1. Man frankire richtig! Die jährliche Summe der Strafporti, welche ich für ungenügend frankirte Zusendungen bezahlte, hat nachgerade eine solche Höhe erreicht, dass ich von jetzt an die Annahme verweigern muß.

   Man unterschreibe deutlich. Ist es schon höchst ärgerlich, wenn ich gezwungen werde, meine kostbare und mir karg bemessene Zeit an einen langen, schlecht geschriebenen Brief zu verschwenden, so muß es doppelt peinlich sein, jemandem antworten zu sollen, der gerade die Hauptsache, seinen Namen, so unleserlich hingeworfen hat, dass ich ihn nicht entziffern kann. Schon die einfachste Rücksicht verbietet, die Zeit des Adressaten durch schlechte Schrift unnütz zu verkürzen. Ich thue das auch nicht, obwohl ich der Beantwortung der fast zahllos zu nennenden Eingänge sogar meine Nächte opfern muß.

2. Man gebe den Stand an. Es ist doch selbstverständlich, daß ich wissen will, was Derjenige ist, der an mich schreibt. Man sollte es nicht für möglich halten, daß man sehr häufig die Erfüllung höchst anspruchsvoller Bitten (meist um Geld, Stellenbesorgung etc.) ohne Angaben des Namens und des Standes unter postlagernd Chiffre von mir verlangt.

3. Man gebe die Adresse auf jedem folgenden Briefe wieder an, weil ich keine Zeit habe, um Monate nach einer alten Adresse nachzuschlagen.

4. Damen werden höflichst ersucht, mich nicht in Unklarheit darüber zu lassen, ob ich ›Frau‹ oder ›Fräulein‹ zu adressiren habe.

5. Manuscripte zum Durchlesen und Zeugnisse als Unterlagen zu Bittschriften schicke man mir nicht, weil ich keine Zeit für Arbeiten angehender Schriftsteller habe und die umgehende Rücksendung von Dokumenten nicht garantiren kann.

6. Man melde sich bei beabsichtigten persönlichen Besuchen einige Tage vorher an, damit ich Zeit zu der Benachrichtigung habe, ob und wann ich zu sprechen bin.

Radebeul-Dresden, Villa Shatterland
Dr. Karl May.«[7]

Jener offene Brief an die Leser offenbart ein zu dieser Zeit bei Karl May sehr gut ausgeprägtes Selbstwertgefühl. Er ist überzeugt von seiner Sendung als Autor. Und er vergisst auch nicht die Erwähnung von Qualen (geopferte Nächte), die für den Aufstieg zum Edelmenschen nun einmal Bedingung sine qua non sind.

An dem in der Unterschrift verwendeten Doktortitel hängt nun wieder eine unrühmliche Geschichte. Mays Titelsucht ist offenkundig und sie wurde ihm mehr als einmal zum Verhängnis. Als Motiv dürfte dabei wohl nicht nur sein Hang zur Hochstapelei, sondern auch ein Bedürfnis nach Aufwertung seines Prestiges angesichts seiner Herkunft aus der Unterschicht und seiner Haftstrafen eine Rolle gespielt haben.

Aktenkundig geworden ist dies: »Am 10. September 1898«, so das Protokoll der Amtshauptmannschaft Dresden Nord, »wurde May vernommen und erklärte: Ich bin nicht im Besitz eines von einer deutschen Universität verliehenen Doktortitels, dagegen habe ich den Doktortitel in Rouen in Frankreich verliehen erhalten. (Bleistiftrandnotiz: Nein.) Genehmigung zur Führung dieses Doktortitels habe ich nicht erhalten [...] Im Laufe des Gesprächs teilte May mir mit, dass er große Reisen unternommen habe, u.a. lange in China gewesen sei (Bleistiftrandnotiz: Niemals.) und dabei eine dem Doktortitel gleiche oder noch höhere Würde erworben habe. Den Namen habe ich mir nicht gemerkt.«

Bei einer Vernehmung 1907 erklärte May, er habe den Titel im Jahre 1902 von der amerikanischen Universität Chicago auf Grund seines Werkes *Im Reiche des silbernen Löwen* verliehen bekommen. Auf weiteres Befragen, wieso er schon vor dem Jahre 1902 den Doktortitel geführt habe, antwortete er, dass er stets von seinem Verleger Münchmeyer und anderen Herren als Doktor vorgestellt worden sei und sich dann, um diese Herren nicht Lügen zu strafen, den Doktortitel selbst zugelegt habe. »Die verehelichte Klara May erklärte insbesondere noch, dass sie sich für ihren Ehemann bei der amerikanischen Universität Chicago um den Doktortitel bemüht habe, um dann den Gegnern ihres Ehemannes, die seine Doktorwürde in Abrede stellten, entgegentreten zu können, dass aber für die Erwerbung des Doktortitels kein Geld gezahlt worden sei. [...] Bei der Durchsuchung wurde das Diplom gefunden.«[8]

Vierter Exkurs
Der Orientzyklus

Jene Romane, die wegen ihrer zusammenhängenden Handlung als der so genannte »Orientzyklus« bekannt geworden sind, tragen die Titel *Durch die Wüste, Durchs wilde Kurdistan, Von Bagdad nach Stambul, In den Schluchten des Balkan, Durch das Land der Skipetaren, Der Schut.* Sie sind zunächst in den Jahren 1881 bis 1888 in der Zeitschrift *Deutscher Hausschatz* des Pustet-Verlages erschienen. Später dann, ab 1892, kamen sie als Buchausgaben bei Ernst Fehsenfeld in Freiburg im Breisgau heraus.

Die Zeitschriftenbeiträge liefen unter einem unaussprechlichen, aber vielleicht gerade deswegen auf den Leser Faszination ausübenden Obertitel: *Giölgeda padishanün*, was bedeutet ›Im Schatten des Großherrn‹, mit dem Zusatz *Reise-Erinnerungen aus dem Türkenreiche.*

Da May zu dieser Zeit keines der in den Büchern beschriebenen Länder bereist hatte, war er auf Berichte und Darstellungen angewiesen, die sich im Einzelnen nahezu vollständig rekonstruieren lassen. Die Karl-May-Forschung hat sogar herausfinden können, welche Karten er benutzt haben dürfte. Zudem hat sie in Erfahrung gebracht, dass die Sätze in

Originalsprachen, mit denen der Eindruck verstärkt werden soll, es handele sich um eigene Erlebnisse des Autors, aus nicht weniger als 200 Sprachbüchern stammen.[1]

Neben den *Winnetou*-Bänden ist es der Orientzyklus, der Mays Ruhm und seinen Aufstieg zum Erfolgsautor begründet hat. Was macht die Eigenart dieser Romane aus?

Die Antwort hat die Erzählforschung unter Rückgriff auf Ernst Bloch gegeben. Mays Themen entsprechen den Urträumen des Menschen, seine Abenteuer entspringen den Tiefen, den Angst- und Rettungsbildern der Seele.[2] Man kann diese Bücher also auf mehreren Ebenen »entziffern«: Vordergründig stellen sie »Spannungsliteratur« dar. Sie lassen sich aber auch als Mythen und Märchen mit der »Farbe des Traumes« (Bloch) betrachten. Und schließlich gibt es noch eine weitere Lesart, die die geschilderten Ereignisse als ethisch-erzieherisches Gleichnis deuten, in dem schon die Botschaft des Alterswerks vorweggenommen wird: die Wandlung des Gewaltmenschen zum Edelmenschen.

Durch die Wüste (Durch Wüste und Harem)[3]
Kara Ben Nemsi (zu übersetzen mit »Sohn des Deutschen«) und Hadschi Halef Omar Ben Hadschi Abul Abbas Ibn Hadschi Dawud al Gossarah befinden sich auf dem Weg von Algerien nach Tunesien. Halef un

ternimmt einen seiner wiederholten Versuche, Kara Ben Nemsi zum Islam zu bekehren. Die beiden Reisenden, Herr und Diener, stoßen auf die Leiche eines Mannes, bei dem es sich um den Sohn eines ermordeten französischen Kaufmanns namens Galingré handelt. Man muss sich den Namen merken, denn in einem späteren Band werden der Tote und sein Mörder noch einmal bedeutsam.

Bei der Überquerung eines Salzsees, des Schott el Dscherid, fällt der Scout der beiden Reisenden einem Anschlag zum Opfer. Omar, der Sohn des Scout, schwört Rache. In der Oase Kbilli kommt es zu einer Auseinandersetzung zwischen den Reisenden und dem türkischen Statthalter, im Zuge derer die Gefährten sich plötzlich unter Anklage gestellt sehen. Es gelingt ihnen dennoch, den Mörder festzunehmen. Dieser aber wird durch Helfer des Statthalters wieder befreit.

Kara Ben Nemsi und Halef gelangen nun nach Kairo. Der Deutsche betätigt sich in einem Harem als Arzt. Dabei stellt er fest, dass es sich bei Senitza, einer Montenegrinerin, um die Verlobte des Isla Ben Mafei handelt. Das Mädchen ist als Sklavin in den Harem des Abrahim-Mamur verkauft worden. Unter dramatischen Umständen wird sie befreit. – Es ist ebendiese Episode, an der Ernst Bloch den Traumcharakter der Bücher Karl Mays festmacht. In seinem eigenwilligen Stil bemerkt er dazu:

»Träumte ich gestern gar nicht übel. Kroch durch einen immer engeren Gang, konnte weder zurück noch voran. Dichte Steinwand neben mir, über mir, musste müde ersticken.

Wo noch kommt dieser Zustand vor? Er ist immerhin stark genug, der Wille drin schreit. Wie immer es mit ihm steht, in großer Literatur sah ich ihn nicht geschrieben, nach außen gebracht. Nur in niederer habe ich davon gelesen, dort, wo sich nicht viele aufhalten und töricht darüber lächeln. Aber Karl May kriecht durch einen Kanal, nur unterirdisch kann er in den Palast Abrahim-Mamurs gelangen, das geraubte Mädchen befreien. Alle Schrecken sind in dem finstren, immer erstickenderen Schlund, Kriechen, Schwimmen, fauliges Wasser, nun schon über die Augen, reißt den Mann mit sich in plötzliches Gefälle. Nur noch einen Mund voll Luft, aber da wird die Höhle heller, dort ist der Ausgang, mit rasenden Stößen schießt Kara Ben Nemsi darauf zu – und schlägt mit der Stirn an ein Gitter, das den Ausgang des Kanals verschließt. Wie nun der Held das Gitter zertrümmert, in einem Bassin auftaucht, mitten im Hof des Palastes, eine Kugel um seinen Kopf pfeift, gehört nicht hierher, so weit vermag niemand zu träumen.

Doch in andren als so geringen Büchern, ja, auch nur anders fand ich dies starke Traumbild nirgends gestaltet. Bei Poe würde es zu hoch, zu erwachsen, ja, die ganze Welt würde ihm schrecklich werden, damit es sein kann, worauf es doch hier, in der kräftigen Luft nicht ankommt. Der staunende, fünfzehnjährige Mensch in uns zieht immer diese Luft ein.«[4]

Ist also die besondere Fähigkeit Karl Mays darin zu sehen, dass er nach einer Art Traumdiktat schreibt? Sind das die tieferen Wurzeln jenes Mythos, den er schafft? Lesen ihn deswegen so viele ein ganzes Leben lang, weil wir alle auch noch den staunenden Fünfzehnjährigen in uns herumtragen, der wir einmal waren? – Jeder mag diese Fragen für sich selbst beantworten.

Folgen wir nun weiter der Handlung von *Durch die Wüste*.

Die Befreier des Mädchens werden verfolgt und von Polizisten verhaftet, kommen aber durch Vorlage des Schutzbriefes des Großherrn wieder frei.

In Dschidda am Roten Meer begegnen sie einer rätselhaften Araberin, die mit ihrer Tochter Hanneh an ihrem Entführer Abu Seif, dem Anführer eines kriegerischen Beduinenstammes, Rache nehmen will. Halef verliebt sich in Hanneh und heiratet sie. Kara Ben Nemsi und Halef gelingt es, Abu Seif gefangen zu nehmen. Als dieser zu entkommen droht, tötet ihn Halef.

Im dritten Teil des Buches macht Kara Ben Nemsi am Tigris die Bekanntschaft des kauzigen Engländers

Sir David Lindsay, der von nun an zum Personeninventar in vielen Romanen gehört.

Die Gefährten helfen dem Stamm der Haddedihn beim Kampf gegen Feinde. Zum Dank erhält Kara Ben Nemsi vom Anführer des Stammes, Scheich Mohammed Emin, den wegen seiner Schnelligkeit berühmten Hengst Rih, der von nun an so etwas wie ein Kulttier seines neuen Besitzers wird. Unter den bei den Kämpfen Befreiten sind auch drei Dschesidi (Teufelsanbeter) aus Mossul.

In der Feste Amadija wird Amad el Ghandur, der Sohn des Mohammed Emin, gefangen gehalten. Vom Pascha von Mossul erhält Kara Ben Nemsi als Dankeschön für Hilfeleistungen ein Empfehlungsschreiben. Verwirrendes Hin und Her. Am Ende bricht Kara Ben Nemsi zu den Teufelsanbetern auf, um diese vor dem Angriff des Pascha von Mossul zu warnen.

Durchs wilde Kurdistan
Die Streitkräfte des Pascha verlieren ihre Kanone und können so zum Friedensschluss veranlasst werden. Abschied von den Teufelsanbetern. Erneutes Zusammentreffen mit Sir David Lindsay. Befreiung des Scheichsohns mit List aus der Festung. Begegnung mit Marah Durimeh, der wichtigsten Frauengestalt in Karl Mays Werk.

Gefangenschaften und Befreiungen wechseln einander wieder ab. Dank Marah Durimehs Eingreifen werden die Konfliktparteien versöhnt. Es stellt sich heraus, dass die Dame als Ruh i Kulyan (Höhlengeist) über eine sagenhafte Autorität verfügt.

Von Bagdad nach Stambul
Kara Ben Nemsi und Halef werden in die Kämpfe zwischen zwei Kurdenstämmen, den Bejat und den Bebbeh, verwickelt. Wegen zu nachsichtigem (christlichem!) Verhalten gegenüber Feinden wird Kara Ben Nemsi als Anführer der Haddedihn abgesetzt. Wieder allerlei Händel. Mohammed Emin begeht einen gravierenden Fehler und wird getötet. Der Anführer der Bebbeh kommt ums Leben. Langsam wird das Schachbrett leerer. Kara Ben Nemsi und Halef erkranken an der Pest, werden aber gesund gepflegt. Sie reisen nach Damaskus. Abrahim-Mamur entpuppt sich als ein übler Dieb und Anführer einer Räuberbande. Die Gefährten verfolgen ihn über Baalbek, Tripolis bis nach Istanbul. Dann stellen sich ihnen neue Aufgaben. Sie erhalten Hinweise auf eine Verbrecherbande, die auf dem Balkan ihr Unwesen treibt.

Ein Zettel mit dem Namen Karanorman-Khan und dem Ortsnamen Menelik in Südbulgarien lässt eine ganze Kavalkade von Männern um Kara Ben Nemsi zum Kampf gegen die Bösen dorthin aufbrechen.

In den Schluchten des Balkan

Von dem Ortsvorsteher eines bulgarischen Dorfes hören die Gefährten von den Skipetaren und dem unheimlichen Bösewicht Schut, von dessen Verfolgung und Vernichtung dieser und die beiden nächsten Bände handeln.

Zuerst kommen die Freunde bei ihrer Aufgabe nur mäßig voran. Im Ort Ostromdscha klären sie die Bewohner darüber auf, wer da, als Vampir getarnt, sein Unwesen treibt. Sie begegnen Mübarek, einem Heiligen und Bettler, der aber auch Mitglied der Schut-Bande ist, und bringen deren Parole »Bir Syrdasch« in Erfahrung.

Durchs Land der Skipetaren

Die Männer um Kara Ben Nemsi werden gefangen genommen und es kommt zu einer Gerichtsverhandlung. Einmal mehr vertauschen sich dabei die Rollen von Anklägern und Angeklagten. Mübarek wird entlarvt. Kara Ben Nemsi und seine Freunde kommen dank der Hilfe des Ortsvorstehers wieder auf freien Fuß. Es gelingt ihnen, die Vorstellung zu verbreiten, sie seien kugelfest. In Faustkämpfen erweist sich Kara Ben Nemsi erneut als Siegernatur. Nach einer weiteren Episode, in der er sich als Arzt betätigt, wird Sbiganzy erreicht.

Hier trifft Kara Ben Nemsi auf einen weiteren Verbündeten des Schut, den Fleischer Tschurak. Dieser lockt die Gefährten mit dem Hinweis, sie könnten dort den Schut treffen, zu einer entlegenen Hütte, wo sie einmal mehr gefangen genommen werden. Bei der Befreiungsaktion wird der Fleischer erschossen. Der Gefängnisaufseher wird ebenfalls getötet. Mübarek wird verwundet, andere aus der Gruppe der Feinde entkommen.

Als Führer hat sich den Gefährten der verräterische Suef anzudienen gewusst. Er besorgt ihnen in Kiliselly Quartier bei Murad Habulam, wohin aber auch all ihre Feinde unterwegs sind. Die Gefährten gewinnen die Magd Anka und den Diener Janik für sich. Ein Anschlag auf sie mit einer vergifteten Eierspeise misslingt. Dann kommt der nächtliche Überfall ihrer Feinde, der immerhin abgewehrt wird. Abstrafung von Habulam und Suef durch Stockhiebe. Kara Ben Nemsi erkennt scharfsinnig, dass der Name Karanorman-Khan bisher falsch interpretiert worden ist. Khan ist ein Gasthaus, dessen Wirt, ein schwarzhaariger Perser, niemand anderes als der Schut ist. Weiter nach Treska-Konak.

Der Schut

In Treska-Konak wird Halef, als er sich anzuschleichen versucht, von Mitgliedern der Schut-Bande gefangen genommen. Nach seiner Befreiung entkommen die Freunde. In der Hütte eines Kohlenhändlers wird Mübarek schwer krank zurückgelassen. Ein Bär, der ihn angreift, gibt ihm den Rest. Kara Ben Nemsi erlegt das Tier. Kampf in der Teufelsschlucht. Kara Ben Nemsi erfährt, dass sich der Schut in Rugowa (Westalbanien) aufhält. Dort sitzen auch der Bruder des ermordeten französischen Kaufmanns Galingré und Sir Lindsay in der Patsche. Befreiungsaktion und Auffindung eines Schatzes, der Stojko, einem weiteren Gefangenen des Schut, gehört. Noch sind Stojko und Galingré nicht frei. Der Schut lockt seine Verfolger in einen Schacht. Dank des Scharfsinns Kara Ben Nemsis können sie sich befreien. Der Schut wird geschnappt, entkommt aber wieder und plant schon neue Untaten, deren Opfer die Galingré-Familie sein soll. Bei diesem Vorhaben wird er gestört. Schlimmes Ende des Schut, der in eine riesige Bodenspalte stürzt, die Kara Ben Nemsi dank seines Wunderpferdes Rih unbeschadet überwindet. Dem Helfershelfer des Schut, Hamd el Amasad, tritt Omar, der Sohn des am Schott el Dscherid getöteten Führers, in einem Duell gegenüber. Statt ihn zu töten, drückt Omar, der so endlich für seinen Vater Rache nehmen kann, ihm beide Augen aus. Auflösung des Verfolgerfeldes.

Ein *Anhang* zum *Schut* stellt ein Zugeständnis an die Begeisterung des von der Leserschaft so heiß geliebten Pferdes Rih dar. Die Handlung spielt acht Jahre später als die vorangehenden Ereignisse. Kara Ben Nemsi und Lindsay in Damaskus. Sie sind unterwegs zum Stamm der Haddedihn.

Pferdediebe haben Rih und die Schimmelstute Mohammed Emins gestohlen. Die kostbaren Tiere werden ihnen wieder abgejagt.

Amad el Ghandur ist zum Anführer der Haddedihn aufgestiegen. Omar, Halef und dessen kleiner Sohn Kara Ben Halef und Kara Ben Nemsi unternehmen einen Ritt zum Grabmal des ehemaligen Stammeschefs Mohammed Emin. Neue Auseinandersetzungen mit den Bebbeh-Kurden. Bei der Rettung von Halefs Sohn wird Rih von einer Kugel getroffen. Das Tier wird in einem Felsengrab beigesetzt. Amad el Ghandur, der letztlich an Rihs Tod die Schuld trägt, entäußert sich reuevoll seiner Scheichwürde.

VIII.
Die große Reise

»Denn hatte die große Reise in den Orient noch der
Beweisführung dienen sollen, der Übertragung des
imaginierten Weltläufers in die wirkliche Welt,
so brachte sie Karl May den jähen Einbruch der
Wirklichkeit nun in die Welt seiner Imagination.
Es war vorbei damit, er würde nie mehr so leben
können wie einst.«

Hans Wollschläger

Im Mai 1899, May ist siebenundfünfzig Jahre alt,
bricht er zu seiner ersten Reise in Länder außerhalb
von Europa auf. Als Reisekapital hat er eine Summe
von mehreren Zehntausend Mark bei sich. Der Kaufmann Plöhn, dessen Frau Klara und Emma May,
»Miez und Mausel« genannt, haben ihn bis Genua
begleitet. Von dort reist er mit einem Schiff des
»Norddeutschen Lloyd« nach Port Said und weiter
nach Kairo. Hier heuert er den arabischen Diener
Sejd Hassan an, der ihn von nun an für ein Jahr begleiten wird.

Im Dienstvertrag, den er mit Sejd abschließt, heißt
es unter anderem: »Sejd Hassan hat Herrn Dr. Karl

May zu begleiten, wohin es diesem beliebt, ihm vor allen Dingen Gehorsam, Treue und Ehrlichkeit zu erweisen und sich der Ausführung keines Befehls zu weigern. Er erhält dafür eine Gage von 5 Mark, sage fünf Mark, pro Tag, wovon er alle Ausgaben für sein Leben, also für Wohnung, Ernährung, Kleidung und Wäsche usw. zu bestreiten hat. Alle Beförderungskosten hingegen trägt H. Dr. May.«[1]

Die Reise geht weiter nach Luxor und Assuan, zurück nach Kairo und Port Said, dann nach Beirut, wo die Pest ausgebrochen ist und May längere Zeit in Quarantäne bleiben muss. Er besucht Nazareth und Jerusalem. Im September ist er wieder in Port Said, kreuzt hinüber nach Eritrea, damals italienische Kolonie, zum Hafen Massaua, von wo aus er an seinen Verleger Fehsenfeld meldet: »Die überall herrschende Pest ist wegen der mit ihr zusammenhängenden Quarantäne außerordentlich hinderlich. Es geht nur sehr langsam vorwärts. Oft sind bedeutende Umwege notwendig. Darum wird meine jetzige Reise wohl viel länger als ein Jahr in Anspruch nehmen. Dafür aber bringe ich einen so reichen Stoff mit heim, daß ich an Sujets nie Mangel leiden werde.«[2]

Er kehrt nach Aden zurück und fährt auf der »Bayern« nach Colombo, Ceylon, wo er sich neun Tage aufhält. Von dort schreibt er an Fehsenfeld: »Bin auf Menschenjäger gestoßen, welche Zwangsarbeiter für die Outlanders in Transvaal pressen woll-

ten. Bei dieser Gelegenheit war es, daß ich die Goldfelder entdeckt habe. Gehe von hier nach Sumatra,
Indien, Persien, Arabien – Haddedihn. Den westli-
chen Zugang nach Arabien versperrte mir leider die
Pest. Muß dann nach Egypten zurück, eines neuen,
inhaltsschweren Bandes wegen in die libysche Wüste.
Da sehe ich mich nun gezwungen, eine Bitte auszusprechen. Mein Reisegeld wird wahrscheinlich gerade
bis Egypten reichen, und da das eine Summe von gegen 30000 Mark beträgt, so möchte ich meiner sparsamen Hausfrau nicht Schmerzen bereiten, direct
noch tiefer greifen zu müssen. Sie soll gar nichts davon merken, und so darf das, was ich entnehme, nicht
von den neuen Auflagen sein. Bitte, haben Sie die
Güte, und kreditiren Sie mir 6000 Mark auf die beiden neuen Bände, welche ich vorhin erwähnte! Die
schreibe ich so, daß Emma nichts weiß. Es darf nicht
gut weniger als 6000 Mark sein, weil ich mit dem
Umstand zu rechnen habe, daß ich aus der libyschen
Wüste noch nach Tripolis, Tunis und gar Algier sprit-
ze.«[3]

Von Colombo aus reist er zu einer damals britischen Insel vor der Küste von Malacca und gelangt
schließlich per Schiff nach Padang auf Sumatra.

Ebendort scheint May so etwas wie einen Nerven-
zusammenbruch erlitten zu haben. Man hat den Vorgang mit dem Zusammenbruch Friedrich Nietzsches[4]
in Turin 1889 verglichen. Gleich heftig und gefähr-

lich, nur dass May aus dem Zustand der geistigen Verwirrung zurückfand.

Was sich bei dieser Krise in seiner Psyche abspielt, lässt sich nur von der darauf folgenden Veränderung in seinem Schreiben her annähernd bestimmen. Persönliche Aufzeichnungen von ihm über die Vorgänge sind offenbar von seiner zweiten Frau vernichtet worden.

Ausgelöst wird die seelische Krise vielleicht dadurch, dass er Zeit hat, über sich selbst nachzudenken, dass er auf sich selbst zurückgeworfen ist und mit wachen Augen ein Stück Welt sieht, das sich von Europa stark unterscheidet. Unter diesen Voraussetzungen könnte er Einsicht in seinen neurotischen Narzissmus gewonnen haben. Darauf deuten auch Verse aus einer Lyriksammlung hin, die auf dieser Reise entsteht. Als literarische Kunstwerke sind die Gedichte kaum von Bedeutung, aber sie verkünden eine für ihn wahrscheinlich elementar wichtige Erkenntnis: »Wer Liebe finden will, muß selbst auch lieben [...]. / Nur der versteht es, recht und wahr zu lieben, / Der die empfangne Liebe weiterliebt.«[5]

Schon jenes Werk, das am direktesten mit der großen Reise im Zusammenhang steht, nämlich *Und Friede auf Erden* mit seiner Polemik gegen Imperialismus, Kolonialismus und die überhebliche Religiosität bestimmter Christen, wird deutlich erkennen lassen, dass Karl May nun ein anderer geworden ist.

Ein anderer in seinem Selbstempfinden, aber auch in dem, was er schreibt. Der Hauptgedanke, der mit dieser Veränderung geboren wird, ist dieser: May will die Bilder vom »Gewaltmenschen«, die er bisher entworfen hat, überwinden und sich selbst und die Figuren seiner Texte zum Ideal des »Edelmenschen« hin entwickeln. Wie komisch uns auch letzterer Begriff anmuten mag, er kommt aus dem Geist der Epoche. Man denke nur an Nietzsches, allerdings ganz anders gestimmten Entwurf des »Übermenschen«. Nietzsche ging von der Willensmetaphysik Schopenhauers und dem Kampf-ums-Dasein-Prinzip Darwins aus, beides Vorstellungen, die damals die Philosophen stark beschäftigten. Unter dem »Übermenschen« verstand Nietzsche einen neuen Menschentypus, dessen Aufgabe es sein sollte, alles Verlogene, Krankhafte und Lebensfeindliche zu vernichten. Sein Kampf richtete sich gegen die »Sklavenmoral des Christentums«, gegen das Bürgertum, dessen Moral ihm verlogen erschien, und gegen den Pöbel, der seiner Meinung nach alles Edle und Hohe bedrohte. Modell für den Übermenschen war für Nietzsche der Herrenmensch der Renaissance wie etwa Cesare Borgia.

Im Dezember 1899 reist May auf der »Bromo« nach Port Said zurück. Dort will er sich mit seiner Frau Emma und den Plöhns treffen. Aber Richard Plöhns Gesundheitszustand hat sich dramatisch verschlechtert. Plöhn, der an einer schweren Nierenkrankheit leidet, und die beiden Frauen haben die Reise in den Orient in der Nähe von Genua unterbrochen. Über Marseille reist May zusammen mit Sejd Hassan zu dem Freund, zu Emma und Klara. Richard Plöhns Zustand hat sich bis Mitte März 1900 dann so weit gebessert, dass sie in der Lage sind, von Pisa aus nun doch noch den Orient zu besuchen, und zwar geht es zunächst nach Kairo (9.–30. April), dann nach Jerusalem (8.–13. Mai), an Orte des Alten und Neuen Testaments (14.–23. Mai), nach Haifa, in den Libanon, nach Baalbek, Damaskus und Beirut, wo May sich von Sejd Hassan trennt.

Besonders die Ruinen von Baalbek machen einen starken Eindruck auf Karl May. Sie dürften seine Phantasie zu jenen Bildwelten angeregt haben, die in seinem bedeutendsten Alterswerk *Ardistan und Dschinnistan* auftauchen werden. In der Poesie solcher Ruinen sieht Karl May ein Symbol der menschlichen Überheblichkeit. Unter dem Eindruck Baalbeks notiert er am 17. Juni in Beirut: »Zur Suche nach weltlicher Macht kam das Streben nach geistlicher Gewalt! Diese beiden Bestrebungen […] kämpften oft genug gegen einander, gingen oft genug Hand in Hand, in beiden Fällen war weltliche und geistliche Unterdrückung die Folge. Der Hochmuth […] trachtete nach falscher Verewigung; er setzte sich Zeichen und Denkmäler. Es entstanden jene Bauten, welche der Nachwelt einen Begriff der Macht zu geben hatten. [...] Die Machthaber starben; [...] ihre Bauten fielen in Trümmer. Aber selbst in diesen Trümmern blieb Jahrtausende lang das Eine, Ewige erhalten: der Himmelsschein des göttlichen Waltens, dessen Zerrbild das menschliche Streben gewesen war und heut noch ist – die Rückahnung zum Paradies, welche die Seele dieser Bauten geworden war.«[6]

So pompös diese Überlegungen auch daherkommen – der sprachliche Ausdruck von Gedanken ist Mays Stärke nie –, sie erhalten dennoch einen Hinweis auf seine Vorstellungen vom Gang der Geschichte.

Die Rückreise führt dann über die Stationen Lesbos, Istanbul, Athen, Korfu, Venedig und Bozen nach München. Da May die Angewohnheit hat, von allen Orten Postkarten zu verschicken, ist es später möglich geworden, seine Reiseroute auch illustriert darzustellen.[7]

Ende Juli 1900 trifft das Ehepaar May wieder in Radebeul ein.

Noch kurz vor dem Aufbruch zu seiner Orientreise hatte May die Nachricht von einem Ereignis erhalten, das sein Leben in den nächsten Jahren nachhaltig beeinträchtigen wird. Pauline Münchmeyer hat den Verlag ihres verstorbenen Mannes an den Verleger Adalbert Fischer verkauft.

Was May zunächst nur befürchtet hat, wird ihm mit einem Brief Fischers, der ihm nach Kairo nachgeschickt wurde, zur Gewissheit: Fischer hat den Münchmeyer'schen Verlag vor allem deswegen erworben, weil er sich von der Neuauflage der so genannten Kolportageromane Mays hohe Einnahmen verspricht. Falls der Autor, so lässt er May wissen, ihn an der Herausgabe dieser frühen Werke hindern sollte, werde er ihn auf Schadensersatz verklagen.

Fast gleichzeitig tauchen in der deutschen Presse die ersten Angriffe gegen Karl May auf. Als Schneeball beginnen sie und wachsen sich zu einer Lawine aus. Die Kampagne nimmt ihren Anfang in der *Frankfurter Zeitung*, deren Feuilletonchef Fedor Mamroth zwar einräumt, May sei ein Erzähler mit Begabung, aber bei ihm eine Mischung von »gesunder Rohheit« und einem »bigotten Christentum«[8] kritisiert. Leserbriefe, die May verteidigen, bewirken nur, dass Mamroth nachlegt. Er wirft May nun vor, dass er »auch im bürgerlichen Leben die Fiktion festhält und bestärkt, er selber habe das, was er darstellt, erlebt und vollbracht«, dadurch würden seine Phantasmen zu Unwahrheiten und seine Erzählungen unmoralisch.[9]

Schon im Frühjahr 1899 hat der *Bayerische Courier* berichtet, dass sämtliche Karl-May-Bände aus den Mittelschulen Bayerns hätten entfernt werden müssen, da sie für die Jugend gefährlich seien.

Wie es häufig geschieht, sehen nun noch eine Anzahl weiterer Journalisten in »Enthüllungen« über den bekannten Erfolgsschriftsteller ein marktgängiges Thema. Zum erbittertsten Gegner Mays wird Hermann Cardanus, Hauptredakteur der *Kölnischen Volkszeitung*, der schreibt, May spiele Jules Verne und Paulus in einer Person. Außerdem ist nun immer öfter der Vorwurf zu hören, Mays Bücher seien zutiefst unsittlich.

Wie solche Anwürfe zu bewerten sind, lässt sich an einer jener »Stellen« zeigen, die von heute aus denn doch recht harmlos und komisch erscheinen und eher unsere Lachlust als unsere Empörung wecken: »Da stand sie nun, […] vor Scham bebend und doch stolz wie eine Fürstin. Das durchsichtige Gewand ließ ihre ganze Gestalt erkennen. Denn das blendend weiße Fleisch der vollen, üppigen Formen leuchtete durch die feinen Maschen […]. Nun befühlte der Herrscher die Arme und Schenkel, die Schulter und den Busen; er betrachtete die feinen Hände und die nackten Füßchen.«[10]

1902 dann erscheint aus der Feder des katholischen Publizisten Carl Muth ein Artikel mit der Überschrift *Ein entlarvter Jugendschriftsteller*. Muth ist der Meinung, Mays Bücher seien einfach scheußlich, und zwar sowohl in literarischer wie auch in moralischer Hinsicht. Man wird Muth zubilligen müssen, dass es ihm um »gute« Jugendliteratur zu tun ist, also um Jugendbücher, die nicht nur Moral predigen, sondern auch sprachliche Qualitäten haben. Doch es gibt auch die Stimmen anderer Kritiker, aus denen nur zu deutlich der blanke Neid spricht. So die des Heimatdichters Georg Ruseler, der 1901 in einem Aufsatz sich nicht entblödet zu schreiben: »Ich will keinem Menschen Böses wünschen, aber ich gönne ihm [May] nicht weitere zehn Jahre seines arbeitsreichen Lebens.«[11]

All diese Angriffe erhalten dadurch weiteren Auftrieb, dass Adalbert Fischer zwischen 1901 und 1906 nun tatsächlich die frühen Kolportageromane Mays als »Karl Mays Illustrierte Werke« herausgibt. Langsam, aber sicher beginnt May das Etikett »Schundautor« anzuhaften.

Da hilft es auch wenig, dass er versichert, bestimmte erotisch angehauchte Passagen, die aus heutiger Sicht völlig harmlos wirken, seien gar nicht von ihm, sondern später aus Gründen des Verkaufsanreizes von fremder Hand eingefügt worden.

Mitten in seiner geistigen Umorientierung nach der Orientreise wenden sich nun auch »Literaturpäpste« gegen Karl Mays Bücher. So der Neffe Richard Wagners, Ferdinand Avenarius, Herausgeber der Zeitschrift *Der Kunstwart*, der May als Schundfabrikanten hinstellt und ihm nachsagt, er betreibe eine »Art von Volksgehirnerweichung«. Von solchen Sottisen erzürnt, begeht May den Fehler, durch ungeschickt formulierte Entgegnungen, in denen Auftrumpfen und eigensinnige Rechthaberei vorherr-

schen – sie erscheinen teilweise als Broschüren[12] –,
immer neue schlafende Hunde zu wecken.

Die geistige Umorientierung Mays spiegelt sich
äußerlich darin, dass er die »Villa Shatterhand« um-
dekoriert. Jene Utensilien, die bisher glaubhaft machen sollten, er habe selbst all jene Länder bereist,
die in seinen Erzählungen vorkommen, verschwinden. Er scheint zu entschiedener Wahrhaftigkeit entschlossen.

Nicht ohne Einfluss bleibt Mays Veränderung
auch auf sein Verhältnis zu seiner Ehefrau Emma. Er
wirft ihr später vor, für seine Gedankenwelt kein Verständnis zu haben. Sie kritisiert seine Verschwendungssucht, die darin besteht, Geld an Bedürftige zu
verschenken. Außenstehenden stellt sich der Konflikt
etwas anders dar. Viel Zeit für seine Frau kann May
bei der ungeheuren Arbeitslast der zurückliegenden
Jahre nicht gehabt haben. Tatsächlich ist die Ehe der
beiden von Anfang an problematisch gewesen. May
zeichnet in seiner von ihm selbst nicht zur Veröffentlichung bestimmten Schrift *Frau Pollmer, eine psychologische Studie* von der Persönlichkeit seiner ersten Frau Emma ein von ungezügeltem Hass und
blanker Empörung bestimmtes Bild.

Was er ihr vor allem vorwirft, sind ihr Hang zu
»Wollust und Obszönitäten«, ihre für ihn unheilvolle
Freundschaft mit der Frau seines ersten Verlegers,
Pauline Münchmeyer, ihr Mangel an Seele und Geist,

schließlich ihre angebliche Faulheit. »Sie faulenzte, sie pflegte sich, sie konnte es aushalten. Ich aber arbeitete Tag und Nacht, und es ist ein wirkliches Wunder, daß ich nicht verrückt geworden bin.«[13]

May wirft ihr auch vor, sie habe ihn mit einem jungen Menschen betrogen, wie er aus aufgefundenen Briefen erfahren habe. In diesen Briefen habe sie ihn gegenüber ihrem Geliebten verächtlich als das »Strohmännle« bezeichnet.

Emma habe sogar versucht ihn zu vergiften. »Ich sah mich von nun an gezwungen, beim Essen die größte Vorsicht anzuwenden. Ich konnte überhaupt schon fast gar nichts mehr essen und lebte nur noch von ein bißchen Milch und Obst. Die Folgen blieben nicht aus; der Verfall trat ein und nahm so rapid überhand, daß es nur noch einen einzigen Gedanken für mich gab: Entweder los von dieser Bestie, oder ich sterbe entweder an Gift oder verhungere bei lebendigem Leibe!«[14]

Man ahnt, dass dieser Explosion des Hasses jahrelang verdrängte Demütigungen vorangegangen sein müssen. Zeittypisch, aber deswegen nicht weniger peinlich ist, dass Emmas schlechte Charaktereigenschaften von May als Erb- und Milieuschädigungen erklärt werden. Seine fanatischen Anwürfe gegen Emma beleuchten »nur um so greller eigene Ängste und Verkrüppelungen«.[15]

Es ist zu vermuten, dass May in seiner Ehe nicht

die überlegene Rolle eines Old Shatterhand oder Kara Ben Nemsi gespielt hat. Auch unterschiedliche sexuelle Erwartungen scheinen ins Gewicht gefallen zu sein, über die sich May mit erstaunlicher Offenheit ausspricht. Freilich in einem Vokabular, das eher komisch wirkt: So suchte Emma angeblich mit Männern wie mit Frauen »den ungestörten und unbeschränkten Genuss alles dessen, was ihr gefiel, besonders den geschlechtlichen, den sexuellen Verkehr mit allen seinen besonderen Finessen und Delikatessen. Es empörte sie, daß ich genau so wie bei Tische auch in dieser Beziehung nur für die einfache, gesunde Hausmannskost zu haben war und alle Farcen, Saucen, Ragouts und ähnliche Dinge haßte«.[16]

Eine gemeinsame Reise kann jahrelang eingespielte Verhaltensmuster dann endgültig erschüttern. Im Orient ist May aufgefallen, dass bei Ausflügen zu Sehenswürdigkeiten Emma ein für ihn unverständliches Desinteresse zeigt, ja manchmal sogar einnickt. Dass dies mit ihrer Krankheit zusammenhängen könnte, erwägt er nicht. Von ihrer Seite hingegen fallen Bemerkungen, die ihn – und dies wohl nicht zum ersten Mal – der Feigheit zeihen.

Demgegenüber ist Klara ein Wesen, das May bald wie ein rettender Engel erscheint. Christian Heermann, einer von Mays Biographen, bringt die Situation ohne Häme auf den Punkt: »Bleibt Emma abweisend, so zeigt die fast acht Jahre jüngere Klara Plöhn nimmermüdes Interesse. May drängen sich tagtäglich solche Vergleiche auf – die mürrische, müde Emma hier, die begeisterungsfähige Klara da. Diese Erkenntnis muss in einer Zeit, da er innerlich zum Neubeginn entschlossen ist, unweigerlich Folgen für seine persönlichen Beziehungen zu den zwei Frauen haben.«[17]

Im Februar 1902 stirbt Richard Plöhn. Emma und Klara sind enge Freundinnen. Hat schon zuvor eine immer stärkere Annäherung zwischen Klara Plöhn und May stattgefunden, so wird diese Bindung nun noch enger, nicht zuletzt, da Klara als Mays Sekretärin beschäftigt wird und sie ihm jene Bewunderung entgegenbringt, die Karl von Seiten seiner Ehefrau vermisst.

Die Art und Weise, wie Emma nun eingeschüchtert und zu einer Scheidung gedrängt wird, stellt ein im wahrsten Sinn des Wortes düsteres Kapitel dar. Emma wird unter anderem in spiritistischen Sitzungen durch Stimmen aus dem Jenseits zu einer Trennung von ihrem Ehemann gedrängt und willigt, von spiritistischen Kontakten seit je überzeugt, schließlich ein.

Die gerichtliche Scheidung wird am 14. Januar 1903 in Radebeul ausgesprochen. Emma selbst ist nicht anwesend. Im Urteil wird sie zur Alleinschuldigen erklärt. Als Gründe für ihre Schuld nennt die Akte jene, die Karl May auch in seiner Autobiographie anführt: Sie habe Geld auf die Seite gebracht, das Karl May gehörte, und sie habe an ihren Mann gerichtete Geschäftsbriefe versteckt – eine Anschuldigung, die Mays Konflikt mit Adalbert Fischer, dem Verleger seiner Kolportageromane, berührt. Zudem soll sie ihn über Jahre hin beschimpft und erniedrigend behandelt haben.

Die erniedrigende Behandlung Emmas durch die Suggestionen aus dem Geisterreich dürfte in einer patriarchalisch orientierten Gesellschaft für die Richter nicht ins Gewicht gefallen sein.

Emma wird im Scheidungsurteil auferlegt, ihren Wohnsitz mindestens 100 Kilometer von Dresden entfernt zu nehmen. Sie muss den Namen May ablegen.

Nur zwei Monate nach der Scheidung heiraten Karl May und Klara Plöhn.

Emma ist 1917 geisteskrank in einer Heilanstalt gestorben.

Fünfter Exkurs
Und Friede auf Erden

Welcher Leser seiner Reiseromane, die im Wilden Westen der USA oder im Orient spielen, würde vermuten, dass Karl May sich einmal polemisch in Vorgänge der Politik und Zeitgeschichte eingemischt hat?

Und doch geschah genau dies im Jahre 1901.

Im fernen China war es 1900 zu einem Volksaufstand gekommen, der sich gegen den ausbeuterischen Einfluss europäischer Kaufleute richtete: der so genannte »Boxeraufstand«. In dessen Verlauf wurde auch der deutsche Botschafter ermordet. Der Aufstand richtete sich gegen die imperialistischen Mächte Europas und Ostasiens, nämlich England, Frankreich, Deutschland, Russland und Japan, sowie gegen Amerika. Eine gemeinsame Strafexpedition war beschlossen worden, um die aufbegehrenden Chinesen Mores zu lehren.

Das deutsche Kontingent war mit einer chauvinistisch-martialischen Rede des obersten Kriegsherrn, des Kaisers, am 27. Juli 1900 in Bremerhaven verabschiedet worden. Wilhelm II. hatte seinen Kriegern zugerufen: »Kommt Ihr vor den Feind, so wird derselbe geschlagen! Pardon wird nicht gegeben! Gefangene werden nicht gemacht! Wer Euch in die Hände fällt, sei Euch verfallen ...«

Tatsächlich hatten sich deutsche Marinesoldaten dann im Feldzug gegen die Chinesen in diesem Sinn hervorragend bewährt. In einer kritischen Situation während dieser Strafexpedition hatte der britische Oberkommandierende befohlen: »The Germans to the front!« Die Chinesen waren geschlagen und gedemütigt worden.

Zur Feier dieses Sieges, und um die Weltgeltung des Deutschen Reiches eindrucksvoll zu unterstreichen, erscheint im Sommer 1901 ein Prachtband mit dem Titel *China, Schilderungen aus Leben und Geschichte, Krieg und Sieg.* Ein Folgeband trägt den Titel *Die Wirren 1900/1901* und soll ein »Denkmal deutscher Waffen- und Kriegskunst« darstellen. Für einen dritten Band schließlich ist *Erzählendes und Anderes von und aus China* vorgesehen.

Der Herausgeber wendet sich an Karl May, der seit seinem Roman *Der blau-rote Methusalem* als Chinakenner gilt und der sich für einen Beitrag in *Kürschners Literaturkalender* selbst Sprachkenntnisse des Chinesischen angedichtet hat, und bittet ihn, ihm einen Beitrag zu liefern.

Das Ergebnis ist eine breit angelegte Erzählung mit dem Titel *Et in terra pax.* Sehr zum Entsetzen des Herausgebers unterscheidet sich der Text von Karl May grundlegend von den übrigen, auf Hurra-

Patriotismus gestimmten Beiträgen. Aber um ihn wegzulassen, ist es zu spät, denn die für Karl May vorgesehenen Seiten in dem Band lassen sich nicht so rasch durch den Beitrag eines anderen Autors füllen.

Hier kurz die Handlung der Erzählung:

Es ist Karl May selbst, der in Kairo den amerikanischen Missionar Waller und dessen Tochter Mary kennen lernt. Mary wird als begeisterte Leserin der Romane Mays geschildert, die auf ihr Bewusstsein eine positive Wirkung ausgeübt haben. Waller steht für ein militantes Christentum, das Bekehrung zu Jesus predigt und Kattun (gute Geschäfte) meint. Mary hingegen verkörpert das wahre Christentum, Liebe und Güte im Sinn der Bergpredigt. Waller, der in England eine Wette eingegangen ist, innerhalb eines Jahres in China fünfzig Chinesen zu bekehren, scheitert schon in Kairo bei Bekehrungsversuchen an Mays Diener, dem Moslem Sejd Omar, und an zwei der Lehre des Konfuzius anhängenden Chinesen.

Waller wird zum Opfer seines religiösen Fanatismus, Mekka-Pilger nehmen ihn gefangen. Er wird durch Karl May befreit, soll aber nun auch noch von seinem Starrsinn geheilt werden.

Der nächste Schauplatz des Geschehens ist Ceylon. Der fanatisch-aggressive Waller hat einen Tempel niedergebrannt und wird von Malayen gefangen gehalten. Unter der Losung »Humanität, Bruderliebe und Frieden!« brechen Karl May und Freunde zu seiner erneuten Befreiung auf. Mit von der Partie ist der zum Edelmenschen geläuterte Sir John Raffley, der mit seinem Onkel, dem Gouverneur, und seiner Frau Yin ebenfalls nach China reist, sowie ein chinesischer Arzt, Tsi.

Ein malayischer Priester, von dem sich herausstellt, dass er von Tsis Vater in die Geheimlehre der Shen eingeweiht worden ist, lässt Waller frei. Die Verdammung Marys durch ihren Vater beweist einmal mehr dessen geistige Verwirrung, von der er geheilt werden muss.

Über Singapur und Hongkong reist man mit ihm in den Norden Chinas, ins Reich Shen-kuo, das heilige Land, das utopische Reich der Geheimgesellschaft Shen, die hier die wahren Lehren des Christentums zu verwirklichen sucht. Nun soll der große Frieden zwischen Europa und Fernost ausgerufen werden: »Mylord«, erklärt der Gouverneur den Chinesen, »ich bin England und dieser etwas jüngere Gentleman ist Deutschland. Wir kommen zu Euch, um China mit aller uns möglichen Liebe und Güte zu erobern, aufrichtig und ohne Falsch.«[1]

1904 erscheint dieser Text als Band XXX der *Gesammelten Reiseerzählungen* im Verlag Fehsenfeld, erweitert um ein fünftes Kapitel mit dem Titel »Der Shen-Ta-Shi«. Und in einer Einleitung distanziert sich Karl May von dem Buch, in dem die erste Fassung erschienen ist: »Ich hatte etwas geradezu Haarsträubendes geleistet, allerdings ganz ahnungslos: das Werk war nämlich ›der patriotischen Verherrlichung des Sieges‹ über China gewidmet, und während ganz Europa unter dem Donner der begeisterten Hipp, Hipp, Hurra und Vivat erzitterte, hatte ich mein armes, kleines, dünnes Stimmchen erhoben und voller Angst gebettelt: ›Gebt Liebe nur, gebt Liebe nur allein!‹ Das war lächerlich; ja, das war mehr als lächerlich, das war albern. Ich hatte mich und das ganze Buch [gemeint ist das große Sammelwerk über China] blamiert und wurde bedeutet, einzulenken. Ich tat dies aber nicht, sondern ich schloß ab und zwar sofort mit vollstem Recht. Mit dieser Art Gong habe ich nichts zu tun!«[2]

Das neue Schlusskapitel hat folgenden Inhalt: Waller, durch ein Gedicht des Erzählers therapiert, sieht nun in Dilk, seinem Neffen, sein diabolisches Selbst wieder erstehen. In einer erbitterten Auseinandersetzung, bei der abermals die lyrischen Worte des Dichters magische Wirkung tun, siegt der Erzähler. Dilk endet im Wahnsinn und stürzt in den Abgrund. Am Ende holt die Wirklichkeit die Personen, die sich zuletzt in einer Art irrealem Raum bewegt haben, ein: Die Nachricht vom Ausbruch des Krieges gegen China trifft ein.

Gewiss ist Karl Mays Interpretation der christlichen Botschaft naiv-sentimental. Trotzdem beeindruckt er durch seinen Widerspruch gegen den militaristisch-imperialistischen Zeitgeist in Deutschland und durch seinen Pazifismus, der die Lehren des Christentums ernst nimmt und den er, ohne Rücksicht auf die sich damit verringernden Verkaufschancen für seine Bücher, bis zu seinem Lebensende unbeirrt vertreten hat. Zudem wirkt die Schlussszene von *Und Friede auf Erden* wie eine gespenstische Prophetie des ersten großen Völkermordens im zwanzigsten Jahrhundert, des 1914 ausbrechenden Ersten Weltkriegs.

Karl Mays geistige Umorientierung nach der Orientreise zeichnet sich nun also auch in der Handlung seiner Bücher ab. Seine Verleger jedoch sind darüber alles andere als glücklich, denn sie spüren bald, dass seine bislang treue Leserschaft diesen Kurswechsel nicht mitmachen und sich, wenigstens teilweise, abwenden wird.

IX.
Prozesse – und die Reise nach Amerika

»Ich höre, dass Karl May der Öffentlichkeit
so lange als guter Jugendbuchautor galt, bis
irgendwelche Missetaten aus seiner Jugend bekannt
wurden. Angenommen aber, er hat sie begangen,
so beweist mir das nichts gegen ihn – vielleicht
sogar manches für ihn. Jetzt vermute ich in ihm erst
recht einen Dichter.«

Heinrich Mann

In den Jahren nach seiner Rückkehr aus dem Orient
fühlt sich Karl May wie von Furien verfolgt. Die Ursache dafür liegt vor allem beim Verleger Adalbert
Fischer. Er hat inzwischen mit seiner Ankündigung
Ernst gemacht und die frühen Kolportageromane auf
den Markt gebracht. Nun erscheinen sie nicht wie bei
ihrer Erstveröffentlichung unter Pseudonym, sondern
dem Namen Karl May.

Zwar erlangt May 1902 ein Gerichtsurteil, demzu-
folge Fischer nur noch die bereits begonnenen Serien
komplettieren, aber keinen Nachdruck mehr veröffentlichen darf. Dann aber schließt er mit Fischer einen für ihn, May, letztlich ungünstigen Vergleich.

Fischer wird bescheinigt, er habe beim Kauf des Münchmeyer'schen Verlages in gutem Glauben gehandelt und die Kolportageromane rechtmäßig erworben. Er darf sie also weiterdrucken, verspricht seinerseits lediglich für die Ausmerzung jener »anstößigen Stellen« zu sorgen, die in die Urfassungen – von wem auch immer – eingefügt worden sind. May trägt für diese Korrekturen die Kosten.

Warum sich May auf einen solchen Vergleich einlässt, ist nicht schwer zu erraten. Er fürchtet, anderenfalls werde Fischer, der um seine Vergangenheit weiß, seine Vorstrafen publik machen.

Jetzt aber verklagt Karl May Pauline Münchmeyer, da er offensichtlich bei den Abrechnungen über den Verkauf der seinerzeit recht erfolgreichen Kolportageromane betrogen wurde. Die Rechtslage ist in diesem Fall schwierig, weil keine geschriebenen Verträge vorliegen.

Durch den Rechtsstreit um die Kolportageromane werden die nach Sensationsmeldungen suchenden Journalisten nun aber doch auf Mays Vorstrafen aufmerksam. Er hat diese Querelen in den beiden Schlussbänden von *Im Reiche des silbernen Löwen* verschlüsselt dargestellt. Zu bewundern ist, wie kunstvoll ihm die »Übersetzung« von letztlich privaten Vorfällen aus der Realität in die Fiktion gelungen ist.

Zwar gewinnt Karl May schließlich auch den Prozess gegen Pauline Münchmeyer durch alle Instanzen, und seiner Prozessgegnerin wird auferlegt, die Honorare für jeweils 20000 Exemplare nachzuzahlen. Bis es aber zu einem rechtskräftigen und vollstreckungsfähigen Urteil über die an May zu leistende Entschädigung in Höhe von 60000 Mark kommt, ist er nicht mehr unter den Lebenden. Zudem löst dieser Rechtsstreit mit Pauline Münchmeyer eine ganze Kette weiterer Prozesse aus, die für May höchst kränkend verlaufen werden. Als es dem Münchmeyer-Anwalt 1903 gelingt, das Gericht zu veranlassen, die alten Strafakten über May anzufordern, ahnt dieser, was auf ihn zukommen wird. Er erkrankt schwer. Bei hohem Fieber und Herzschwäche kommt er dem Tode nahe.

In jene Zeit fällt auch Mays Kontakt mit dem Maler Sascha Schneider, in dessen etwas schwül wirkendem Symbolismus er eine Geistesverwandtschaft zu entdecken meint. Schneider soll für Mays künftige Veröffentlichungen die Buchumschläge gestalten. Damit will Karl May auch dem Eindruck der Öffentlichkeit entgegentreten, er sei »nur« ein Jugendbuchautor.

In diesem Jahr 1903 setzt der Benediktiner Willibrord Beßler in der Zeitschrift *Stern der Jugend* das Gerücht in die Welt, Karl May befinde sich in einer Irrenanstalt, täusche aber sein Irresein nur vor.

Im Folgejahr beginnt für Karl May die aufreibendste publizistische und juristische Auseinandersetzung seines Lebens, jene mit dem Journalisten Rudolf Lebius. Doch bevor ich darauf eingehe, soll zunächst von seiner wahrscheinlich einzigen Amerikareise die Rede sein.

Es hat Gerüchte gegeben, dass Karl May sich schon von Dezember 1862 bis Herbst 1863 in Amerika aufgehalten haben könnte und zwischen September und November 1864 durch die Schweiz, Südfrankreich und Nordafrika gereist sei. Diese Vermutungen gehen auf Carl Traugott Urban (1843–1919) zurück, der seinem Sohn Gustav Urban (1884–1969) erzählt haben soll, er habe May in der fraglichen Zeit in der Schweiz getroffen.

Auch will Carl Urban 1864 in Zürich einen Vortrag Mays über seine Reiseeindrücke in Amerika gehört haben.[1] Mag sein, dass er einen solchen Vortrag gehalten hat. Aber der Leser weiß inzwischen genug über Karl Mays Fähigkeiten, anderen etwas als Realität zu verkaufen, was in Wahrheit seine Erfindung ist. Jedenfalls gibt es keine stichhaltigen Belege für eine frühe Amerikareise.

Die einzige nachgewiesene USA-Reise fällt in den Spätsommer des Jahres 1908. May hat eine schlimme Zeit hinter sich. Im April 1907 hat Pauline Münchmeyers Anwalt Gerlach gegen May und verschiedene Zeugen Anzeige wegen Meineids erstattet, um so den für seine Partei ungünstigen Ausgang des Prozesses im letzten Moment noch abzuwenden.

Im Laufe der Ermittlungen ist es auch zu einer Hausdurchsuchung in der »Villa Shatterhand« gekommen. Schriftstücke Mays sind beschlagnahmt worden. Zeitweilig haben die Behörden sogar eine Briefsperre über May verhängt. Es dauert schließlich bis zum 1. Januar 1909, ehe die Anklage wegen Meineides völlig entkräftet ist und die Verfolgung der Beschuldigten eingestellt wird. Dass Gerlachs Anzeige haltlos ist, steht allerdings schon im Herbst 1908 fest. So kann die von May seit längerem geplante Amerikareise nun endlich angetreten werden.

Zweck der Reise ist ein Besuch bei seinem Jugendfreund Pfefferkorn in Lawrence, Neu-England. Pfefferkorn hat schon dafür gesorgt, dass der Auftritt des Großschriftstellers durch die Anschaffung von dreißig Bänden Karl May in der Stadtbibliothek von Lawrence entsprechend vorbereitet wird. Bemerkenswert ist, dass May kein Bedürfnis hat, die Landschaften, in denen seine Romane spielen, aufzusuchen. Er reist vielmehr wie ein typischer Tourist seiner Zeit und folgt den Vorschlägen des *Baedeker*, des bekanntesten Reiseführers.

Man kann aus den Zeugnissen und Dokumenten[2] ersehen, wie sich Anfang unseres Jahrhunderts eine Reise von Deutschland in die Vereinigten Staaten abgespielt hat; auch sind die Stationen und Erlebnisse im Roman *Winnetou IV* von Bedeutung. (May hat schon vor Antritt der Reise geplant, einen Band unter dem Titel *Das Testament des Apachen* zu schreiben.)

Die Reise beginnt am 2. September 1909, nach gut achtstündiger Bahnfahrt von Dresden kommend, in der Hansestadt Bremen, wo das Ehepaar May auf der Geschäftsstelle des Norddeutschen Lloyd die bestellten Schiffsbillets abholt. In Bremerhaven übernachtet man in dem noch heute in gutem Ruf stehenden »Löhr's Hotel«.

Am Morgen des 5. September gehen die Mays an Bord des Doppelschrauben-Dampfers »Großer Kurfürst«. Sie belegen eine Kajüte 1. Klasse. Für die Überfahrt sind je nach Klasse zwischen 240 und 800 Mark zu entrichten. May beherzigt den brieflich übermittelten Rat Pfefferkorns, dem Steward das Trinkgeld gleich zu Anfang der Reise zu geben. Man werde dann zuvorkommender behandelt. An Bord reisen in der 1. Klasse 144 Personen, in der 2. Klasse 281, in der 3. Klasse 2373 Passagiere; hinzu kommen 273 Mann Besatzung. Der »Große Kurfürst« ist mit einer Geschwindigkeit von sechzehn Knoten in der Stunde für damalige Verhältnisse ein eher langsames Schiff. Die Fahrtroute führt durch den Englischen Kanal, vorbei an Dover zur Isle of Wight. Cherbourg wird angelaufen. Am 6. September erreicht das Schiff den offenen Atlantik. May gehört an Bord durchaus zur hofierten Prominenz. Er schließt Bekanntschaften mit einem Großkaufmann, einem Musikwissenschaftler, einem Rechtsanwalt und einem amerikanischen Millionär. Die Herstellung von Gruppenfotos ist üblich. Obwohl May zu diesem Zeitpunkt Fotoaufnahmen eher unangenehm sind, entstehen zahlreiche Bilder.

Vor dem Rettungsring des Schiffes, vor dem ihn Klara allein aufnimmt, wirkt er wie ein alter Seebär. Am 14. September um 4 Uhr früh kommt in der Einfahrt von New York die Freiheitsstatue in Sicht. Auch sie hält Klara May in einem etwas unterbelichteten Bild fest. Landeplatz der Überseepassagierdampfer ist Hoboken, am Westufer des Hudson. Mit der Christopher-Street-Fähre setzt das Ehepaar nach Manhattan über und gelangt mit einem Mietfuhrwerk zum Broadway.

Die Mays bleiben vier Tage in New York. Sie wohnen im »Continental Hotel«, Ecke Broadway und 20. Straße, nahe dem heute noch stehenden Flat Iron Building. An Sehenswürdigkeiten wird besichtigt, was der *Baedeker* bei beschränkter Zeit empfiehlt.

Fortbewegungsmittel für Touristen durch eine Stadt mit großen Entfernungen ist die Pferdedroschke oder die elektrische Droschke auf dem Broadway, zudem das Auto und die Dampfyacht, mit der die Mays eine Fahrt um Manhattan herum unternehmen. Auf einem Fußgängerweg überquert Karl May die

Brooklyn Bridge und genießt eine Aussicht, die laut *Baedeker* kein Besucher versäumen sollte. Besonders interessiert er sich für die völkerkundlichen Exponate des »Museum for Natural History«, auf der Westseite des Central Parks. Der Direktor Ralph Winfred Tower lässt es sich nicht nehmen, den Schriftsteller aus Deutschland selbst herumzuführen, und verehrt ihm zum Abschied seine eigenen Publikationen, »wunderbare Werke über Indianer und ihre Kultur«. Klara May kauft zur Komplettierung der heimischen Bestände allerlei indianische Gegenstände bei Indian Exhibits Co. (138 West 42. Straße) ein.

Von New York reist das Paar am 19. September mit dem Dampfer »New York« auf dem Hudson River nach Albany, eine Fahrt von neun Stunden. Die Mays bewohnen eine der wenigen teuren Privatkabinen an Bord und genießen von einem Balkon aus die vorbeiziehende Landschaft, eine Gegend voller literarischer Reminiszenzen. Sie halten Ausschau nach Washington Irvings Wohnhaus »Sunnyside« in Irvington, das vom Schiff aus kaum zu sehen ist. Irving gilt als der Autor, mit dem die selbständige Literatur der USA beginnt. Seine die Folklore des Hudsontales und des Staates New York aufgreifenden und paraphrasierenden Erzählungen erinnern daran, dass die ersten Europäer, die sich hier niederließen, Holländer waren. So geht etwa der Flussname des Spuyten Devil Creek, dessen Einmündung man noch vor Yon-

kers passiert, auf den prahlerischen Holländer An-
thony van Corlaer zurück; der hatte geschworen, den
Fluss zu durchschwimmen, dem Teufel zum Trotz,
»en spuyt den duyvil«, und ertrank dabei.[3] Auch an
James Fenimore Cooper, dessen Mohikaner einst in
den Catskills umherstreiften, dürften sich die Mays
erinnert haben.

In Albany bleibt das Ehepaar drei Tage. Es wohnt
in einem Hotel, das über 100 Zimmer mit Bad und
175 mit fließendem Wasser verfügt. Von hier aus unternimmt man mit der Pferdekutsche einen Ausflug
auf den Spuren des Dichters Henry Wadsworth
Longfellow (1807–1882), dessen Indianerversepos
Hiawatha May wohl seit seiner Seminarzeit bekannt
war. Das Motiv des Gedichtes *The Cross of Snow*,
das Longfellow seiner verstorbenen Frau widmete
und von einem Berg in Colorado mit einem Kreuz
am Abhang inspiriert war, gerät via einer Postkarte,
die Karl May in den USA ersteht und an Sascha
Schneider schickt, später auf das Titelbild der Erst-
ausgabe von *Winnetou IV*. Es erscheint dort, offenbar
von toten Seelen umschwebt, über dem Lager eines
Toten, bei dem es sich wohl um Winnetou handeln
soll. Darunter ist zu lesen: »In hoc signo vinces?!«
(»In diesem Zeichen siegst du?!«).

Ein Abstecher führt die beiden Reisenden zu einer
Siedlung der Shaker, zehn Kilometer nordwestlich
von Albany. Deren Gründerin, Mother Anne Lee,

hatte während ihres Gefängnisaufenthalts 1772 die Vision einer friedlichen, utopischen Gesellschaft in der Neuen Welt. Angeblich hatte sich Gott ihr in männlicher und weiblicher Gestalt offenbart. Diese Legende dürfte May stark beeindruckt haben. Sie passt so recht in seine Gedankenwelt zu dieser Zeit.

Von Albany geht es am 22. September 500 Kilometer weiter nach Westen zum Lake Erie, nach Buffalo, wahrscheinlich mit der »New York Central & Hudson River Railroad« im Salonwagen durchs Mohawktal, ursprünglich die Heimat des Irokesenstammes.

In Buffalo, an der Mündung des gleichnamigen Creek, dreißig Kilometer von den berühmten Niagarafällen entfernt, beeindruckt May das Denkmal des Seneca-Häuptlings Sa-go-ya-wat-ha. Der hieß mit englischem Namen Red Jacket, war ursprünglich ein entschiedener Gegner des Christentums, näherte sich aber unter dem Einfluss seiner zweiten Frau schließlich doch der Religion des weißen Mannes an. May dürfte darin eine Bestätigung seiner Figurenkonstruktion in *Winnetou III* gesehen haben. Auch der Apachenhäuptling wird vor seinem Tod ein Christ. Die entsprechende Textstelle, nachdem unser Held von einer feindlichen Kugel getroffen worden ist, lautet: »Scharlih, ich glaube an den Heiland. Winnetou ist ein Christ. Lebe wohl!«[4]

Am 24. September erreichen die Mays die Niagarafälle, an denen sie sich über zehn Tage aufhalten und die, wie Klara May später schreibt, »besonders im Mondschein von bezaubernder Schönheit sind«.[5] Sie wohnen im »Clifton Hotel« und besuchen von dort aus eine Reservation der Seneca, in der 3000 Indianer unter recht erbärmlichen Verhältnissen hausen. Klara kauft dabei indianische Kleidungsstücke, Kopfschmuck und Friedenspfeifen.

In einem Abteil mit dazugehörigem Schlafraum fahren die beiden am 4. Oktober um 19.25 Uhr in Buffalo ab und kommen am anderen Morgen um 10 Uhr auf der North Union Station in Boston an. In dieser Stadt, die in der Geschichte der USA eine so wichtige Rolle gespielt hat, sehen sich die Mays einen Tag lang um und werden dann von Ferdinand Pfefferkorn mit dem Auto abgeholt. Bis nach Lawrence, einer Industriestadt am Merrimac River mit Baumwollfabriken und damals 80000 Einwohnern, sind es von Boston aus rund fünfzig Kilometer.

Dr. Pfefferkorn ist ein Mann, der voll und ganz hinter seinem Schriftstellerfreund steht. In Reaktion auf die Anfeindungen, denen Karl May in den letzten Jahren in der alten Heimat ausgesetzt gewesen ist, hat er ihm geschrieben: »Mögen Deine Feinde gegen Dich wüthen, toben, mögen sie alte Jugendfehler, deren wir ja alle haben, hervorholen und sie als Waffe gegen Dich gebrauchen, sie werden doch machtlos verschwinden, während Du und Deine Werke immer mehr an Achtung gewinnen und ein Schatz für die

Seligen bleiben, der nie vergeht. Christus wurde gemartert, weil er die Wahrheit predigte, Du wirst verfolgt, weil Du die Wahrheit schreibst. Aber die Nachwelt wird sie wie Christus vergöttern, so wird sie Dich und Dein Werk ehren.«[6]

Diese Worte sind gewiss Balsam für Mays Seele gewesen. Zudem hat Pfefferkorn, der als Arzt in der Stadt Ansehen genießt, dafür gesorgt, dass May in Lawrence in allen Ehren empfangen und mit einem Willkommensgruß im deutschen Lokalblatt gewürdigt wird. Überdies ist sichergestellt, dass Herr Dr. Karl May, »ein Mann, dessen Namen nicht nur in Deutschland mit Verehrung ausgesprochen wird, sondern in der ganzen Welt«, sich vor der deutschen Kolonie von Lawrence eindrucksvoll in Szene setzen darf. Die deutschen Gesangvereine bringen ihm eine Serenade dar und es findet ein geselliges Zusammensein mit den Honoratioren der deutschen Kolonie statt.

Höhepunkt des Aufenthalts von May ist ein feierlicher Vortragsabend, den der »Deutsch-Amerikanische National-Bund« vorbereitet hat. Er findet am 18. Oktober, einem Sonntagabend, in der Turnhalle von Lawrence statt. Das Thema lautet höchst anspruchsvoll: *Drei Menschheitsfragen: Wer sind wir? Woher kommen wir? Wohin gehen wir?*.

Fünf Gesangvereine treten zur Umrahmung auf, der Andrang ist so groß, dass der Straßenbahnverkehr in der Stadt zum Erliegen kommt. Eröffnet wird der Abend mit dem Choral *Dies ist der Tag des Herrn!*. Nach einer zweistündigen Rede Mays – auf Honorar hat er, wie der Zeitungsbericht über die Veranstaltung ausdrücklich erwähnt, verzichtet – zeichnet ihn der Vorsitzende des Turnvereins mit der goldenen Ehrennadel aus.

Alles in allem offenbar eine Orgie der Heimattümelei! Aber das war wohl genau das, was sich zu jener Zeit jeder erwartete, der eine solche Veranstaltung besuchte. Dass May sein Publikum begeisterte, dürfen wir gewiss glauben. Er war ein guter Redner. Allein die Tatsache, einen bekannten deutschen Schriftsteller sprechen zu hören, mag die in der Stadt ansässigen Deutschen begeistert haben. Von der Pressekampagne in der alten Heimat war nichts über den Großen Teich gedrungen. Allerdings ist schwierig zu rekonstruieren, was Karl May in seinem Vortrag eigentlich gesagt hat. In seinem Nachlass fanden sich lediglich einige Notizen und Stichworte. Man weiß aber, dass May den berichtenden Zeitungen, dem *Deutschen Herold* und der *Post*, das Manuskript seiner Rede zur Verfügung stellte, das diese dann mehr oder minder gekürzt, aber doch weitgehend wörtlich wiedergaben.

In seiner Rede scheint May vor allem versucht zu haben, so etwas wie seine persönliche mystisch-spirituelle Anthropologie zu entwickeln, seine Vorstellung vom Sinn des Menschen. Das hört sich dann, wiedergegeben durch den *Deutschen Herold*, so an:

»Die Erde ist eine Materialisation des göttlichen Willens. Sein Geist hat sich in Seele, sodann in Kraft und endlich in Stoff verwandelt. Auf demselben Weg hat der Stoff die Aufgabe, als Kraft, als Seele, als Geist zu Gott zurückzukehren. Diese Rückkehr zu Gott, diese Dematerialisation, nennen wir das Leben. Die vier Stufen dieser Heimkehr zum Schöpfer, zum Vater, nämlich Stoff, Kraft, Seele, Geist, stellen sich der Reihe nach im Stein, in der Pflanze, im Thier, im Menschen dar. Die Schöpfung ist noch nicht vollendet. Der Mensch ist also noch kein ganz fertiges, sondern ein erst noch werdendes Geisteswesen. Er kommt aus Gott und hat zu Gott zurückzukehren, gleich viel, ob er an ihn glaubt oder nicht und ob er ihn als Gott oder als Anderes bezeichnet.«[7]

Im Mittelpunkt der Rede steht das so genannte Droschkengleichnis:

»Der Wagen ist der an sich todte, materielle Theil des Menschen, also der Leib. Das Pferd ist die vorgespannte Kraft, durch welche der Wagen, der Leib Bewegung erhält. Wir nennen diese Kraft beim Menschen die Anima. Der Kutscher ist die Seele. Sobald er den Bock bestiegen hat und zum Zügel und zur Peitsche greift, ist das ganze beseelt und kann zu arbeiten beginnen, bringt aber noch nichts ein. Die Fahrgäste, welche einsteigen, bilden aus der Seele den

Geist, aus dem dienstbaren Kutscher den freien Selbstbesitzer des Wagens. Sie bezahlen. Ein niedriger Geist, der den Wagen besteigt, zahlt wenig, ein höherer mehr, ein sehr hoher überreichlich viel. Der Kutscher, der die Seele, die einen Schiller oder Göthe, einen Kant, einen Raphael Sanzio oder gar einen Jesus Christus fährt, wird mit so großen geistigen Schätzen bezahlt und belohnt, daß sie sehr bald zu geistiger Selbständigkeit gelangt und nicht mehr nöthig hat, in fremdem Sold zu fahren. […] Der Mensch hat zwar eine eigene Seele, aber zunächst keinen eigenen Geist. Dieser entsteht erst nach und nach dadurch, daß sich die Seele in der Schule des Lebens zum Geist entwickelt.«[8]

May sagt hier offenbar viel über sein eigenes Bewusstsein aus. Und er überträgt Symbole, die er aus den eigenen Lebenserfahrungen ableitet, ins Allgemeingültige:

»[Der Redner] wies nach, dass auch die Völker sich von der Materie zur Kraft (Anima), zur Seele, zum Geist entwickeln, indem sie nach und nach vom Staate der nahen Gewalt zum Staate der Humanität emporsteigen.«[9]

Der Vortrag gipfelt in der Aufforderung, »das Deutschtum in Amerika müsse an der Spitze der Bestrebungen« stehen, »den Staat der Gewalt in einen Staat der Menschlichkeit zu verwandeln«.[10]

Auch wenn der May-Biograph Hermann Wohlgschaft in diesem Gedankengebäude Anklänge an den Neuplatonismus sieht, handelt es sich dabei doch um naives Philosophieren. Und ganz allein aus sich selbst heraus dürfte Karl May diese Gedanken nicht geschöpft haben. Letztlich laufen seine Ausführungen auf die Behauptung hinaus, am deutschen Wesen müsse die Welt genesen; freilich meinte er dies nicht im Sinne chauvinistischer Deutschtümelei, sondern im Sinne einer Absage an die Gewalt, wobei Deutschland mit gutem Beispiel vorangehen sollte.

Nicht nur die Blätter der deutschsprachigen Bevölkerung berichten über Mays Vortrag. Auch die *Evening Tribune* würdigt das Ereignis unter der Schlagzeile »World Renowned Writer Claims That the United States Must Become the Great World Power Which God and Nature Has Destined it to Be.«

Von Lawrence aus unternehmen die Ehepaare May und Pfefferkorn mehrere Ausflüge in die nähere und weitere Umgebung. Viele Szenarien und Landschaftsstrukturen, die sie dabei kennen lernen, werden im nächsten Roman, in *Winnetou IV*, auftauchen, dann freilich in den amerikanischen Westen versetzt, den May allerdings nicht besucht hat, auch wenn er dies später behaupten wird. Seine Ehefrau hat nach seinem Tode diese Behauptung aufrechtzuerhalten versucht. Diese Legende ist inzwischen von den Karl-May-Forschern eindeutig widerlegt worden.

Im Haus der Pfefferkorns nehmen die Mays auch

wieder an spiritistischen Sitzungen teil. Man wird sich erinnern: Schon 1895 ist es Pfefferkorn gewesen, der bei seinem Besuch in Deutschland May und seine erste Frau und deren Freundinnen, zu denen damals auch Klara gehörte, mit dem Spiritismus bekannt machte.

Überhaupt hat dieser Dr. Pfefferkorn auch seine fragwürdigen Seiten. Klara May behauptet in ihren Erinnerungen, er sei ein »gesuchter und wohlhabender Arzt« gewesen, der, nachdem er in den USA nach seiner Einwanderung Fuß gefasst, »mit eisernem Fleiß studiert und ein glanzvolles Doktorexamen bestanden« habe. Nach neueren Erkenntnissen von Dieter Sudhoff scheint es Wunschdenken gewesen zu sein, das Klara May bei diesen Aussagen die Feder geführt hat.

Pfefferkorn stammte wie May aus einer Weberfamilie. Er hatte sich in den USA zunächst als Barbier niedergelassen und ist später im Adressbuch von Lawrence als »physician« verzeichnet. Wahrscheinlich hat er eine homöopathische Praxis unterhalten. Auch Klara May berichtet, er habe seinen Plan aufgegeben, im Alter nach Deutschland zurückzukehren, weil er gehört habe, er werde dort als »Kurpfuscher« angesehen.[11] Insofern gab es zwischen Karl May und dem angeblichen »Doktor« Pfefferkorn durchaus Ähnlichkeiten, die das Verständnis füreinander gefestigt haben dürften.

Die Mays fahren in Neu-England ans Meer, zum Nugget Hill, in »stille feierliche Wälder« und zum Kanubysee. Mit den in den Cooper-Romanen geschilderten Zuständen ist es dort längst vorbei. Inzwischen fallen nämlich in einen dort aufgebauten Vergnügungspark am Wochenende Scharen von Besuchern ein und es gibt sogar schon eine Straßenbahn, die sie zum »sightseeing« transportiert.

Noch während May Eindrücke für sein *Winnetou*-Finale sammelt, ziehen düstere Wolken auf. Aus Deutschland hört er, dass seine Widersacher nicht müßig sind. Und die Familie Pfefferkorn wird von einem Todesfall betroffen. Wilhelmine Ebert, Ferdinand Pfefferkorns Schwester, stirbt an einer Lungenentzündung.

Die Mays unternehmen einen letzten Ausflug, diesmal auf den Spuren einer berühmten Kollegin. Sie fahren nach Andover in Massachusetts, wo die Autorin von *Onkel Toms Hütte* lange Jahre gelebt hat und auch begraben liegt. Ihr Ehemann hat dort als Professor für Bibelkunde an einem Predigerseminar gelehrt. Man vermutet, dass May das Buch von Harriet Beecher Stowe (1811–1896) als Seminarist in Waldenburg gelesen hat. Die geschickte Mischung – eine sozialkritisch-humanitäre Botschaft, die durch eine melodramatische Handlung transportiert wird – dürfte ihm gewiss gefallen haben.

Merkwürdig freilich, dass in Mays Amerika-Romanen die Rassendiskriminierung der Schwarzen nie thematisiert wird. Man kann nur darüber spekulieren, ob dies aus einem sicheren Instinkt für den Publikumsgeschmack im Deutschen Kaiserreich geschah oder weil darüber in der Literatur, aus der May seine Informationen bezog, nichts zu lesen stand.

Am Samstag, dem 24. Oktober 1908, sind die schönen Tage von Lawrence zu Ende. Die Mays fahren von der North Union Station in Boston mit der Bahn zur Central Station in New York, eine Reise, die zu dieser Zeit etwa einen halben Tag dauert. Sie quartieren sich diesmal in Hoboken in der Nähe der Docks des Norddeutschen Lloyd ein.

Lange ist angenommen worden, das Ehepaar sei erst am 24. November auf der »Kronprinzessin Cecilie« nach Europa zurückgereist und habe sich dann noch einige Zeit in London aufgehalten. Für Karl May und Klara May gab es einen guten Grund, diese Version zu nähren: Es sollte der Eindruck entstehen, Karl May sei in jenem Monat doch noch in den Wilden Westen gefahren.

Noch 1932 versucht Klara May in ihrem Erinnerungsbuch *Mit Karl May durch Amerika* diesen Eindruck zu erwecken, freilich nicht ohne sich auch eine Rückzugslinie aufzubauen:

»Karl May lebte in einer Traumwelt in seinen aus Wahrheit und Dichtung zusammengesetzten Büchern. Außerhalb dieser Bücher gab er nicht gern und auch dann nur unbestimmte Antwort auf diesbezügliche Fragen. Er trat aus der Welt, die er sich selbst geschaffen hatte, ungern heraus, auch mir gegenüber. Ich hatte das bald erkannt und lernte, mich drein zu fügen und meiner Neugier Zügel aufzulegen. So war es auch bei unsrer Reise 1908. Er hatte sich entschlossen, mich im Clifton-House zurückzulassen und für einige Wochen allein weiterzureisen. Wohin? Zu den Apatschen! Und wohin sonst? Mit Kummer bekenne ich, dass ich es nicht mehr genau weiß. Wohl hat er mir von dieser Weiterreise mehrfach geschrieben und auch viel erzählt, aber alles das verwob sich später mit seinen Wunschträumen, die in seinem Roman *Winnetous Erben* Ausdruck fanden, und es ging mir schließlich wie ihm selber: Ich wusste Wirklichkeit und Phantasie nicht mehr genügend zu trennen.«[12]

Tatsächlich dürfte das Ehepaar May schon am 27. Oktober mit der »Kronprinzessin Cecilie« von New York ausgelaufen sein. Gebucht haben sie eine Kabine 1. Klasse Oberdeck, backbords. Es ist ein schönes und seetüchtiges Vierschornsteinschiff: Gewisse Luxussuiten sind von Innenarchitekten des Jugendstils wie Richard Riemerschmidt und Josef Maria Olbricht gestaltet worden.

Entgegen ihrer eigenen Darstellung scheinen die Mays auch nicht das Schiff in Plymouth verlassen und dann nach einer sechsstündigen Zugreise London besucht zu haben. Sie sind offenbar an Bord geblieben und am 3. November in Bremerhaven angekommen. Demnach hätten sie am 3. oder 4. November wieder Radebeul erreicht.

Die Reise nach London scheint dagegen Ende November, Anfang Dezember stattgefunden zu haben. Jedenfalls geht um diese Zeit ein Regen von Ansichtspostkarten auf Freunde und Bekannte in Deutschland nieder. Viele sind am 1. Dezember 1908 in London aufgegeben und sollen offenbar den Eindruck erwecken, man sei eben aus Amerika zurückgekommen und habe in der britischen Hauptstadt eine Zwischenstation eingelegt.

Zurück in der Heimat sieht sich May sofort mit neuen Angriffen konfrontiert. Diesmal hat in mehreren Artikeln in *Germania*, dem Blatt der katholischen Zentrumspartei, ein Dr. Paul Rentschka, Kaplan an der Dresdner Hofkirche, ihn wegen der bedenklichen Tendenz in *Und Friede auf Erden* angegriffen. Man kann sich vorstellen, dass dem gewiss konservativen Herrn Kaplan die Kritik des Autors an einer überheblichen und doppelzüngigen Religiosität missfallen hat. May wendet eine Taktik an, die er in letzter Zeit schon öfter zur Neutralisierung von Gegnern minderer Gefährlichkeit benutzt hat. Er schlägt dem Hofkaplan vor, er wolle sich mit ihm treffen, man könne doch einmal über alles reden.

Gleich nach Weihnachten setzt sich Karl May

dann an das *Winnetou IV*-Manuskript. Aus einem Brief an einen seiner Verleger, den Kommerzienrat Karl Pustet, erfährt man, dass er nicht nur reiche Anregungen zu neuen Büchern von seiner Reise in die Neue Welt mitgebracht hat, sondern dass er dort auch gefährlich erkrankt ist: »Ich zog mir da drüben eine Verletzung zu, die ich nicht beachtete. Sie wuchs sich aber infolge der ungewöhnlichen Reiseanstrengungen so schnell und gefährlich aus, daß ich, um mein Leben zu retten, mich hier in Dresden kurz vor Weihnachten operieren lassen mußte. Man schnitt mir ein großes Stück Fleisch aus der Brust. Nun sitze ich hier, in Bandagen bis an den Hals gewickelt.«[13]

Es handelt sich offenbar um einen Abszess, der durch einen Stoß verursacht und falsch behandelt worden war.

Karl May hat in seinen letzten Lebensjahren auf Außenstehende psychisch und physisch angegriffen gewirkt. In zwei Augenzeugenberichten erscheint er als ein »nahezu gebrochener Mann, der die Einsicht in die deprimierende Situation jedoch mit stiller Beharrlichkeit abwehrt«.[14]

Der Maler George Grosz schreibt in seinen Lebenserinnerungen über einen Besuch bei May und dessen Wirkung auf ihn: »Die Augen waren hellblau, wie mit Weiß gemischt, und tränten in den Ecken, als seien sie in den Wind oder in den Zug gekommen. Nichts Furcht Einflößendes, schrecklich Blondes war um diesen Herrn, aber auch nichts besonders Anziehendes. Man hatte den Eindruck, er sei innerlich voll Ruhe, Heimlichkeit und Vorsicht gewesen. Er schien bestrebt, leiser aufzutreten als gewöhnliche Menschen [...]. Etwas Kühles, leicht Frierendes war auch um ihn, gewissermaßen als stünde er immer im Winde und fröre.«[15]

Egon Erwin Kirsch, der »rasende Reporter«, sucht May auf, um ihn über die Auseinandersetzung um seine Person zu interviewen. Er merkt im letzten Satz seines Berichts einen heftigen Hustenanfall bei May an und schreibt, sein Lächeln sei vom hippokratischen Zug erbarmungslos durchgestrichen worden.[16]

Sechster Exkurs
Winnetou IV

>»Das eigentliche Thema in *Winnetou IV*
>ist die Befreiung des Menschen aus seiner
>Verstrickung in persönliche Schuld und in
>überpersönliche Schuldzusammenhänge.«

Hermann Wohlgschaft

Dieser letzte Band der *Winnetou*-Romane ist inspiriert von den Eindrücken, die Karl May auf seiner Amerikareise im Jahr 1908 gesammelt hat. Auch dieser Band sollte fortgesetzt werden, und zwar plante May gleich im großen Stil sechs bis acht Bände, ein Plan, der aber nicht mehr zur Ausführung kam.

Von der Kritik ist auf die merkwürdige Zwitterstellung des Textes hingewiesen worden, der von seinem Charakter her zwischen den Reiseromanen und dem mystisch angehauchten Spätwerk steht. Was damit gemeint ist, zeigt ein kurzer Blick auf die Handlung:

Der Erzähler erhält eine Reihe von Briefen aus den USA von Indianerhäuptlingen, die ihm seine als »Schätzle« eingeführte zweite Frau Klara vorliest. Er wird zu einem Kongress aller Indianer am Mount

Winnetou eingeladen: Es soll über eine steinerne Kolossalstatue, die an den toten Winnetou erinnert, beraten werden. Karl May kam diese Idee vermutlich beim Anblick der Freiheitsstatue oder des Denkmals des Häuptlings Sa-go-ya-wat-ha, das die Mays in Buffalo sahen und das Klara May in einem Foto festhielt, eventuell auch durch Abbildungen der in den Felsen gehauenen Köpfe der amerikanischen Präsidenten in den Rocky Mountains.

Bei Karl May alias Old Shatterhand in Radebeul taucht nun ein gewisser Hariman Enters auf, der sich um die Rechte für eine amerikanische Ausgabe der *Winnetou*-Romane bemüht. Es stellt sich heraus, dass es sich in Wirklichkeit um einen der beiden Söhne Santers handelt. (Der Familienname wird hier merkwürdigerweise »Sander« geschrieben.) Während Hariman die bösen Taten seines Vaters wieder gutmachen will, plant der andere Sohn, Sebulon, Old Shatterhand an die Feinde der Apachen auszuliefern, die gerade einen Kriegszug vorbereiten.

Im Wilden Westen belauscht Old Shatterhand an der »Teufelskanzel« die Verschwörung der Häuptlinge jener Stämme, die sich zum Kriegszug gegen die Apachen zusammengefunden haben. An der Stelle, an der Intschu-Tschuna starb, findet sich nach erneuter Grabung Winnetous Vermächtnis in fünf Bänden (wahrscheinlich die Vorbereitung des Lesers auf die weiteren geplanten *Winnetou*-Bände!). Auch der böse der beiden Sander-Söhne bekehrt sich unter dem Einfluss der Aura des Edelmenschen Winnetou. Beide Brüder werden nun in den Winnetou-Clan aufgenommen.

Schließlich erreicht man den Mount Winnetou, wo Abgesandte aller Stämme versammelt sind und von Tatellah-Satah, dem Bewahrer der großen Medizin, in einem Bergschloss bewirtet werden.

Der Plan, Winnetou durch ein Riesendenkmal zu ehren, das einen springenden Panther abbilden soll, wird verworfen. Man kommt zu dem Schluss, dass es dem Geist des Dahingegangenen nicht entsprechen würde.

Der Gefahr, Opfer eines Überfalls der den Apachen feindlich gesinnten Indianerstämme zu werden, entgehen die guten Indianer durch das heilsame Wirken der Natur selbst. Die Höhle, in der die Feinde der Edelmenschen sitzen, wird verschüttet. Mit einigen der Katastrophe entkommenen Bösen wird im Geiste Winnetous Frieden geschlossen. Die beiden Sander-Söhne sind umgekommen. Sie haben sich für Shatterhand geopfert und damit die bösen Taten ihres Vaters gesühnt. Ein junger Indianer, »Junger Adler«, Angehöriger des Winnetou-Clans, umrundet in einer Flugmaschine dreimal den Heiligen Berg und bringt den Häuptlingen eine starke Medizin. Das Buch endet mit dem hoffnungsvollen Ausblick auf ein glückliches Zeitalter der Indianer.

Was die Handlungsmotive angeht, so hat dieser Band eine Menge Schwachstellen. Man denke nur an einen Nachlass Winnetous in fünf Büchern! Selbst wenn man sich erinnert, dass der indianische Edelmensch einen weißen Lehrer hatte, wird hier dem Leser ziemlich viel zugemutet. Aber Karl May ist ein erzählerisches Naturtalent, das solche Fragwürdigkeiten zu überspielen vermag.

Natürlich spiegeln sich in den Machenschaften, bei denen es um das Copyright der amerikanischen *Winnetou*-Ausgabe geht, Mays eigene Schwierigkeiten mit seinen Verlegern. Und dass May hier eine kosmopolitische Friedens- und Versöhnungsutopie entwirft, sogar als »Entwicklungsprognose der germanisch-indianischen Rasse«[1] – das lässt einmal mehr an stark verdünnten Nietzsche (*Zarathustra*) und an Richard Wagners *Ring* denken. Da ist es durchaus einleuchtend, wenn ein Interpret von der »Stiftung einer globalen Einheitsreligion, in die nun auch Winnetou als roter Heiland aufgenommen wird«, spricht. Insofern hinterlässt dieser Text, der nicht mehr die bewährten, breite Leserschichten ansprechenden Spannungselemente der Reiseromane bietet, sondern offensichtlich für die Friedens- und Versöhnungsgesinnung des Spätwerkes werben soll, einen zwiespältigen Eindruck.

X.
Der Kampf um die Ehre

»Ein Mann namens Avenarius [...] nimmt es sich
heraus, in seinem Käseblatt [...] den Dichter Karl
May anzugreifen, [...] Karl May, dessen großartige
Phantasie natürlich von diesem wöchentlichen
Mist-Fabrikanten niemals begriffen werden kann.«

Georg Heym

Bereits im Jahr 1904 nimmt die langwierige und qual-
volle Auseinandersetzung zwischen Karl May und
dem Journalisten Rudolf Lebius ihren Anfang.

Wer ist dieser Rudolf Lebius?

Er wurde 1868 in Tilsit als Sohn eines Getreide-
großhändlers geboren. Nach dem Abitur studierte er
ziemlich planlos in Berlin Zahnmedizin, Philologie
und Jura. Aufgrund seiner Bekanntschaft mit den
Söhnen Wilhelm Liebknechts näherte er sich der
SPD. 1892 starb sein Vater. Lebius musste das Stu-
dium ohne Abschluss aufgeben. Zunächst arbeitete er
als »reisender Redakteur« bei mehreren bürgerlichen
Blättern. Dann trat er der SPD bei, wurde für deren
Parteizeitung *Vorwärts* tätig und wegen verleumderi-
scher Artikel zu zwei Haftstrafen verurteilt. 1904 ist

er, nachdem er sich von der Partei getrennt hat, in die Redaktion der liberalen Sonntagszeitung *Die Sachsenstimme* eingetreten. Er kauft das Blatt und leitet es nun als alleiniger Herausgeber. Aber bald gerät er in Geldnöte.

Er sucht Karl May auf, schlägt ihm vor, für ihn Reklame zu machen, wenn dieser ihm ein Darlehen gewähre. May lehnt ab. 1905 muss Lebius sein Blatt einstellen. Von nun an bekämpft er als Mitglied rechtsgerichteter Vereine die SPD und führt eine Dauerfehde gegen die Partei und linke Gewerkschaften. 1907 wird der *Vorwärts* einen Artikel mit der Überschrift »Ist Lebius ein Ehrenmann?« veröffentlichen. Lebius, der inzwischen in Besitz seines Erbteils gelangt ist, geht dann nach Berlin und versucht sich dort als Herausgeber mehrerer, nur kurzlebiger Zeitschriften mit nationalistisch-rechtsradikaler Tendenz. 1918 wird er eine nationaldemokratische Partei gründen, die gegen die Vormacht des Großkapitals, gegen die Aufnahme von Juden in den Staatsdienst, überhaupt gegen alles »Undeutsche« eintritt. – Aber nun zurück zur Auseinandersetzung zwischen Karl May und Lebius.

Im September 1904 droht Lebius May auf einer anonymen Postkarte mit Enthüllungen. May reagiert darauf nicht. Zwischen dem 11. November und dem 25. Dezember 1904 erscheinen in der zu diesem Zeitpunkt noch existenten *Sachsenstimme* mehrere Artikel mit Halb- und Unwahrheiten und einer Anspielung auf Mays Vorstrafen. May wehrt sich mit Veröffentlichungen in anderen Lokalzeitungen. Lebius' Angriffe scheinen entkräftet, zumindest neutralisiert. Aber bei einem von May angestrengten Beleidigungsprozess, den May gewinnt, kann Lebius die Akten über dessen Vorstrafen einsehen.

Ein Artikel im *Vorwärts*, von dem Lebius annimmt, Klara May habe ihn geschrieben, bringt ihn erneut gegen das Ehepaar May auf. Lebius versucht May durch die Publikation einer Broschüre mit dem Titel *Karl May, ein Verderber der deutschen Jugend* zu diskreditieren. In der Zeitschrift *Bund* führt Lebius seinen Privatkrieg gegen May weiter. Er veröffentlicht auch vier Flugblätter, in denen weitere schwere Anschuldigungen gegen May erhoben werden. Zum Teil fußen sie auf fragwürdigen oder unwahren Informationen, unter anderem von Karl Mays erster Frau Emma. In einem Brief an die in die Auseinandersetzung verwickelte Opernsängerin Fräulein von Scheidt nennt Lebius May einen »geborenen Verbrecher«. Im Jahr 1910 erscheint Lebius' umfangreichste Schrift – sie trägt den Titel *Die Zeugen Karl May und Klara May, ein Beitrag zur Kriminalgeschichte unserer Zeit.*[1]

Interessant ist diese Schrift nicht so sehr wegen der weit ausholenden Anwürfe gegen May, die teilweise unwahr sind, sondern weil darin eine wichtige

Selbstaussage Mays zu seinem Arbeitsprozess wiedergegeben wird.

Lebius schreibt: »In einem Gespräch mit seiner Gattin hatte ich einmal den Freimut zu fragen, warum Karl May durchaus den Schein aufrechtzuerhalten suche, dass er alle geschilderten Abenteuer wirklich selbst erlebt habe. Auch Goethe habe seine Erinnerungen mit der Überschrift *Dichtung und Wahrheit* gekennzeichnet. Ich erinnerte an die im Studierzimmer entstandenen Grube'schen Reisebilder. Frau May stimmte mir lebhaft zu. Sie verwies mich auf Chateaubriands wundervolles Buch *Attala*, dessen entzückende Schilderungen der amerikanischen Naturschönheiten nicht auf Selbstgesehenes, sondern auf die Phantasie des Dichters zurückzuführen seien. Als das Gespräch diese Wendung genommen hatte, kam May selbst hinzu. Meinen schüchtern angedeuteten Vorschlag wies er weit von sich weg. Die ganze Erörterung schien ihm peinlich zu sein. Er entwickelte alsdann eine höchst mystische Zweiseelentheorie: Ich kann hier vor Ihnen sitzen und mit Ihnen reden und gleichzeitig kann ich in Persien weilen und dort auf einem Pferd einherjagen. Meine Romangestalten sind nicht nur einfach. Sie sind auch Symbole.«[2]

Lebius sieht in dieser Aussage nur einen Beweis mehr, dass May ein Gauner ist. Er erkennt nicht, dass der Mann, der freilich auch hochstapelte und log, gerade hier durchaus die Wahrheit sagt, und zwar über den Zusammenhang von Imagination und Lüge.

Apropos Lüge: Lebius selbst lanciert Presseartikel, in denen er Gerüchte, May sei der Anführer einer Räuberbande gewesen, als Fakten verbreiten lässt.

Diese »Enthüllungen« werden von vielen Zeitungen nachgedruckt. May scheint moralisch vernichtet. Eine Beleidigungsklage Mays gegen Lebius vor einem Schöffengericht in Berlin-Charlottenburg wird im April 1910 abgewiesen. Zwar wird dabei festgestellt, dass Lebius in einem Privatbrief May tatsächlich einen »geborenen Verbrecher« genannt hat, doch wird dieser Ausdruck als ein wissenschaftlicher Terminus, der auf den italienischen Gerichtsmediziner Cesare Lombroso zurückgehe, gewertet. Es wird als Recht befunden, der Ausdruck stelle somit keine Beleidigung dar.

Was das für Karl May bedeutet, kann man daraus ersehen, dass kurz darauf nach einem doppelten Raubmord in Leipzig die dortige Polizei vorsorglich in Dresden anfragt, ob der berüchtigte May vielleicht als Täter in Frage komme.[3]

Es ist viel darüber spekuliert worden, was denn Lebius' tiefere Gründe gewesen sein könnten, May so fanatisch zu verfolgen. May selbst hat Lebius' Gefährlichkeit nie unterschätzt und ihn schaudernd als »Karl-May-Töter« bezeichnet. Der Herausgeber des Reprints des so genannten »Gelben Buches« von Rudolf Lebius stellt dazu in seinem Vorwort die folgenden Überlegungen an:

»Wenn am Anfang des Streites bei ihm [Lebius] nachvollziehbare Gründe eine Rolle gespielt haben – der sensationsjournalistische Drang, die dunklen Flecken der Biographie Mays auszuleuchten und dessen falsches Old Shatterhand-Renommee zu erschüttern; die Aversion gegen Mays offenherziges Christentum (Lebius war aus der Kirche ausgetreten); das Bestreben, May als Jugendverderber das Handwerk zu legen (Lebius' Neffe Gerhard Medem war, durch May-Lektüre inspiriert, nach Mittelamerika ausgerissen und psychisch schwer krank heimgekehrt) –, erscheint seit etwa 1909 die Lage verändert. Was bisher Mittel zum Zweck war, die publizistische Attacke, ist jetzt zum Ziel geworden, das zu erreichen alle Mittel recht sind: Mays moralische Vernichtung. Die Ursache dieser irrationalen Verschiebung liegt höchstwahrscheinlich in der Persönlichkeit Lebius' selbst – womöglich war es der Versuch, sich selbst und der Welt zu beweisen, dass er diesem zähen und renommierten Gegner, an dem er, eine ungeheilte Wunde, einst zum Erpresser wurde, ebenbürtig, ja überlegen war – ein ›ganzer Kerl‹ also, als der er sich 1904 bei Karl May vorgestellt hatte.«[4]

Kurios ist hierbei, dass Lebius auch als »Teil von jener Kraft« agiert, die »stets das Böse will und stets das Gute schafft«. Denn nirgends sonst ist das entscheidende Phänomen May'scher Kreativität, die so genannte »Zweiseelentheorie«, von der her in unseren Tagen das Spätwerk Mays für die Hochliteratur reklamiert worden ist[5], so klar und deutlich von einem Zeitgenossen dokumentiert worden wie in Lebius' Artikel *Mehr Licht über Karl May.*

Eine abermalige Wende im Streit der beiden Männer tritt ein, als nach dem für May vernichtenden Urteilsspruch vom 12. April 1910, gegen den er in Revision gegangen ist, einer von Lebius' wichtigsten Zeugen sich gezwungen sieht, seine Aussage als unrichtig zu widerrufen. Bei dem Zeugen handelt es sich um einen Waldarbeiter aus Karl Mays Heimatort, von dem Lebius erfahren hatte, May sei vor seiner Haftzeit im Zuchthaus Anführer einer Räuberbande gewesen.

Der alles entscheidende Prozess findet schließlich im Dezember 1911 vor der 4. Strafkammer des Königlichen Landgerichts III in Berlin statt.

Beide Kontrahenten haben versucht, wenn schon nicht das Gericht, so doch die öffentliche Meinung durch Publikationen für sich einzunehmen: Karl May durch den Schriftsatz *An die 4. Strafkammer des Königl. Landgerichts III in Berlin* im Juni 1910, dann durch seine Selbstbiographie *Mein Leben und Streben.* Deren Vertrieb wird mit einer einstweiligen Verfügung von Mays Prozessgegner, der in dem Buch scharf angegriffen wird, am 16. Dezember 1910 angehalten und dann Ende Januar 1911 endgültig verboten.

Lebius veröffentlicht im November 1910 die schon erwähnte Broschüre *Die Zeugen Karl May und Klara May, ein Beitrag zur Kriminalgeschichte unserer Zeit*. Auch deren Verbreitung wird durch eine gerichtliche Verfügung am 13. Dezember 1910 untersagt.

Wer den Umfang der so genannten Prozessschriften Mays kennt, begreift, dass er zum Arbeiten an einem Roman keine Zeit mehr gefunden hat.

May wendet sich in diesen Monaten Hilfe suchend und wohl in der Furcht, eine neue Niederlage vor Gericht zu erleben, an den damals bekannten Publizisten Maximilian Harden, der ihm für die Revision einen kompetenten Strafverteidiger, Erich Sello, den Verfasser des Standardwerkes *Irrtümer der Strafjustiz*, verschafft.

Die Verhandlung findet am 18. Dezember 1911 in Berlin-Moabit statt.

Wir haben vom Prozessverlauf den Bericht eines jugendlichen Augen- und Ohrenzeugen, niedergeschrieben Jahrzehnte später, allerdings nach Notizen, die er sich während des Prozesses machte. Der Report von Rudolf Beissel[6] gibt die Dramatik des Prozessgeschehens eindrucksvoll wieder. Gerade weil hier ein Jugendlicher erzählt, jemand, der engagiert beobachtet, weil er parteiisch für den Sieg des in seinen Augen Guten über das Böse Stellung nimmt, und zwar »mit heißem Herzen, aber auch mit kühlem Verstand«, bekommt man einen außerordentlich lebendigen Eindruck von den Vorgängen im Gerichtssaal.

Die manchmal aus dem zeitlichen Abstand sonst eher Lächerlichkeit erzeugenden Fakten erscheinen plötzlich wie der letzte Akt einer Schicksalstragödie, bei der es für Karl May um Sein oder Nichtsein geht.

Beissel erzählt: »Dieser 18. Dezember 1911 war ein Montag, ein trüber Wintertag. 20 Minuten vor 9 Uhr betrat ein großer, schlanker Bursche von 17 Jahren in einem Lodenumhang in Berlin-Moabit von der Straße her den Eingang des Treppenhauses, das zu den Zuhörerräumen einer Anzahl von Sitzungssälen des Kriminalgerichts hinaufführte. Eigentlich hätte er jetzt in Schöneberg auf der Schulbank sitzen müssen, denn in drei Wochen sollte er ins Abitur steigen, und da war jede Stunde wichtig. Aber wichtiger als die Größen der Vergangenheit, als Homer und Horaz, als Schiller und Goethe und als Adam Riese, erschien ihm jetzt ein Schriftsteller der Gegenwart, den die Literaturwissenschaft nicht registrieren wollte und den die Kunst- und Kulturwärter am liebsten vom Büchermarkt gestäupt hätten – Karl May.«[7]

Der Gymnasiast Rudolf Beissel ist seit fünf Jahren Karl-May-Leser. Die Helden der Romane sind für ihn, den Heranwachsenden, zu Leitfiguren geworden.

Aber in letzter Zeit hat er auch allen Zank und Streit um Mays Person und sein Werk aufmerksam verfolgt: »Die Schriftgelehrten der öffentlichen Meinung verdammten mit wenigen Ausnahmen entrüstet die Bücher, die sie bisher gelobhudelt hatten, und die Pharisäer der Bildung dankten ihrem Herrgott, dass sie nicht so waren wie dieser Karl May.«

Was soll der junge Mann nun denken? Etwa »enttäuscht verbrennen«, was er bisher gläubig verehrt hat? Nein, so einfach macht er sich das nicht. Er hat alles, dessen er zum »Fall Karl May« habhaft werden konnte, gesammelt und gelesen, die widersprüchlichen Äußerungen gegeneinander abgewogen; er hat Karl Mays *Mein Leben und Streben* gelesen und nun ist er gespannt, wie Justitia entscheiden wird.

»Ich sehe – als wäre ich's nicht selber gewesen – diesen jungen Mann ungeduldig vor der noch verschlossenen Tür des Zuhörerraums warten. Allmählich füllt sich das Treppenhaus mit Männern und Frauen, mit Jüngeren und Älteren. Aus Fetzen leise geführter Gespräche erkannte ich, dass es Freunde und Feinde Mays waren. Dann drehte sich der Schlüssel im Schloss, die Tür wurde geöffnet und als Erster betrat ich den Zuhörerraum, der rückwärts anstieg. Auf einer der ersten Bänke hinter der Schranke, die ihn vom Verhandlungsraum trennte, nahm ich Platz. Es war kurz nach 9 Uhr. Die Verhandlung hatte noch nicht begonnen, aber auf dem erhöhten

Podium saßen bereits die Richter und unmittelbar davor die gegnerischen Parteien mit ihren Verteidigern im Talar, an der Wandseite zu meiner Linken der Angeklagte Lebius und an der Fensterseite zu meiner Rechten der Kläger May. Zwischen ihm und mir befand sich nur der Tisch der Pressevertreter, der Raum in der Mitte war frei, und gegenüber standen die Bänke für die Zeugen und saß ein Justizwachtmeister neben einer Tür, die in den Flur des Gebäudes führte. Hinter dem Richterpodium war noch eine Tür, die zum Beratungsraum des Gerichts ging.«[8]

Fast so, als hielte er eine Kamera in der Hand und nehme die Gerichtsverhandlung als Film auf, so wirkt der Prozessbericht des jungen Mannes, der viele Jahre später die Ereignisse noch einmal vor seinem inneren Auge vorbeiziehen lässt.

»Nach mir drängten Menschen in den Zuhörerraum, der bald dicht besetzt war. Ich achtete gar nicht auf sie. Ich sah nur ein paar Schritte vor mir Karl May, wie ich ihn von Bildern kannte, seinen schönen Kopf mit dem zurückgekämmten silberweißen Haar, mit den ernsten blauen Augen, mit dem Schnurrbart und der kleinen Fliege am Kinn. [...] May sprach mit leicht sächsischem Tonfall, er sprach ruhig und seine Stimme klang angenehm.«[9]

Nach Eröffnung der Verhandlung erhebt sich der Vorsitzende des Gerichts, Landgerichtsdirektor Ehrecke, nimmt das Barett ab und spricht ein kurzes

Gebet. Dann schlägt er, mit dem Hinweis, dass es bei diesem Prozess letztlich nur um eine Bagatelle gehe, einen ehrenvollen Vergleich vor. Er sagt, hier handle es sich nur »um einen Nadelstich gegenüber den Keulenschlägen, die in anderen schwebenden Prozessen geführt würden«. Gegenstand dieses Rechtsstreits sei die von May als Beleidigung empfundene Bezeichnung »geborener Verbrecher«, derer sich Lebius in einem Privatbrief, aber nicht in der Öffentlichkeit bedient habe.[10]

Er weist Karl May darauf hin, dass es sich nicht vermeiden lassen werde, »den nun einmal dunklen Punkt in seinem Vorleben hier zur Sprache zu bringen. Dieser dunkle Punkt auf der weißen Weste sei ja auch durch die Verdienste des Privatklägers verblasst, und diese Vorgänge in längst vergangenen Zeiten könnten seinen Ruhm nicht verkleinern, doch möge May dran denken, dass der dunkle Punkt durch das Waschen im Gerichtssaal nicht beseitigt würde, sondern nur gelbe Ränder bekäme. Es sei fraglich, ob ihn das Urteil befriedigen werde.«

Der Vorsitzende unterstreicht dann noch einmal Mays große Erfolge als Schriftsteller, seine Verdienste, seinen Ruhm, erwähnt dann aber auch dessen schlechte Gesundheit, die durch die Auseinandersetzung noch mehr Schaden nehmen könnte. Er betont, diese Warnung bringe er als Mensch, nicht als Richter vor.

252

Rechtsanwalt Bredereck, der Lebius vertritt, lehnt einen Vergleich ab; May hingegen ist bereit, diesem Vorschlag zuzustimmen. Damit sammelt er gewiss Punkte. Es laufen ja noch andere Prozesse zwischen ihm und Lebius; gemessen an diesen geht es hier in der Tat um eine Bagatelle.

Einer der beiden Anwälte Mays, Netcke, fordert als Voraussetzung für einen Vergleich eine Erklärung, aus der hervorgehe, dass Lebius nicht vorgehabt habe, May zu beleidigen.

Lebius gibt zu, den Ausdruck »geborener Verbrecher« gezielt benutzt zu haben, um so gerichtlich eine umfangreiche Beweisaufnahme der Vorstrafen Mays zu erzwingen.

Mays Anwälte verweisen darauf, es seien gegen alle von Lebius aufgestellten Behauptungen Strafanträge gestellt worden.

Noch einmal versucht der Vorsitzende eine gütliche Einigung zu erreichen. Er nimmt ein Buch zur Hand und sagt: »Herr May hat mir dieses Buch überreicht, in dem er sich als gläubigen Christen bezeichnet, sich als gottergeben hinstellt und alles auf sich nehmen will, um seinen Lebensabend in Ruhe zu verbringen.« Er weist auf ein Gedicht in dem Buch hin und fährt fort: »Ein christliches Gebot lautet: Liebt eure Feinde, tut wohl denen, die euch verfolgen!« Wie sich denn dieser Rechtsstreit mit der Gottergebenheit des Privatklägers zusammenreime?

May antwortet: »Wenn ich mich als gläubiger Mensch ausgegeben habe, so soll damit doch nicht gesagt werden, dass nun alle Welt nach Belieben auf mich losschlagen darf. Es handelt sich um meine Ehre. Wenn ich mich nicht verteidige, wäre ich kein Christ, sondern ein Lump!«

Damit ist klar: Der Versuch, einen Vergleich herbeizuführen, ist gescheitert. Die Sitzung wird für eine halbe Stunde unterbrochen, dann tritt das Gericht in die Beweisaufnahme ein.

Für Heiterkeit sorgt die Zeugin Fräulein von Scheidt, die gleich bei der Fortsetzung des Verfahrens darum bittet, als Erste vernommen zu werden. Sie ist Sängerin. Sie will einen Zug erreichen, der um 10.30 Uhr nach Weimar abgeht, um dort an einer Theaterprobe teilzunehmen.

»Die Zeugin hat nur Angst vor der Vernehmung!«, wendet Rechtsanwalt Bredereck ein. Er besteht darauf, dass sie zur Verfügung bleibt, und meint unter allgemeiner Heiterkeit, eine Aussage vor dem königlich-preußischen Gericht gehe dem großherzoglichen Dienst vor. Sollte der Zeugin durch Erfüllung ihrer Zeugenpflicht wirklich Schaden erwachsen, so werde er eine Klage gegen den Großherzog von Weimar einreichen.

Das Gericht lehnt die Bitte von Fräulein von Scheidt ab, da ihre Aussage als sehr bedeutend angesehen wird.

Bei der Beweisaufnahme bringt Lebius vor, seine politischen Gegner, die Sozialdemokraten, hätten sich bei ihrer Klage gegen ihn auf Mays Aussagen berufen. Das ist ein geschickter Schachzug, denn die meisten Angehörigen des Richterstandes hegen eine tiefe Abneigung gegen diese Partei.

Lebius' Anwalt bringt nun Mays »pathologische Lügenhaftigkeit« zur Sprache. Auch der zunächst unrechtmäßig geführte Doktortitel, die Behauptung Mays, er sei Old Shatterhand, und die problematischen Begleitumstände der Ehescheidung – all dies wird nun ausführlich besprochen.

Für Karl und Klara May nicht gerade ein Ruhmesblatt sind Lebius' Aussagen über seine Gespräche mit Mays erster Frau. Lebius hat Emma aufgesucht und, um ihre Sympathie zu gewinnen, sich als dem Spiritismus zugetan ausgegeben. »Die gerührte Frau [Emma] Pollmer habe ihm nun mitgeteilt, dass die jetzige Frau Klara May, als sie noch Privatsekretärin ihres Mannes war, ihr durch Geisterbriefe ihr gespartes Vermögen von 42 000 Mark abgenommen habe. Der Geist ihres verstorbenen Großvaters habe ihr einmal geschrieben: ›Emma, gib sofort deiner Freundin Klara 30 000 Mark!‹, das habe Frau Pollmer auch gehorsam getan, sie glaube auch jetzt noch an solche Geisterbriefe.«

Karl May kann von Glück reden, dass der Gerichtsvorsitzende über diesen dunklen Punkt gnädig hinwegsieht, weil er ihn als die übliche schmutzige Wäsche, die von Geschiedenen ausgebreitet wird, auffasst.

Später bringt Lebius bestimmte bizarre Eigenheiten in Mays Lebensstil als Beweise für dessen Hang zur Hochstapelei vor. Auf den ausgestopften Löwen in Karl Mays Arbeitszimmer wird hingewiesen sowie auf die Tatsache, dass Karl May sich in der Tracht eines amerikanischen Trappers habe fotografieren lassen.

Darauf May: Jeder Schauspieler lasse sich im Kostüm fotografieren, wie es ihm beliebe. Warum dürfe sich ein Schriftsteller, der über amerikanische Dinge schreibe, nicht als Trapper ablichten lassen?

Einwurf des Anwalts von Lebius: Dies sei nur vorgebracht worden, um die pathologische Lügenhaftigkeit des Privatklägers zu illustrieren.

Und nun fällt jene Meinungsäußerung des Gerichtsvorsitzenden, die mit entscheidend für die Urteilsfindung gewesen sein dürfte: »Aber ein Verbrechen wären doch solche phantastischen Dinge bei einem Dichter nicht. Und ich halte Herrn May für einen Dichter.«[11]

Ersparen wir dem Leser die wechselseitigen Vorwürfe, die während der Beweisaufnahme noch vor dem Gericht ausgebreitet werden. Ein Sachverhalt aber muss noch etwas genauer dargestellt werden: die Einvernahme der Opernsängerin Fräulein von

Scheidt. Ihr nämlich hat Lebius jenen Brief geschrieben, in dem er äußert, er halte Karl May für einen geborenen Verbrecher. Die gerichtliche Bewertung dieser Bezeichnung ist kompliziert. Für die Urteilsfindung wird folgende Feststellung des Gerichts entscheidend sein: Der Relativsatz, in dem diese Äußerung stehe, falle aus dem Zusammenhang der übrigen Mitteilungen des Briefes heraus. Die Absicht der Beleidigung sei damit gegeben, ja, sie sei durch das Wort »geborener« noch gesteigert.

In seinem Schlusswort erklärt Karl May, dem man einen sicheren Instinkt dafür, was das Gericht beeindruckt, bescheinigen muss, er nehme es dem gegnerischen Anwalt nicht übel, dass er ihn für einen Verbrecher halte. Es sei ja richtig, er habe als junger Mensch gefehlt und sei in jungen Jahren in den tiefsten Abgrund gesunken. Aber er sei durch ungeheure Kraftanstrengung wieder gestiegen und es sei traurig, dass nun die Rechthaber und Pharisäer kämen und sich bemühten, ihn abermals in den Abgrund zu stürzen.

Lebius hinterlässt am Ende eines langen Verhandlungstages – zumindest beim Gymnasiasten Beissel – einen negativen Eindruck. Beissel beschreibt das Schlusswort von Lebius so:

»Er wiederholte zum Überfluss, was er schon den ganzen Tag geredet hatte. Es war die Schau eines Demagogen: Er gestikulierte mit den Armen und sein

Spitzbart zuckte auf und ab. Er konnte seinen Hass nicht verbergen. […] Er begann noch einmal die Verbrechen Mays aufzuzählen, bis Netcke aufsprang und Verwahrung dagegen einlegte, dass der Angeklagte immer neue Beschuldigungen aufstelle. Daraufhin erklärte der Vorsitzende auch die Plädoyers für geschlossen und das Gericht zog sich zur Urteilsfindung zurück.

Es war inzwischen schon 7 Uhr abends geworden. Ich sah mich um. Viele Zuschauer waren bereits gegangen, einige hinzugekommen. Einige tauschten leise ihre Meinung aus. Erwartungsvolle Spannung lag über dem Saal. Ich saß vorn auf meiner Bank ganz allein. Karl May sprach leise mit seiner Frau und seinen Anwälten, die ihre Akten in die Mappen packten. Frau Pollmer starrte vor sich hin, Lebius machte ein finsteres Gesicht und debattierte im Flüsterton mit Bredereck.

So verging eine halbe Stunde, dann erschien der Gerichtshof wieder und das Urteil wurde feierlich verkündet.«[12]

Im Hinblick auf die Schwere der Diffamierung erkennt das Gericht auf 100 Mark Geldstrafe oder ersatzweise zwanzig Tage Haft für Lebius.

Claus Roxin als juristischer Fachmann äußert in der Beurteilung des Falles die Ansicht, dass in weiteren Prozessen Lebius unter Umständen wegen übler Nachrede mit einer Gefängnisstrafe von bis zu zwei

Jahren hätte rechnen müssen. Dazu kam es wegen Mays Tod jedoch nicht mehr. Immerhin ist May die Genugtuung zuteil geworden, dass juristisch seine Ehre wiederhergestellt ist. Aber die Prozesse um die ihm vorenthaltenen Honorare aus den Münchmeyer-Romanen und die Auseinandersetzungen mit Lebius haben ihn psychisch stark belastet.

Geben wir nun noch einmal Rudolf Beissel das Wort: »Das Urteil war gesprochen, das Gericht zog sich zurück. Es ging wie ein Aufatmen durch den Saal, ein Beweis, wo die Sympathien der meisten Zuhörer lagen. Lebius verhandelte mit seinem Anwalt. Hinter mir leerte sich der Raum. Auch May rüstete sich zum Aufbruch.«

Und nun kann der junge Mann nicht mehr an sich halten. Er setzt mit einem Schwung über die Schranke, die die Zuschauer von den Prozessbeteiligten trennt, und geht auf May zu.

»Dann stand ich vor ihm, mit meinen 1,80 Meter etwas größer als er. Fragend schaute er mich an. Mit einer Verbeugung stellte ich mich vor und beglückwünschte ihn zu seinem Sieg, sagte, ich glaube an seinen ehrlichen Willen, und er werde die Jugend auf seiner Seite haben. Auch ich würde für ihn eintreten. Er sah mir tief und lange in die Augen. Was er mir dann mit einem freudigen Aufleuchten geantwortet hat, weiß ich nicht mehr, es muss mir wohl nicht recht zu Bewusstsein gekommen sein in der Erregung. Aber sein Blick sagte mir mehr als alle Worte, ich hatte ihm eine große Freude gemacht.«[13]

Der Bericht Beissels hat etwas Ergreifendes. Es ist, als ob jemand einen Roman miterlebe. Er sollte kurze Zeit später noch seine Fortsetzung finden.

Siebter Exkurs
Das Spätwerk

Sein Alterswerk empfinden die meisten von Karl Mays früheren Büchern begeisterten Leser als eher enttäuschend. Anders urteilen die Literaturwissenschaftler, für sie hat May in seinen letzten Romanen ein Stück Hochliteratur geschaffen. Handlung und Stil dieser Bücher sind stark geprägt von den Erlebnissen der großen Orientreise, dem auf ihr erfolgten Zusammenbruch und der sich daraus ergebenden geistigen Umorientierung.

Der Drang, noch einmal neu anzufangen und schreibend jene neuen Erfahrungen auszudrücken, muss bei May außerordentlich stark gewesen sein, so stark, dass er sogar bereit war, seinen mühsam genug errungenen Erfolg der letzten Jahrzehnte aufs Spiel zu setzen. Denn dass er mit den Büchern, die er nun zu schreiben plante, bei einem Massenpublikum, seinen »Stammlesern«, wenn man so will, wenig Beifall finden würde, dürfte auch ihm selbst klar gewesen sein. Und falls er in dieser Hinsicht doch Illusionen gehegt hat, werden sie sich recht bald durch die Reaktionen seiner Buch- und Zeitschriftenverleger aufgelöst haben.

Hier kann das Alterswerk nur skizzenhaft behandelt werden. Wer in seine Tiefendimension, seinen

Ideenhintergrund, die Welt seiner eigenartigen, symbolhaften Phantasiebilder weiter eindringen will, wird es vor allem genau lesen müssen. Die beste Interpretationshilfe bieten gerade hier die Aufsätze von Hans Wollschläger[1], die freilich in ihrer psychoanalytisch-literaturwissenschaftlich geprägten Fachsprache nicht ganz einfach zu lesen sind. Aber ohne Anstrengung wird man bei Mays Spätwerk – gerade im Unterschied zu den Reiseromanen – nicht weit kommen.

Zunächst zu Mays Versuch, seine »Botschaft« in einer Art Weihespiel auf die Bühne zu bringen.

Bibel und Babel

Es ist dies das einzige vollendete Theaterstück Karl Mays. Es wurde im Juli 1906 fertig gestellt. Offenbar haben ihn dazu die Bücher des Assyriologen D. Delitzsch aus Dresden angeregt, vor allem dessen These, dass sich Motive des Alten Testaments auf Stoffe der babylonischen Schöpfungsmythen zurückführen lassen. Entstanden ist ein wenig bühnenwirksames Mysterienspiel, bei dem es um die im Alterswerk immer wiederkehrende Problematik der Wandlung des Gewaltmenschen zum Edelmenschen geht.

Dargestellt wird dieser Kampf als Schachspiel zwischen Abu Kital und Marah Durimeh, jener Frau, der der Leser schon im Orientzyklus begegnet ist und die im gesamten Spätwerk, vor allem in *Ardistan und Dschinnistan*, eine wichtige Rolle spielt.

Es ist ein Schachspiel, das mit lebendigen Personen gespielt wird. May selbst tritt im Stück in der Gestalt des Märchenerzählers auf, der prophezeit, sobald gegenüber den Kriegslüsternen und den Gewaltmenschen der erste Edelmensch erscheinen werde, werde der wahre Gott der Bibel hervortreten.

Will man der von arg viel Mystik durchwehten Handlung des Stückes eine positive Deutung abgewinnen, so könnte man sagen, es solle darin zum Ausdruck gebracht werden, dass in Gestalt der Fundamentalisten und Dogmatiker die Weltreligionen noch immer vom Geist des Bösen besetzt seien, den es zu überwinden gelte. Auch die Bibel unterliege noch diesem negativen Einfluss, doch sie wird schließlich aus dem Rachen des das Böse verkörpernden Drachen befreit, und zwar durch den in der Geisterschmiede zum Edelmenschen geläuterten Ben Tesalah.

May selbst hat offenbar in das Stück große Erwartungen gesetzt. Sein Verleger schrieb ihm jedoch, das sei alles viel zu hoch. Damit könne er keine Geschäfte machen, und der Theaterdirektor, der das Stück aufführe, müsse wohl erst noch geboren werden.[2]

Im Reiche des Silbernen Löwen
Der Wandel des Autors Karl May vom Verfasser abenteuerlicher Reiseromane mit kraftprotzenden Helden zum Propagandisten des Reiches der Edel-

menschen vollzieht sich innerhalb der vier Bände dieses Werkes. Sie – und die sich anschließenden zwei Bände *Ardistan und Dschinnistan* – gelten als Höhepunkt seiner künstlerischen Leistung im Alterswerk: Nicht nur wegen ihrer ideologischen Botschaft, deren überhöhter Idealismus durchaus auch kritisch gesehen werden kann, sondern mehr noch wegen der einfallsreich-raffinierten Übersetzung der individuellen Probleme des Autors in die Handlung, ein Verschlüsselungsspiel, das so vielschichtig ist, dass dessen Dechiffrierung noch gar nicht voll und ganz durchgeführt werden konnte und die Interpreten noch lange beschäftigen wird.

Die recht komplizierte Handlung beginnt im Wilden Westen, wo Old Shatterhand einmal mehr seine umfassende linguistische Bildung beweist. Er erkennt, dass die Sprache in einem gefundenen Buch Persisch ist. Es gehört einem Mann namens Dschafar, den er nun aus der Gefangenschaft bei den Comanchen befreit. Als Dank für seine Hilfe erhält Old Shatterhand von ihm einen kostbaren Dolch.

Nun springt die Handlung in den Vorderen Orient, wo der Erzähler, jetzt als Kara Ben Nemsi, seinen Freund Hadschi Halef Omar wieder trifft, der inzwischen Häuptling seines Stammes geworden ist. Mit Halefs Ehefrau Hanneh wird die Frage erörtert, ob auch Frauen eine Seele haben.

Nach allerlei Abenteuern im bekannten Muster gelangen Kara Ben Nemsi und Halef nach Bagdad. Sie begegnen dort einem alten Bekannten, dem Bimbaschi, der vom Schicksal arg gebeutelt worden ist, aber in einem Nachtgespräch von Kara Ben Nemsi, der die Rolle eines Seelenarztes übernimmt, getröstet wird.

Im zweiten Band, bei einer Gerichtsverhandlung, kehren sich die Rollen einmal mehr um. Die Schmuggler werden ihrer Beute beraubt. Der Ohnmächtige wird zum Rächer. Der Anführer der Schmuggler Säfir erhängt sich im Gefängnis, Bimbaschi wird rehabilitiert. Im Schlussteil befreien die Reisenden die dem Leser schon aus dem Orientzyklus bekannte Marah Durimeh und ihre beiden Dienerinnen aus der Gefangenschaft. Kara Ben Nemsi reist weiter nach Persien.

In den Bänden III und IV vollzieht sich nun jene schon beschriebene Verlagerung vom Abenteuerroman zur symbolischen Dichtung, zum »Mysterienspiel von der Menschheitsfrage«, aber auch zur Darstellung des eigenen Psychodramas von Karl May.[3] Der Angelpunkt dabei ist die Erkrankung Halefs an Typhus, mit dem sich schließlich auch Kara Ben Nemsi infiziert.

Bei den Dschamikum genesen die Kranken unter der liebevollen Fürsorge des Pedehr (deutsch »Vater«), der Schakara und der Ustad. Von besonderer, aber für den Leser zunächst nicht durchschaubarer

Bedeutung ist die Entdeckung des Pflaumen pflückenden Kara Ben Nemsi durch Tifl (deutsch »Kind«) und die Köchin Pekala.

Ähnlich symbolhaft sind Halefs Träume von den Feinden seines Herrn, die sich im fernen Deutschland als Maden in dessen Leib graben, und die Diskussionen zwischen Ustad und Kara Ben Nemsi angesichts des so genannten »Hohen Hauses«. Langsam werden alle Personen und Gegenstände zu Symbolen, wobei gerade in dieser Verwandlung Karl Mays künstlerische Leistung gesehen wird.

Auch die Handlung von Band IV ist verwickelt und bedeutungsträchtig. Ustad und Kara Ben Nemsi führen lange Gespräche über die Liebe. Der Anschlag eines Bluträchers auf den Erzähler misslingt. Der Geheimbund von Sillan hält immer wieder Treffen im Tal der Dschamikum ab. Pekala, von ihrem Geliebten hinters Licht geführt, erweist sich ebenso wie Tifl als fragwürdige Persönlichkeit, hingegen findet Kara Ben Nemsi in Schakara eine verwandte Seele, deren unbewusstes Wissen sich als hilfreich erweist.

Am Ende stürzt die gewaltige Ruine des »Hohen Hauses« zusammen und es erscheint das »Bild des verzauberten Gebets«. Die Feinde sterben oder werden mit Wahnsinn geschlagen.

Folgt man nun der Entschlüsselungsarbeit der Karl-May-Forschung, so entpuppt sich der Name des Pferdes Kiss-y-Darr, ins Deutsche übersetzt, als

»Schundroman«, die Dschamikum stehen für die Leser Karl Mays, die Gestalt des Pedehr für seinen Verleger Fehsenfeld, die Köchin Pekala lässt sich als Mays erste Ehefrau Emma Pollmer, das Kind Tifl als May selbst in der Rolle des wie ein Kind von Emma Abhängigen und Beherrschten entschlüsseln.

Fast alle Gegner und Feinde aus der realen Lebenssituation Karl Mays sind in verwandelter Form eingebaut, ob es sich nun um Hermann Cardanus (der Henker Ghulam el Multasim) oder um Carl Muth (Scheik ul Islam) handelt. In Schakara meint man Klara Plöhn zu erkennen; in den Vorgängen um die beiden Frauen Pekala und Schakara den Konflikt Mays mit Emma, seine Scheidung und seine zweite Ehe mit Klara Plöhn. Bei dem geheimnisvollen Bauwerk des »Hohen Hauses« könnte es sich, wenn man Wollschläger folgt, um Projektionen der Gefängnisse, in denen May einsaß, handeln.[4]

Die in diesen Romanen von May praktizierte »halbwache« Schreibweise[5] führt einerseits zur »Uneindeutigkeit«, andererseits lässt sie aber im Bewusstsein Einflüsse des Unbewussten wirksam werden. Und gerade dieser Prozess erzeugt eine nicht zu leugnende, wenn auch manchmal bizarre, künstlerische Originalität.

Insbesondere die Handlung der Bände III und IV lässt sich als Versuch Mays ansehen, die eigene leidvolle Lebensgeschichte zu transzendieren, sie also zu überhöhen, sie aus der Realität in einen symbolisch-mythologischen Raum zu versetzen und so ihren banalen Aspekten durch Fiktionalisierung einen Sinn zu geben.

Ardistan und Dschinnistan

Nach der Enttäuschung mit seinem Theaterstück *Bibel und Babel* hat Karl May versucht, jene Weltanschauung, die sich in den Jahren seit seiner Orientreise bei ihm gebildet hatte, durch einen großen Erzähltext zum Ausdruck zu bringen. Im Mittelpunkt seines Denkens steht jetzt eine utopische Weltfriedensbotschaft. Auch hier spiegelt sich in seinem Bewusstsein durchaus der Zeitgeist zu Anfang des zwanzigsten Jahrhunderts in Deutschland wider. Auf der einen Seite imperialistische Träume, die zwangsläufig zu einem Weltkrieg mit den Großmächten führen müssen. Auf der anderen Seite nicht wenige Menschen, die die Gefahr dieses Krieges sehen und ihn fürchten. Zu Letzteren gehört Karl May. Erstaunlich gewiss, wenn man bedenkt, wie viele »Kriegsspiele« seine beiden Haupthelden Old Shatterhand und Kara Ben Nemsi in den zurückliegenden Jahrzehnten vor den Lesern veranstaltet haben. Aber Karl May ist eben seit seiner Orientreise ein anderer geworden und mit dieser Veränderung ist es ihm bitter ernst.

1907 hat sich das Verhältnis zwischen ihm und dem Pustet-Verlag, in dessen Zeitschrift *Deutscher*

Hausschatz immer noch Fortsetzungsromane von ihm erscheinen, wieder verbessert. Man kommt überein, May werde einen neuen Roman liefern, der den Titel *Der Mir von Dschinnistan* tragen soll.

Anfang August 1908 hat May den ersten Teil fertig gestellt. Vom Verlag erreichen ihn erste Klagen, der Leserschaft gefalle der Roman ganz und gar nicht. Der Autor reagiert gelassen. Er ist sich seiner Sache sicher. Auf manche Leser, die an derlei keinen Geschmack fänden, müsse man eben verzichten.

Als er dann von seiner Amerikareise zurück ist, hört er vom Verleger selbst, dass die Abbestellungen und Entrüstungsäußerungen der Leserschaft ein solches Ausmaß angenommen hätten, dass der Bestand der Zeitschrift gefährdet sei. Da ein Vertrag mit May besteht – und wohl auch, weil nicht so rasch Ersatz zu beschaffen ist –, behilft sich die Redaktion des *Hausschatzes* bei den weiteren Fortsetzungen mit Kürzungen. Dagegen protestiert May heftig. Im Januar 1909 pfeffert er Pustet einen geharnischten Protestbrief von 113 Seiten hin, in dem er sich gegen solche Eingriffe verwahrt. Irgendwie scheint man sich dann doch zusammengerauft zu haben, jedenfalls laufen die Fortsetzungen bis zum 6. Juli 1909 weiter. Dann endet der Roman mit dem einigermaßen mysteriösen Satz: »Das Weitere liest man später.«

Mays Mitarbeit am *Hausschatz* ist nun endgültig beendet. Inzwischen wird die Buchausgabe des Textes für Fehsenfeld vorbereitet. Hierbei nimmt der Autor selbst noch einige nicht unwichtige Veränderungen vor. Vor allem gibt er der Handlung einen offenen Schluss. Bis Herbst 1909 ist die Buchversion, die nun den Titel *Ardistan und Dschinnistan I und II* trägt, fertig und erscheint mit einem Titelbild von Sascha Schneider, das Marah Durimeh darstellt. Man kann sich darüber streiten, ob das Titelbild besonders publikumswirksam ist; dem recht mystischen Inhalt des Romans wird es jedenfalls gerecht. Gemessen an der Auflagenhöhe anderer Bücher von May waren die beiden Bände kein durchschlagender Erfolg. Immerhin verzeichnet aber das Impressum des ersten Bandes im Karl-May-Verlag aus dem Jahr 1967 das 260. Tausend; das sind Verkaufszahlen, mit denen, wie Heinrich Pleticha in seinem Nachwort zu den entsprechenden Bänden in *Karl Mays Illustrierte Werke* verständnisvoll bemerkt, andere Autoren mehr als zufrieden gewesen wären.

Woran liegt es nun, dass die Karl-May-Gemeinde so ablehnend reagierte? Es geht in diesem Roman um kein äußeres, sondern um ein inneres Abenteuer. Was May hier schreibt, ist ein symbolisch-philosophisches Gleichnis, das Kritiker und Schriftstellerkollegen zu allerlei Vergleichen mit großen Büchern der Weltliteratur veranlasst hat, während andere erklärten, der Roman sei ohne Parallele in der deutschen Literatur. Der *Faust* von Goethe und *Also sprach Zarathustra* von Nietzsche sowie Dantes *Göttliche Komödie* werden vergleichend genannt; auch an die Gondal-Phantasiewelt, die sich die Geschwister Brontë mit ihren Spielzeugsoldaten entwarfen, wird erinnert. Ernst Jünger soll als Jugendlicher den Roman gleich zweimal gelesen haben und dabei in eine Art von Rauschzustand geraten sein. Arno Schmidt schlägt vor, May ob dieses Romans »eine merkwürdige Seitennische im Pantheon unserer Literatur«[6] zu reservieren. Was ihn allerdings nicht hindert, das Werk Mays zur Zielscheibe seiner mit Sarkasmus getränkten Feder zu machen. Über die frühesten Wurzeln des Planes zu diesem Buch spekuliert er:

»Er [May] muss sich mit diesem Thema in seinem letzten Lebensjahrzehnt öfter beschäftigt haben; denn der in LICHTE HÖHEN 359 erwähnte Plan eines Epos von ›zwei Inseln‹ […] wäre ja wohl auch auf eine annähernd gleichwertige, halbkugelig-dualistische Lösung, dieselbe Art spiritistischen Semihemidemi-Jenseits, hinausgelaufen; der Begriff des ›Sterns Sitara‹ scheint sich erst um 1906 im Zuge der Arbeiten an B & B [*Bibel und Babel*] bei ihm entwickelt zu haben. Zuweilen bricht der, bei ihm latent ja immer vorhandene Tinnef noch durch; sei es im herablassenden Spötteln über Psychologie (ein Gebiet, von dem er besonders wenig verstand); sei es in der großmannssüchtigen ›Entfremdungsdichtung über Hohe Abkunft‹ […].«[7]

Es scheint, dass man als Leser von diesem Roman entweder begeistert ist – und zwar wegen seiner Botschaft und den Passagen großer sprachlicher Schönheit – oder ihn ablehnt beziehungsweise ratlos die Schultern zuckt. Arno Schmidt versuchte als Erster einen Zwischenweg und das ist ihm zu danken.

Ich selbst muss gestehen, dass ich zu der letzteren Gruppe gehöre. Meine Leseabenteuer mit Karl May fallen in die schwierigen ersten Nachkriegsjahre. Relativ viele Karl-May-Bände sind mir damals in die Hände gekommen und von mir verschlungen worden. Sie waren auch ein Mittel der Ablenkung vom knurrenden Magen. *Ardistan und Dschinnistan* war nicht dabei. Erst jetzt habe ich die Lektüre nachgeholt. Ich habe sie als mühsam empfunden, aber durchaus verstanden, warum erfahrene und genau hinsehende Literaturwissenschaftler bei ihrer Auseinandersetzung mit dem Werk Karl Mays gerade diesen Roman aus dem Spätwerk so ausführlich und voller Wertschätzung behandeln.

Noch einmal: An diesem Buch ist etwas, das mag man oder man mag es nicht. Dazu gehört der gehobene Ton der Sprache, vor allem aber die allegorische Botschaft, die unserem heutigen Lebensgefühl fern und fremd ist.

Erzählt wird, mit einem Satz gesagt, eine phantastisch-utopische Geschichte, die für den Weltfrieden wirbt, eine Geschichte, in der wir als Leser miterleben, wie sich ein Gewaltmensch in einen Edelmenschen verwandelt.

May muss geahnt haben, dass schon damals (kurz vor dem Ersten Weltkrieg) eine solche Geschichte auf einem Schauplatz unserer realen Welt schwer glaubhaft zu machen sein würde. Deswegen tritt er in der Rolle eines orientalischen Märchenerzählers, eines »Hakawati«, auf. Und deshalb schafft er sich einen Phantasieraum, ein erträumtes Weltszenarium, ja »einen ganzen Kosmos mit den Ländern Ardistan und Dschinnistan, Ussulistan, Tschobanistan, El Hadd und Halihm, die Totenstadt und die Stadt Ard, [mit all den] Volksstämmen und Fürsten, die hier in Krieg und Frieden agieren«.[8]

Es ist dies eine Konstruktion, die eine gewisse Verwandtschaft zu phantastischen Romanen späterer Jahre aufweist, etwa zu Michael Endes *Unendliche Geschichte* und Tolkiens *Herr der Ringe*.

Mays Traum wurde um die Jahrhundertwende geträumt. Damals glaubte man, viel mehr als heute, an Utopien, an Gegenentwürfe zur bestehenden Wirklichkeit. Das muss man im Sinn behalten, wenn man sich mit *Ardistan und Dschinnistan* auseinander setzt, diesem je nach Ausgabe zwischen 800 und 1253 Seiten langen Roman, den man auch ein Kunstmärchen nennen könnte.

Zunächst begegnen wir in dem phantasierten Kosmos vertrauten Gestalten: Kara Ben Nemsi und Had-

schi Halef Omar landen in Sitara, im Land der Stern-
blumen, einer Art Insel der Seligen. Sie treffen dort
auf Marah Durimeh, jene weise alte Frau, die dem
Leser seit dem Orientzyklus bekannt ist. Unsere beiden Helden sollen als Sonderbotschafter im Konflikt
zwischen den beiden Ländern Ardistan und Dschinnistan, der zum Krieg zu führen droht, zu vermitteln
suchen.

Der Mir von Ardistan ist ein Gewaltmensch. Er
will das kulturell hoch entwickelte Dschinnistan erobern. Ihn lockt Palang, der »Panther«, ein ihm
feindlich gesonnener Prinz, der sich aber als Freund
des Mir ausgibt, in die in der Wüste gelegene »Stadt
der Toten«. Arno Schmidt spricht in Bezug auf diese
Totenstadt von einer »fantastischen Schilderung« und
einem »wirklichen Meisterstück, das eine wirre Kette
unvergesslicher Bilder vorführt«.[9]

Durch die in der Gefangenschaft auszustehenden
Leiden läutert sich der Mir. Kara Ben Nemsi errettet
ihn vor dem sicheren Tod und befreit ihn. Mit Hilfe
der Freunde – und schließlich sogar seiner ehemaligen Feinde – kann der Mir sein Herrscheramt wie-
dererlangen und es nun als besserer Mensch sinnvoll
wahrnehmen. Freilich kann eine solch verkürzte Wiedergabe der Handlung den höchst kunstvoll gestalte-
ten symbolischen Details nicht gerecht werden. »Wir
sind mit Gleichnissen umgeben«, heißt es zu Recht
über die Erlebnisse der beiden Helden Kara Ben

Nemsi und Halef Omar. Und kennzeichnend für die innere Handlung ist die Aussage: »Niemand kann geben, was er nicht hat. Ich kann meinem Volke keinen Frieden geben, wenn ich ihn selbst nicht besitze.«

Man kann sich vorstellen, dass May zu dieser Erkenntnis durch die Beobachtung einiger Machtpolitiker und gekrönter Häupter seiner Zeit gekommen ist. Darauf bezieht sich auch Arno Schmidt: »May hatte sein Buch für eine ›Lektüre für den Kaiser‹ gehalten; ein liebenswürdiger Irrtum: das Haus Hohenzollern hat, meines Wissens, die deutsche Dichtung nicht sonderlich geschätzt, geschweige denn gefördert.«[10]

Da auch Mays eigene Biographie und seine durch die Orientreise stark aufgeladene Bilderwelt in dieses Buch hineinwirken, bieten die zahlreichen bizarren Symbole und deren Entschlüsselung dem Karl-May-Dechiffriersyndikat gewiss noch ein reiches Betätigungsfeld. Der Leser prüfe selbst, ob ihm dieser ungewöhnliche Roman gefällt oder nicht.

XI.
Old Shatterhand geht
in die ewigen Jagdgründe ein

»Wehe und tausendmal wehe dem Volke, welches
das Blut und das Leben von Hunderttausenden
vergießt, um anderthalb Schock Ritter des Eisernen
Kreuzes erster Klasse dekorieren zu können!
Wir brauchen Männer des Geistes, Männer des
Wissens und der Kunst. Die wachsen
aber nicht bei Wagram oder Waterloo.«

Karl May an Sascha Schneider, 1906

Gesundheitlich ist May zu Beginn des Jahres 1912
immer noch bedenklich angeschlagen. Er erkrankt
zum zweiten Mal innerhalb kurzer Frist an einer
Lungenentzündung. Anlässlich seines siebzigsten Ge-
burtstages wird er vom Akademischen Verband für
Literatur und Musik zu einem Vortrag in den Sophiensaal in Wien eingeladen. Sein Hausarzt rät ihm von
der Reise ab. Aber ihm ist es nun darum zu tun, auch
in der Öffentlichkeit seinen guten Ruf wiederherzu-
stellen. Er spricht vor circa 2000, vielleicht sogar
3000 Zuhörern länger als zwei Stunden frei zu dem
Thema *Empor ins Reich der Edelmenschen.* Nachhal-

tig beeinflusst sind seine Ausführungen von dem Werk der Pazifistin Bertha von Suttner, die auch unter den Zuhörern sitzt. Auch Adolf Hitler soll ihm zugehört haben. Die Quelle dafür ist die durchaus glaubhaft klingende Aussage eines nicht namentlich genannten Berichterstatters unter der Überschrift *Mein Freund Hitler.*[1]

Darin heißt es: »Eines Tages überraschte mich Hitler mit der Bitte, ihm auf einige Stunden mein zweites Paar Schuhe zu borgen. Als ich ihn verwundert nach seinem Vorhaben fragte, erzählte er mir freudig, dass Karl May in Wien einen Vortrag halten werde, und zwar über das Thema *Empor ins Reich der Edelmenschen.* Hitler habe sich vorgenommen, diesen Vortrag unter allen Umständen zu besuchen, koste es, was es wolle. Seine Bitte habe ich ihm erfüllt [...]. Hitler hat dann den Vortrag tatsächlich besucht, und sowohl der Vortrag als auch die Person Karl Mays haben ihn überaus begeistert.« Leider – so kommentiert Ekkehard Bartsch, der uns diese Episode im Jahrbuch der Karl-May-Gesellschaft 1970 zur Kenntnis bringt – ohne »dass Hitlers ›Begeisterung‹ für Karl Mays Friedensgedanken von ewiger Dauer gewesen wäre«.

Letztlich verkündet die Rede Mays in Wien einmal mehr die Botschaft, die das gesamte Alterswerk durchzieht: Jeder Mensch habe die Aufgabe, aus dem niederen Bewusstseinszustand des Gewaltmenschen

(Ardistan) in den geläuterten des Edelmenschen (Dschinnistan) zu streben. Hilfreich dabei sind Kunst, Wissenschaft und Religion. Die Aufgabe der Kunst ist die Offenbarung, Wissenschaft vermittelt Erkenntnis, Religion schenkt die Erlösung. Einmal mehr sieht May sich als »Hakawati«, als Märchenerzähler, und schreibt sich die Aufgabe zu, seine Leser vor die Frage zu führen, an welchem Punkt dieses geistig-seelischen Entwicklungsprozesses sie selbst stehen.

Kernpunkt des Vortrags ist zweifellos der Abschnitt über die »Menschheitsfrage«. Dazu führt May aus: »Was ist die Menschheitsfrage? Sie wurde von Gott geschaffen, wie er den Menschen schuf. Dieser lebte im Paradies von Dschinnistan. Die Früchte des Sumpflands Ardistan waren ihm verboten. Er steigt trotzdem hinab, sie zu genießen. Kaum hatte er das gethan, so sah er, daß er nackend war, entkleidet allen Adels, aller Hoheit, aller Reinheit, aller Würde. Es war nichts mehr an ihm, was ewig ist: er hatte den Tod erworben. Er versteckte sich. Da kam der Herr und rief: Adam, wo bist du? Adam heißt Mensch. Gemeint ist Edelmensch. Also: Mensch, Edelmensch, wo bist du? In diesem Augenblick war die Menschheitsfrage geboren. Sie verließ mit Adam das Paradies. Gott war gnädig mit ihm, der nun in Ardistan wohnte und darum sterben mußte. Er verlieh ihm die Erlaubnis der Nachkommenschaft, in der er weiterleben durfte, um im Laufe der Jahrtausende durch fortgesetzte Läuterung nach Dschinnistan ins Paradies zurückzukehren. Als Gewissensprüfung war ihm und seinen Nachkommen die Menschheitsfrage beigegeben. Wohin er sich immer wendete, die Menschheitsfrage ging mit ihm. Hochragend, groß schritt sie durchdringenden Auges durch die Jahrhunderte und Jahrtausende, durch alle Länder der Erde, durch die ganze Menschheitsgeschichte, bis auf den heutigen Tag. Sie stand auf allen Schlachtfeldern der Erde, um auszurufen: Adam, wo bist du?«[2]

Philosophische Reflexionen – und hier handelt es sich um eine naive Geschichtsphilosophie – waren gewiss nicht Karl Mays stärkste Seite. Man kann dies als Kitsch abtun, das unerträgliche Pathos kritisieren. Aber es spricht aus dem Wiener Vortrag doch auch ein Erschrecken über die nie endende Aggressionslust des Menschen, eine Angst, die angesichts der auf einen kommenden Weltkrieg hindeutenden Zeichen nur allzu begründet war. Und offenbar kann sich May, als Kind seiner Zeit, die auf den Fortschrittsglauben eingeschworen war, keinen anderen als auf Fortschritt zielenden Geschichtsprozess, hier christlich-religiös eingefärbt, vorstellen. Spott darüber ist billig. Karl May versucht hier die Erfahrung, die er im Laufe seines Lebens gemacht hat, abstrakt auszudrücken. Seine Unbeholfenheit bei der Formulierung abstrakter Reflexionen offenbart sich einmal mehr.

Während seiner Rede in Wien erleidet May einen Schwächeanfall, erholt sich aber wieder und kann den Vortrag fortsetzen. Neben seinen weltanschaulichen Darlegungen, gewissermaßen zu deren poetischer Absicherung, rezitiert er auch aus seinen Gedichten. Er wird stürmisch gefeiert. Die *Kleine Österreichische Volkszeitung* schreibt über die Reaktion der Zuhörer: »Die Jungen erhoben sich von ihren Sitzen und grüßten den Mann, der ihnen den Winnetou schenkte.«

Nicht in allen Blättern fällt die Rezension des Vortrags positiv aus. In der *Wiener Abendpost* vom 23. März 1912 ist zu lesen: »Alleiniger Akteur war Karl May, der sechzigbändige Jugenderzähler. Ein unansehnliches mageres Männchen, dessen graue Haare im starken Gegensatze zu seinen theatralischen Posen stehen, die er einnimmt. [...] Für den ernsten, wirkliche Literatur erwartenden Teil der Zuhörerschaft, der allerdings in starker Minorität war, bildet der Karl May von gestern eine große Enttäuschung. May ist es bekanntlich gelungen, die Jugend zu begeistern, er lechzt nach der Begeisterung der Erwachsenen, der ganzen Menschheit, und der Kontrast zwischen seinen hohen Zielen und den schwachen Kräften erweckt Mitleid [...].«

Über das, was sich nach dem Vortrag ereignete, und Mays letzten Lebenstag erzählt Klara May:

»Als der Vortrag zu Ende war, umströmten ihn die

Besucher. Die Studenten machten ihn frei, löschten das Licht aus und führten ihn durch eine Seitenpforte auf die Straße, was aber nicht unbemerkt geschehen konnte. Der Andrang setzte sich auf der Straße fort und der Gefeierte stand zwei Stunden lang in einem atemraubenden Gedränge.

Am nächsten Tag hatte er die Freude, den Besuch von Mitgliedern der kaiserlichen Familie empfangen zu dürfen. Nach all den jammervollen Verfolgungen, denen er jahrelang ausgesetzt gewesen war, bedeutete dies einen Höhepunkt in seinem Leben. Eine starke seelische Erschütterung war die Folge des Ganzen. [...]

Er hatte sich bei dem Vortrag in Wien leicht erkältet und musste nach der Heimfahrt das Haus hüten, ohne indes bettlägrig zu sein. Am Samstag, dem 30. März, fühlte er sich wieder etwas besser und beauftragte mich, für die kommende Woche Zimmer im schlesischen Bad Salzbrunn zu bestellen. Aus Besorgnis hielt ich mich aber während des ganzen Tages in seiner Nähe auf [...].«[3]

Am 30. März 1912, es ist der Hochzeitstag von Karl und Klara, »war er heiter und trug sich mit neuen Plänen: Ein Drama wollte er schreiben, das sein eigenes Leben schildern und erst lange nach seinem Ableben an die Öffentlichkeit kommen solle. Dann werde man sein Wollen und Wirken begreifen. Nachmittags verfiel er in ein eigenartiges waches Träumen und unterhielt sich, wie er das häufig zu tun pflegte, viel mit Gestalten seiner Phantasie.

Um sieben Uhr abends legte er sich schlafen, setzte aber seine Selbstgespräche in einem undeutlichen Murmeln fort. Gegen acht Uhr richtete er sich plötzlich im Bett auf, sah mit leuchtenden Augen, die nichts von seiner Umgebung zu fassen schienen, in die Ferne und sagte mit klarer Stimme: ›Sieg, großer Sieg! Ich sehe alles rosenrot.‹

Dann sank er mit unendlich freudigem, verklärtem Ausdruck zurück; sein Atem wurde schwächer, bis er nach wenigen Minuten erlosch.«[4]

»Sieg, großer Sieg!« – eine erfreuliche Selbstbilanz für ein Leben. Aber man weiß ja, welche Bedeutungsschwere den letzten Worten berühmter Männer und Frauen später beigelegt wird, um sie als letzten Kommentar zu ihrem Lebensweg ausgeben zu können.

Ich ziehe es vor, mich stattdessen an den kurzen Nachruf zu halten, den ihm Bertha von Suttner in einer Wiener Tageszeitung widmet. Sie schreibt:

»Die Nachricht von Karl Mays Tod wird jene, die hier im Sophiensaal dem allerletzten Vortrag, den er gehalten hat, beigewohnt haben, ganz besonders erschüttern. Er sprach viel vom Sterben und vom Jenseits, von göttlicher Gnade und ewigen Dingen, und es lag etwas Seherhaftes, Unendlichkeitssehendes in seiner ganzen Rede. Zwar dachte er nicht an ein eigenes nahes Ende, denn er teilte mit, dass er, der Siebzigjährige, erst sein Hauptwerk schreiben wolle. Einmal aber erwähnte er, der Arzt habe ihm verboten zu reisen und öffentlich zu sprechen, es könne ihm nach kaum überstandener Krankheit das Leben kosten.

Und richtig, so ist es auch gekommen; von Wien in sein Heim zurückgekehrt, legte er sich und starb. Er hatte eine große Freude erlebt. Der Jubel, mit dem ihn die dreitausend Zuhörer umtosten, war nicht nur der Ausdruck von dem Schriftsteller gewidmetem Beifall gewesen, sondern vielmehr eine Demonstration von persönlicher Verehrung, ein Protest gegen die Bosheits- und Verleumdungskampagne, die gegen ihn geführt worden und aus der er voll rehabilitiert hervorgegangen war, die ihm aber durch zehn lange Jahre das Leben verbittert hatte.

Wer den schönen alten Mann an jenem 22. März (am 30. März, seinem Hochzeitstag, traf ihn ein Herzschlag) sprechen gehört, ganze zwei Stunden, weihevoll, begeisterungsvoll, in die höchsten Regionen der Gedanken strebend – der musste das Gefühl gehabt haben: In dieser Seele lodert das Feuer der Güte.«[5]

Und nun noch die Fortsetzung der Karl-May-Abenteuer unseres Gymnasiasten Rudolf Beissel. Manche Menschen brauchten eigentlich gar keine Romane zu lesen, denn sie erleben sie in Wirklichkeit. Oder ist es vielleicht so, dass alles, was mit Karl May zusammenhängt, schließlich zum Roman wird?

»Wenige Wochen später [nach der Gerichtsverhandlung] hatte ich mein Abitur bestanden und mein Vater stellte mir einen Wunsch frei, ich hatte nur den einen, nach Radebeul zu fahren und Karl May zu besuchen. Ich hatte von seinem Vortrag in Wien gelesen, wusste aber nichts von seiner Erkrankung. Die Uhr der nahen Kirche zeigte auf 4, als ich an der Vorgartentür der ›Villa Shatterhand‹ klingelte. Es war der 1. April 1912, ein Montag. Ein schwarz gekleidetes junges Mädchen öffnete und ich bat um die Zeit für einen Besuch am folgenden Tag. Sie lief mit meiner Besuchskarte ins Haus, kam aber nach wenigen Minuten schon wieder.

›Frau Doktor bedauert sehr, augenblicklich keinen Besuch empfangen zu können, denn Herr Doktor ist am Sonnabend gestorben.‹

›Was?‹, konnte ich nur hervorbringen. Ich war wie vor den Kopf geschlagen.

›Ja. Am Sonnabend um 10½ Uhr hat er einen Herzschlag bekommen.‹

[…] Ich war zu spät gekommen, er war schon am 30. März gestorben.

Als ich nach Dresden zurückkam, stand die Todesnachricht in allen Zeitungen. Ich nahm den nächsten Zug nach Berlin und in dem leeren Abteil erlebte ich noch einmal den Gerichtstag in Moabit.«[6]

Epilog

»Ein echter, wahrer Mensch –
mit reinem Herzen und kindlicher Seele.«

Marie Hannes

Viel wäre noch zu sagen. Allein mit der Rezeptionsgeschichte in den Jahren nach Karl Mays Tod, den zwanziger Jahren, den Jahren der Naziherrschaft, der DDR-Zeit könnte man ein ganzes Buch füllen. Ich habe, was die Nachklänge angeht, keineswegs den Ehrgeiz zur Vollständigkeit. Aber einiges will ich doch mitteilen, weil es wiederum auch die Person charakterisiert.

Klara May gibt die Nachricht von Karl Mays Tod erst nach seiner Beerdigung bekannt.

May hinterlässt ein Testament, das seine zweite Ehefrau Klara May, verwitwete Plöhn, aus Dessau als Universalerbin einsetzt. Er bedenkt seine in Hohenstein-Ernstthal lebende Schwester mit einer Rente von monatlich 150 Mark und verfügt, dass alles, was Klara May erbt, nach deren Tode einer mildtätigen Stiftung zufließen soll. So entsteht die 1913 begründete Karl-May-Stiftung.

Klara May ist bestrebt, das Ansehen ihres verstorbenen Ehemanns hochzuhalten. Dabei schreckt sie auch nicht davor zurück, gravierende Eingriffe in Karl Mays Bücher gutzuheißen, die der spätere Verleger E. A. Schmid und die Mitarbeiter des Karl-May-Verlages vornehmen.

Einer von Mays Biographen meint, viel christliche Nächstenliebe aufbietend, hier habe nicht ein schlechter Charakter, sondern literarischer Unverstand gewaltet. Wie wäre es, wenn man stattdessen von politischer Verführbarkeit sprechen würde, die ja nicht nur bei Klara May anzutreffen war?

Heftiger zu kritisieren sind jedoch zwei »Schreckenstaten«, die einen beträchtlichen Fanatismus bekunden.

So schlägt Klara 1938 vor, den Roman *Und Friede auf Erden* im Sinne nationalsozialistischer Ideologie zu korrigieren. Aus dem Kreuz soll ein Hakenkreuz werden, die Billigung von Rassenmischung müsse fallen. Es war Dr. Euchar Albrecht Schmid im Karl-May-Verlag, der die Ausführung dieser Verirrung verhinderte.

Und auch dies hat sich Klara May geleistet:

»Im Jahre 1942 soll der hundertste Geburtstag des Schriftstellers gefeiert werden; auch eine Ehrung am Grabe ist vorgesehen. Da Richard Plöhn, dessen Leichnam im selben Grab [wie Karl May] bestattet liegt, ein ›Halbjude‹ ist, untersagt die Behörde alle Feierlichkeiten im Friedhof. Daraufhin will Klara

May die irdischen Überreste ihres ersten Ehemannes aus der Grabstätte entfernen lassen.

Durch Kriegsverordnungen sind Exhumierungen 1942 schon nicht mehr erlaubt. Aber gute Beziehungen zu Dresdner Nazigrößen ermöglichen Klara May den makabren Akt. Die Feierstunde kommt trotzdem nicht zustande.

Was Klara hier tut, ist skandalös und nicht zu entschuldigen.«[1]

Die Reaktionen auf Person und Werk Karl Mays im Dritten Reich und von Seiten deutscher Emigranten im Ausland sind widersprüchlich.

Da gibt es einen bayerischen Kultusminister und Leiter des NS-Lehrerbundes, Hans Schemm, der erklärt: »Zum deutschen Buben und Mädel gehört mehr als die so genannte Schulbravheit, nämlich Mut, Entschlusskraft, Abenteuerlust und Karl-May-Gesinnung.«[2]

Da ist der Lehrer Erich Fronemann, der unter dem Motto »Karl May passt zum Nationalsozialismus wie die Faust aufs Auge« einen donquichottesken Feldzug gegen die »Schundliteratur der Romane Karl Mays« führt. In einer Eingabe an das Ministerium für Volksaufklärung und Propaganda erhebt er 1938 Vorwürfe, die den zuständigen Reichsminister Joseph Goebbels beeindrucken sollten: »Dieses pazifistische Vorbild Karl May, das sich durch die Verhöhnung der Rassenidee, durch Anfeindung völkischer Ausdehnungsbestrebungen, insbesondere Kolonialimperialismus abzurunden suchte, habe ich mit allen Mitteln bekämpft, verhöhnt und verspottet. Es war und ist vor allem darzulegen, dass der Marxist, Pazifist und Feind der Rassenidee Karl May vielleicht zum defaitistischen Pazifismus und den Völkerversöhnungs- und Völkerbundsgedanken der Systemzeit passte, aber in der geistigen und weltanschaulichen Umwelt des Dritten Reiches wie ein Popanz wirkt.«

Aber so recht will sich das Propagandaministerium von Herrn Fronemann nicht instrumentalisieren lassen. Immerhin werden später eine halbe Million Bände Karl May in Kriegsausgaben an die deutsche Wehrmacht gelangen. Zweifellos sind nicht wenige Nationalsozialisten von Karl May begeistert und, was noch mehr zählt, »der Führer« Adolf Hitler ist es auch.

Nicht zuletzt aus diesem Grund wird May von Klaus Mann beschuldigt, als literarischer Vorreiter und geistiger Mentor des Dritten Reiches gewirkt zu haben: »Eine ganze Generation in Deutschland wurde brutal und wild – teilweise durch den bösen Einfluss des Karl May. […] Er vergiftete ihre Herzen und Seelen mit einer heuchlerischen Moral und einer strahlenden Verherrlichung der Grausamkeit. […] Er nahm in einer quasi-literarischen Sphäre die katastrophale Wirklichkeit dessen vorweg, die wir heute vor uns sehen; er war ein grotesker Prophet eines Pseudo-Messias.«[3]

Ernst Bloch hält noch 1929 ein begeistertes Plädoyer für Karl May, dann aber, als die Nazis an der Macht sind, warnt er: »Es ist zwar menschlich richtig [...] zu sagen: Lasst dem armen Teufel sein Vergnügen, der bei seinem abendlichen Presssack mit Kara Ben Nemsi von Bagdad nach Stambul reitet. Doch politisch allerdings ist die Kehrseite gerade heute nicht übersehbar [...], denn Glücksbilder können auch im Stillen und irreal berauschen; dazu kommt im eigentlich nationalsozialistischen Zweck und Gebrauch: Old Shatterhand trägt einen sehr deutschen Bart und seine Faust schmettert imperialistisch herab. So dass hitlerisch ertüchtigter Gebrauch nicht fern scheint.«[4]

Blochs letztes Wort zu Karl May ist auch dies nicht. Viele Jahre später, im Jahr 1967, äußert er: »Schöne Erinnerungen aus der eigenen Jugend beim Gedanken an Karl May. Die Nazis haben sich auf ihn etwas zugute getan, als hätte er ihre eigene Mörderrasse verherrlicht. In Wahrheit wimmelt es bei ihm von weißen Schuften, Rowdys, oft auch germanischer Herkommenheit, wie es in *Satan und Ischariot* bei freilich anderer Gelegenheit heißt. Aber Empörung, Trauer und Liebe wenden sich den verfolgten Indianern zu und ihrem Untergang durch etwas, das man in Vietnam heute Ledernacken heißt. Selbst im Orient ist dieser Volksschriftsteller mit Rat und Tat auf Seite der unterdrückten Kurden und ihrer Revolte gegen die brutalen Kolonialherren in Mossul. Auch diese Sympathien sollten Karl Mays Reiseerzählungen nicht vergessen bleiben; die Santers wie die Schuts erlangen keinen Führerschein, sondern ein gerechtes Ende.«[5]

Nun ist gewiss vieles an den von Schriftstellern wie Heinrich Mann, Johannes R. Becher, Arnold Zweig erhobenen Faschismusvorwürfen berechtigt. Auch trifft zu: Hitler las und liebte Karl May. Dies berichtet schon 1933 ein Reporter in der Münchner *Sonntags-Morgenpost* nach einem Besuch auf dem Obersalzberg: »Auf einem Bücherbord stehen politische und staatswissenschaftliche Werke, einige Broschüren und Bücher über die Pflege und Zucht des Schäferhundes und dann, deutsche Jungens hört her, dann kommt eine ganze Reihe von Karl May.«

Man hat von May als Hitlers Lieblingsklassiker gesprochen. Und Leo Lania greift die Formulierung »geistige Großmacht« auf, die in den *Münchner Neuesten Nachrichten*, bezogen auf Karl May, gestanden hat, und spottet: »Die geistige Großmacht hat [...] den Ehrenplatz in der kleinen Bibliothek des Führers in der guten Stube des Berchtesgadener Hauses. Dort steht der komplette Winnetou und Old Shatterhand [...] zwischen Rosenberg und Felix Dahn. Das ist kein Zufall. Weder dass sie dort stehen noch dass der Autor nun geistige Großmacht geworden ist.«[6]

Tatsächlich hat Hitler gegenüber Albert Speer ge-
äußert, Winnetou sei von je sein Vorbild eines edlen
Menschen. Es sei ja auch notwendig, durch eine Hel-
dengestalt der Jugend die richtigen Begriffe von Edel-
mut beizubringen, die Jugend brauche Helden wie
das tägliche Brot. Darin liege Karl Mays große Bedeutung.[7]

So wundert es nicht, dass Erich Kästner die Rituale der neuen Machthaber »ein wahnwitziges India-
nerspiel germanischer Karl-May-Leser« nannte.[8] Die
zahlreichen Spekulationen über den Zusammenhang
zwischen Karl-May-Lektüre und faschistischen Prak-
tiken sind gewiss nicht völlig unberechtigt. Karl
Mays Bücher transportierten den Geist seiner Zeit,
und die Wurzeln des Faschismus liegen weit vor dem
Jahr 1933; gerade in der Pädagogik reichen sie bis in
die zweite Hälfte des 19. Jahrhunderts zurück.

Dass Mays Geschichten »ausdeutbar« sind, hat
Karl May selbst zu Lebzeiten bitter erfahren. Wozu
Hitler sie benutzen würde, kann er nicht vorausge-
ahnt haben, und wenn, hätte es ihn sicherlich mit Ab-
scheu erfüllt. Und Mays Hang zu irrationalen Heils-
lehren, der ja bei einem nicht geringen Teil seiner
Zeitgenossen auf Zustimmung stieß, hat eher einem
unpolitischen Weltverhältnis seiner Leserschaft Vorschub geleistet.

Wirkungsgeschichtlich interessant ist auch, wie
man mit Karl May nach 1945 in der DDR verfuhr.

Bei der sowjetischen Besatzungsmacht steht May unter Faschismusverdacht. Dies nötigt die deutschen Behörden in Radebeul, eine Karl-May-Straße in Hölderlinstraße umzubenennen. Aus dem Karl-May-Museum wird 1956 ein »Indianermuseum«. Dem in Radebeul ansässigen Karl-May-Verlag wird die Publikation des Werkes von Karl May untersagt, aber 1960 seine Übersiedlung nach Bamberg genehmigt.

Nach der offiziellen SED-Parteilinie gilt Karl May zunächst als bürgerlich-dekadent. Eine gewisse Aufweichung dieses Kurses spiegelt sich in Äußerungen von Arnolt Bronnen und Erich Loest, der immerhin seinen Karl-May-Roman *Swallow, mein wackerer Mustang* veröffentlichen kann. Hermann Kant, später in der DDR Vorsitzender des Schriftstellerverbandes, nimmt sich in seinem Roman *Die Aula* heraus, Karl May als »herrlichen sächsischen Lügenbold« zu preisen und »dem genialen Spinner aus Hohenstein-Ernstthal für tausendundeine Nacht voller Pulverdampf und Hufedonnern und anderes mehr zu danken«.[9]

Im Jahr 1981/82 tritt eine Kursänderung ein. Der Verlag »Neues Leben« legt Mays Werke auf, ein Spielfilm wird gedreht, dem die Handlung von *Der verlorene Sohn oder Der Fürst des Elends* zu Grunde liegt. Filmdokumentationen über Karl Mays Leben werden im Fernsehen gezeigt. Das Museum in Radebeul heißt nun auch wieder »Karl-May-Museum«, die Hölderlinstraße wieder Karl-May-Straße. Karl Mays Geburtshaus wird herausgeputzt und eine Gedenkstätte darin eingerichtet. All dies geschieht im Zeichen der Pflege des »kulturellen Erbes« der DDR, für das May als Proletariersohn und Pazifist reklamiert wird.

Abschließend ist mir daran gelegen, ein paar meiner persönlichen Erfahrungen mit Karl May bei der Abfassung dieser Biographie zu schildern.

Ich stieß auf eine ganze Menge Leute, die die Nase rümpften, als sie hörten, was ich da trieb, und ihr Urteil über Karl May parat hatten. Häufig stellte sich dann heraus, dass es mit ihren Leseerfahrungen nicht allzu weit her war.

Außerdem begegnete ich den »Alleskennern«, die über einen Druckfehler auf Seite 113 von *Durchs wilde Kurdistan* Bescheid wissen; diese Mitglieder der verschworenen Karl-May-Gemeinschaft sind leicht daran zu erkennen, dass sie alle teuren Reprints der Kolportageromane besitzen.

Auch die im Trivialen Schwelgenden sind mir begegnet – und Leute, die sonst wohl selten oder nie ein Buch in die Hand nehmen, aber sich zum sechzigsten Geburtstag den gesamten Karl May wünschen und ihn dann auch tatsächlich Band für Band lesen und sich so in ihre Jugend zurückzaubern. Nicht ganz herausbekommen habe ich, was eigentlich gewohnheitsmäßige Nichtleser zu Karl-May-süchtigen Lesern werden lässt. Manche erwähnen die Leichtigkeit, mit der da erzählt wird, andere die Tatsache, dass man die Handlung sehr ernst nehmen kann, wieder andere, dass man sie nicht so ganz ernst nehmen muss.

Erwähnen möchte ich auch noch die Anekdote meines verehrten Verlagsleiters, die er mir in einer Kabine der Frankfurter Buchmesse erzählte. Mit funkelnden Augen berichtete er, dass er als Junge einmal alle seine Karl-May-Bände an einen Kameraden verscherbelt habe und in welch unvorhergesehene Empörung sein Vater verfallen sei, als er dahinter kam, dass die berühmten moosgrünen Bände auf dem Bücherregal seines Sohnes nicht mehr da waren.

Denn auch das ist eine besondere Spezies unter den Karl-May-Liebhabern: die Sammler. Heiko Postma hat sie unvergesslich und witzig so geschildert: »Büchersammeln ist eine Manie, eine Krankheit. Sie kann harmlos anfangen. Nehmen wir an, ein Jugendlicher bekommt einen Karl-May-Roman zum Geburtstag – einen dieser faszinierend kleinformatigen, goldornamentierten grünen Leinenbände. Der erste Ritt durch die Wüste erfordert die anschließende (neuerdings sogar aktuelle, also lehrreiche) Reise durchs wilde Kurdistan, dann geht's von Bagdad nach Stambul und so weiter. Irgendwann entdeckt der junge Leser, dass die ganze Reihe über siebzig

Nummern umfasst und wie schön sich diese vollständig gesammelten Werke im eignen Regal ausnehmen würden. Der erste, gefährliche Schritt zur Sammelwut ist getan. Die Feststellung, dass der vierte *Winnetou* weit langweiliger ist als die drei anderen und der Pilgerzug von Ardistan nach Dschinnistan reichlich verquast – richtet schon nichts mehr aus: Man will die Reihe komplett. Erst dann wird Ruhe sein.«[10]

Ja, exakt so läuft es. Und ich vermute, dass die verschiedenen Ausgaben, die es gibt, genau an diese Sammelleidenschaft appellieren. So viele Obsessionen fördert Karl May – und die Sammelleidenschaft ist gewiss nicht die einzige.

Und dass mich an May gerade das Fragwürdige, der zwischen himmelhohem Idealismus und Straffälligkeit, zwischen Phantasiereichtum und Hochstapelei oszillierende Charakter angezogen hat, will ich noch einmal ausdrücklich bekennen. Eindeutige, eindimensionale Menschen ohne Obsessionen finde ich langweilig.

Nach dieser Arbeit geht es mir mit Karl May nun so wie dem Helden aus einem Roman von Peter Schneider, einem revolutionär gesinnten Studenten, der eines Tages beschließt, das Bild des verehrten Karl Marx über seinem Bett verkehrt herum aufzuhängen …

Zeittafel

1842 Am 25. Februar wird Karl Friedrich May in der erzgebirgischen Kleinstadt Ernstthal (Sachsen) geboren. Eine
Erblindung kurz nach der Geburt ist umstritten.

1848–1856 Besuch der Volksschule in Ernstthal.

1857–1860 Besuch des Lehrerseminars in Waldenburg. An-
geblicher Kerzendiebstahl.

1861 Er besteht in Plauen die Prüfung als Lehramtskandidat.
Schwierigkeiten wegen einer Beziehung zur Ehefrau
seines Hauswirtes. Fabrikschullehrer in Altchemnitz.
Verhaftung wegen Diebstahl und Verurteilung zu sechs
Wochen Gefängnis.

1863 Nach Haftverbüßung und Entlassung aus dem Schul-
dienst: »Rachefeldzug gegen die Gesellschaft«, Dieb-
stähle, Betrügereien.

1865 Zu vier Jahren und einem Monat Arbeitshaus verurteilt.
Strafanstalt Schloss Osterstein in Zwickau. Wird wegen
guter Führung vorzeitig entlassen. Während der Haft
erstellt er eine Liste der Bücher, die er zu schreiben be-
absichtigt (*Repertorium*).

1869/1870 Weitere Straftaten. Verurteilung zu vier Jahren
Zuchthaus.

1874 Er wird am 2. Mai aus dem Zuchthaus Waldheim entlassen und bleibt für zwei Jahre unter Polizeiaufsicht
gestellt.

1875 Zeitschriften-Redakteur im Verlag H. G. Münchmeyer
in Dresden.

1876 May lernt in Ernstthal Emma Lina Pollmer (1856–1917)
kennen. Er kündigt bei Münchmeyer und arbeitet als
»freier« Autor.

1879 May schreibt für den *Deutschen Hausschatz* (Pustet-
Verlag) Reiseerzählungen. Wegen Amtsanmaßung bei
Aufklärung eines Todesfalles in Ernstthal erneut drei
Wochen in Haft. (Affäre Stollberg)

1880 Hochzeit mit Emma Pollmer in Ernstthal.

1882–1887 May schreibt unter anderem für Münchmeyer fünf umfangreiche so genannte Lieferungs- oder Kolportageromane.

1885 Tod der Mutter.

1887 Mitarbeit an der Jugendzeitschrift *Der Gute Kamerad*.

1888 Tod des Vaters. Das Ehepaar May mietet die Villa »Idylle« in Kötzschenbroda.

1889 Geburt eines unehelichen Kindes, dessen Vater möglicherweise Karl May ist.

1890 Eheliche Schwierigkeiten. Emma legt ein vor ihrem Mann verschwiegenes Sparbuch an. Vertragsabschluss mit dem Verleger Friedrich Ernst Fehsenfeld.

1892 Der erste Band von *Carl May's Gesammelten Reiseromanen, Durch die Wüste und Harem* erscheint. Bis 1910 sind 33 Bände der *Gesammelten Reiseromane* auf dem Markt.

1893 Die Manuskripte von *Winnetou I–III* entstehen.

1894 Karl May erkrankt an einer schweren Influenza. Die Witwe Pauline Münchmeyer macht ihm das Angebot, seine Kolportageromane wieder aufzulegen. Er lehnt ab.

1895 Besuch des Jugendfreundes Ferdinand Pfefferkorn. Spiritistische Sitzungen im Hause May.

1896 Erwerb der »Villa Shatterhand« in Radebeul. Mit dem Erscheinen des Romans *Am Jenseits* beginnt das »Spätwerk«.

1897 Lesetour durch Deutschland und Österreich.

1898 Reisen des Ehepaars May nach Berlin, Prag und Wien. May wird die Führung des Doktortitels untersagt.

1899/1900 Auf dem Höhepunkt seines schriftstellerischen Erfolges unternimmt May von März 1899 bis Juli 1900 eine Reise in den Nahen Osten (Ägypten, Palästina, Ostafrika), dann weiter nach Ceylon und Sumatra. Tief greifende Veränderung seines Bewusstseins. Während seiner Abwesenheit beginnt eine Pressekampagne gegen ihn.

1901 Die Veröffentlichung der Kolportageromane führt zu einer Folge von Prozessen mit Pauline Münchmeyer und dem Verleger Fischer, die sich über Jahre hinziehen.

1903 Am 14. Januar Scheidung von Emma May; am 30. März heiratet Karl May Klara Plöhn geb. Beibler.

1904 Der Journalist Rudolf Lebius (1868–1949) versucht vergeblich, Karl May zu erpressen. Dann beginnt er einen publizistischen Feldzug gegen Karl May und macht dessen Vorstrafen bekannt.

1906 May siegt im Prozess gegen Pauline Münchmeyer in zweiter Instanz, Lebius setzt seine Hetze gegen ihn fort.

1907–1911 Die publizistischen und gerichtlichen Auseinandersetzungen untergraben Karl Mays Gesundheit. Sein Ansehen als Person und Autor ist ruiniert.

1908 Von September bis Dezember bereisen May und seine zweite Frau Klara den Osten der USA. Im Dezember hält sich Karl May einige Zeit in London auf.

1910 Lebius bezichtigt May, früher ein Räuberhauptmann gewesen zu sein. Im April wird in einem Prozess Lebius, der May einen »geborenen Verbrecher« genannt hat, freigesprochen. Lebius veröffentlicht eine Schmähschrift. May verfasst eine Selbstbiographie *Mein Leben und Streben*, in der er Lebius heftig angreift. Beide Schriften werden verboten.

1911 Am 18. Dezember: Revisionsprozess im Streit May/Lebius vor dem Landgericht Berlin-Moabit. Lebius wird wegen schwerer Beleidigung Mays zu einer Strafe von 100 Mark verurteilt.

1912 Am 22. März: Großer Erfolg Mays bei einem Vortrag zum Thema *Empor ins Reich der Edelmenschen* in Wien. Am 30. März, gegen 20 Uhr, stirbt Karl May in der »Villa Shatterhand« an Herzversagen.

Die Werke Karl Mays
in der Reihenfolge ihres Entstehens

Es ist in der Karl-May-Forschung üblich geworden, das umfangreiche Gesamtwerk Karl Mays in vier Schaffensperioden einzuteilen. Die folgende Auflistung ist keine vollständige Bibliographie. Sie soll lediglich in Ergänzung der Zeittafel dem Leser die Orientierung erleichtern.

1. Schaffensperiode: 1874 bis 1880 – Das Frühwerk

1875　Historische Erzählungen:
　　　Die Rose von Ernstthal
　　　Erzgebirgische Dorfgeschichten
1876　Historischer Roman:
　　　Der beiden Quitzows letzte Fahrten
1878　Abenteuererzählungen/-romane:
　　　Auf See gefangen
　　　Der Ölprinz
1879　Lieferungsroman:
　　　Scepter und Hammer
　　　Der Waldläufer (Bearbeitung eines Romans von Gabriel Ferry)

2. Schaffensperiode: 1881 bis 1886 – Die Kolportageromane

1881　Abenteuererzählungen/-romane:
　　　Giölgeda padishanün
　　　Reiseabenteuer in Kurdistan
1882　Abenteuererzählungen/-romane:
　　　Die Todeskarawane
　　　In Damaskus und Baalbek
　　　Lieferungsromane:
　　　Das Waldröschen oder Die Verfolgung rund um die Erde, Großer Enthüllungsroman, unter dem Pseudonym Capitain Ramon Diaz de la Escosura

1883 Abenteuererzählungen/-romane:
      Stambul
      Lieferungsroman:
      Die Liebe der Ulanen
1884 Lieferungsroman:
      Der verlorene Sohn oder Der Fürst des Elends
1885 Lieferungsroman:
      Deutsche Herzen, Deutsche Helden
1886 Lieferungsroman:
      Der Weg zum Glück, Roman aus dem Leben Ludwig des Zweiten

3. Schaffensperiode: 1887 bis 1899 – Die Jugendschriften und Reiseromane

1887 Wilder Westen:
      Der Sohn des Bärenjägers
      Orient:
      Durch das Land der Skipetaren
1888 Wilder Westen:
      Der Geist des Llano estakata (richtig: estakado!)
      Der Scout
      Orient:
      Maghreb-elaksa
1889 Wilder Westen und Amerika:
      El Sendador
      Orient:
      Die Sklavenkarawane
1890 Wilder Westen und Amerika:
      Der Schatz der Inkas
      Der Schatz im Silbersee
1891 Wilder Westen und Amerika:
      Das Vermächtnis des Inka
      Orient:
      Christus und Muhammed
      Die beiden Kulledschi
      Der Mahdi I
      Am Nil

1892 Wilder Westen:
Mater dolorosa
Orient:
Der Mahdi II
Im Sudan
Durch Wüste und Harem, später: *Durch die Wüste*
Durchs wilde Kurdistan
Von Bagdad nach Stambul
In den Schluchten des Balkan
Der Schut
1893 Wilder Westen:
Der Ölprinz
Winnetou I–III
Orient:
Orangen und Datteln
1894 Wilder Westen und Amerika:
Am Rio de la Plata
In den Cordilleren
Christ ist erstanden
Old Surehand I
Orient:
Krüger Bei
Maria oder Fatima
Die Rose von Kairwan
Freuden und Leiden eines Vielgelesenen
1897 Wilder Westen und Amerika:
Satan und Ischariot I–III
Weihnacht
Orient:
Auf fremden Pfaden
1898 Orient:
Im Reiche des silbernen Löwen I und II
1899 Orient:
Am Jenseits

4. Schaffensperiode: 1900 bis 1912 – Das Alterswerk

1900   Gedichte und Aphorismen:
       Himmelsgedanken
1901   *Et in terra pax* (zunächst als Anthologiebeitrag; später,
       1904, unter dem Titel *Und Friede auf Erden* als Buch
       veröffentlicht)
1902   *Am Tode*
       Im Reiche des silbernen Löwen III
1903   *Im Reiche des silbernen Löwen IV*
       Erzgebirgische Dorfgeschichten
1906   Drama:
       Babel und Bibel
1907   *Der Mir von Dschinnistan*
1909   *Winnetou IV*
       Ardistan und Dschinnistan
1910   Autobiographie:
       Mein Leben und Streben

Quellenverzeichnis

Prolog

1 Ernst Bloch: Erbschaft dieser Zeit. Frankfurt/Main 1962, S. 170. Wörtlich: »[...] einer der besten deutschen Erzähler, und er wäre vielleicht der beste schlechthin, wäre er kein armer, verwirrter Poet gewesen.«

2 Zitiert nach E. Heinemann: Über Karl May. Ubstadt 1980, S. 29 und 52

3 Karl-May-Handbuch, hrsg. von Gert Ueding. Stuttgart: Kröner Verlag 1987, S. 616

4 Frederik Hetmann: Das Schwarze Amerika. Vom Freiheitskampf der amerikanischen Neger. Freiburg i.Br.: Herder Verlag 1970

5 Unter anderem: Frederik Hetmann: Charlotte und die Indianer. Ravensburger Buchverlag 1999; Pferd ohne Reiter (mit Harald Tondern). rotfuchs Nr. 20834; Die Büffel kommen wieder und die Erde wird wieder neu. Märchen, Mythen und Lieder der nordamerikanischen Indianer. München: Eugen Diederichs Verlag 1995; Die Erde ist unsere Mutter. Indianische Religion und Spiritualität. Herder/Spektrum Band 4717; Jenseitsreisen. Rituale und Mythen amerikanischer Schamanen, Heiler und Zauberer. Herder/Spektrum Band 4636; Indianermärchen aus Nordamerika (13365), Märchen der Prärieindianer (13366), Märchen der Pueblo, Hopi und Navajo (13364), Märchen der Azteken, Maya und Tolteken (13361), Indianermärchen aus Südamerika, zusammen mit Leonardo Wild (13318), alle Frankfurt/Main: Fischer Taschenbuch Verlag

6 Helmuth Schmiedt im Karl-May-Handbuch, S. 622

I. Armer Leute Kind

1 K.M.: Mein Leben und Streben. Hildesheim, New York: Olms Presse 1997, S. 8

2 Hans Wollschläger: Karl May. Dresden: VEB Verlag der Kunst, ohne Jahresangabe, Fundus Bücher 120/121, S. 15. Die von Wollschläger kursiv hervorgehobenen Sätze sind Originalzitate von Karl May.

3 Siehe dazu Johannes Zeilinger: Autor in Fabula. Karl Mays Psychopathologie und die Bedeutung der Medizin in seinem Orientzyklus, Doktorarbeit, vorgelegt bei der medizinischen Fakultät der Universität Leipzig am 16.3.1999, S. 15. Außer der Feststellung: »Von seiner Erkrankung her ist es unmöglich, dass May bis zu seinem vierten Lebensjahr blind war«, enthält die Dissertation auch noch eine weitere interessante These, die die psychische Struktur Karl Mays betrifft. Zeilinger meint, bei Karl May leicht manisch-depressive Züge feststellen zu können, und sieht diese in Mays Romanen gespiegelt: »In seinen manischen Phasen, also in Phasen der Hochstimmung und der Größenphantasien, hat sich May beispielsweise mit Old Shatterhand identifiziert.«

4 K.M.: Mein Leben und Streben, S. 13f.

5 ebenda, S. 82

6 ebenda, S. 83f.

7 ebenda, S. 84

8 ebenda, S. 9f.

9 Karl-May-Handbuch, S. 69

10 K.M.: Mein Leben und Streben, S. 9

11 ebenda, S. 9

12 Der himmelschreienden und schließlich zur Revolte führenden Not der Heimweber standen erstaunliche Gewinne derer gegenüber, die ihnen das Material lieferten und ihre Waren absetzten. Der Autor, dessen Vorfahren mütterlicherseits in dem heute zu Polen gehörigen Industriedorf Peterswaldau im Eulengebirge lebten und dessen Urgroßeltern mit dazu beitrugen, dass das Militär herbeigerufen und die Revolte niedergeworfen wurde, weiß aus der Familienüberlieferung, dass jener Kapitalist, der sich freilich auch auf die Einnahmen aus einem großen Gut stützen konnte, innerhalb einer Generation so viel verdiente, dass die nächste Generation bis zur Inflation in der Weimarer Republik davon leben konnte, ohne einem geregelten Beruf nachgehen zu müssen.

13 K.M.: Mein Leben und Streben, S. 29

14 In: Niederdeutsche Zeitschrift für Volkskunde, 11. Jg., 1933, S. 113–114

15 K.M.: Mein Leben und Streben, S. 59

16 ebenda

17 ebenda, S. 98

II. Einer soll Lehrer werden

1 Hermann Wohlgschaft: Große Karl May Biographie. Paderborn: Igel Verlag 1994, S. 63

2 Heinrich Heine: Werke und Briefe 1. Gedichte. Berlin, Weimar: Aufbau Verlag 1972, S. 440

3 Der Seminarist und Lehrer Karl May, eine Dokumentation der Aktenbestände, Reprint der Karl-May-Gesellschaft Hamburg, hrsg. v. Klaus Ludwig und Bernhard Kosciuszko, Hamburg 1999, S. 74ff.

4 K.M.: Mein Leben und Streben, S. 95

5 Im so genannten »Repertorium« lautet der Titelplan 41: »Meine erste Liebe«.

6 K.M.: Mein Leben und Streben, S. 99

7 Der Seminarist und Lehrer Karl May, S. 61f.

8 ebenda, S. 63

9 K.M.: Mein Leben und Streben, S. 102

10 Dazu könnte sich May entschlossen haben, weil er den Text in der Untersuchungshaft schrieb und er sich gegenüber der Polizei ja als Tourist, aus Martinique stammend, ausgegeben hatte.

11 K.M.: Ange et Diable. In: Jahrbuch der Karl-May-Gesellschaft 1971, S. 130

III. Ein junger Mann wird kriminell

1 Der Seminarist und Lehrer Karl May, S. 278

2 ebenda, S. 308

3 K.M.: Von Bagdad bis Stambul, Gesammelte Reiseromane, Bd. III, Freiburg 1892, S. 209; die 1882 erschienene Erzählung »Die Todeskarawane« hat May später in diesen Band integriert.

4 K.M.: Der Weg zum Glück. Roman aus dem Leben Ludwig des Zweiten. Hildesheim, New York 1971, S. 605

5 K.M.: Mein Leben und Streben, S. 103 f.

6 Zitiert nach R. Lebius: Die Zeugen Karl und Klara May. Berlin-Charlottenburg 1910, S. 4

7 K.M.: Mein Leben und Streben, S. 132

8 ebenda, S. 132 f.

9 Dieses Verzeichnis, das heute im Archiv des Karl-May-Verlages, Bamberg, aufbewahrt wird, ein Heft im Aktenformat mit blauem Deckel und der Aufschrift »Repertorium C. May«, undatiert und unpaginiert, wurde tatsächlich – so viel lässt sich heute nachweisen – in den Jahren der Zwickauer Haft von May zusammengestellt. Es enthält über zweihundert Stichworte und einige wenige ausführliche Werkentwürfe.

10 Heinz Stolte: Der schwierige Karl May. Zwölf Aspekte zur Transparenz eines Schriftstellers. Husum: Hansa Verlag 1989, S. 13

11 ebenda, S. 14. Bei der erwähnten Doktorarbeit handelt es sich um: Gert Asbach: Die Medizin in Karl Mays Amerika-Bänden, Düsseldorf 1972

12 ebenda, S. 15

13 ebenda

14 Stolte zitiert nach: Erich Wulfen: Karl Mays Inferno, ungedruckt, im Archiv des Karl-May-Verlages, Bamberg

15 Jahrbuch der Karl-May-Gesellschaft 1976, S. 105 ff.

16 August Röckel: Sachsens Erhebung und das Zuchthaus zu Waldheim. Frankfurt/Main 1865, Neuausgabe 1963, S. 259

17 K.M.: Mein Leben und Streben, S. 173

18 Obwohl keiner dieser Texte sich nachweisen ließ, geht die Karl-May-Forschung davon aus, dass Mays Angaben zu diesem Punkt glaubhaft sind.

19 K.M.: Mein Leben und Streben, S. 177

20 Zitiert nach Karl Mays Illustrierte Werke. Leben – Werk – Wirkung, ein Handbuch, hrsg. v. Heinrich Pleticha und Siegfried Augustin, Stuttgart: Edition Stuttgart 1996, S. 52

21 K.M.: Mein Leben und Streben, S. 222

22 Hans Wollschläger: Karl May, Grundriss eines gebrochenen Lebens – Interpretation zur Persönlichkeit und Werk – Kritik. Dresden: VEB Verlag der Kunst, ohne Jahresangabe, S. 222

23 Jahrbuch der Karl-May-Gesellschaft 1976, S. 155

24 K.M.: Der verlorene Sohn oder der Fürst des Elends, Bd. III, Hildesheim, New York: Olms Presse 1972, S. 1008

25 Jahrbuch der Karl-May-Gesellschaft 1976, S. 151

IV. Wie konnte es dahin kommen? Psychogramm eines Unglücklichen

1 K.M.: Ein Schundverlag und seine Helfershelfer, Privatdruck, Dresden 1905, S. 372
2 K.M.: Mein Leben und Streben, S. 9ff.
3 ebenda, S. 165ff.
4 Hans Wollschläger: Karl May, S. 207
5 ebenda
6 ebenda, S. 219
7 K.M.: Mein Leben und Streben, S. 130f.

Erster Exkurs: Die Rose von Ernstthal – ein frühes Werk

1 Zuerst erschienen in der Zeitschrift »Deutsche Novellen-Flora«, Nr. 11–14. Neusalza: Verlag Hermann Oeser 1874

V. Kolportage

1 Karl-May-Handbuch, S. 89
2 Helmuth Schmiedt: Karl May, S. 46
3 Karl-May-Handbuch, S. 93
4 K.M.: Mein Leben und Streben, S. 197
5 Zitiert nach K.M.: Ein Schundverlag und seine Helfershelfer, zwei fragmentarische Texte aus den Jahren 1905 und 1909, Erstveröffentlichung aus dem Nachlass, Karl-May-Verlag, Bamberg, 1982, S. 332f.

Zweiter Exkurs: Die Kolportageromane

1 Siehe dazu auch Karl-May-Handbuch, S. 386
2 ebenda, S. 385
3 Die Horen, Heft 2 (1995)
4 ebenda
5 Karl-May-Handbuch, S. 401
6 In: Neuer Deutscher Reichsbote, Deutscher Haus- und Geschichtskalender, Jg. 1883, S. 36–40

VI. Freiheitssuche in einer imaginären Ferne

1 Karl-May-Handbuch, S. 97
2 Karl May, Leben – Werk – Wirkung, S. 73
3 Helmuth Schmiedt: Karl May, S. 26
4 Claus Roxin, Das zweite Jahrbuch, in: Karl-May-Jahrbuch 1971, S. 8
5 Karl May während eines Aufenthalts in Wien im Februar 1898, zitiert in Richard von Ralik: Der abenteuerliche Tag, in: Karl-May-Jahrbuch 1919, S. 254f.
6 Karl May, Leben – Werk – Wirkung, S. 85
7 Karl May, Frau Pollmer, eine psychologische Studie, Prozess-Schriften, Bd. 1. Bamberg 1982, S. 19
8 Der evangelische Theologe Eckard Etzold hat einen einsichtigen, dieses Motiv des Romans interpretierenden Aufsatz mit dem Titel »Karl May: Am Ort der Sichtung. Ein literarisches Todesnähe-Erlebnis«, Schriften der Karl-May-Ge-

sellschaft Nr. 81 (1989), veröffentlicht, in dem er Karl Mays Schilderung mit Darstellungen solcher Phänomene in unserer Zeit vergleicht.

9 Karl May, Leben – Werk – Wirkung, S. 87

10 Brief Karl Mays vom 2.11.1894, abgedruckt in: Frankfurter Zeitung vom 1.4.1937

Dritter Exkurs: Winnetou I–III

1 K.M.: Winnetou I. Freiburg im Breisgau: Verlag Friedrich Ernst Fehsenfeld 1898, S. 6

2 ebenda, S. 8

3 In: Old Firehand und andere Erzählungen, Karl Mays gesammelte Werke Band 71. Bamberg und Radebeul: Karl-May-Verlag 1967, S. 7–20

4 Siehe dazu Peter Bolz: Indianer und Deutsche: eine klischeebeladene Beziehung. In: Indianer Nordamerikas – Die Sammlungen des ethnologischen Museums Berlin. Berlin: G + H Verlag 1999, S. 9ff.

5 Siehe dazu: Frederik Hetmann: Mondhaus und Sonnenschloss. Stuttgart, S. 52ff.

6 Indianer Nordamerikas. Die Sammlungen des Ethnologischen Museums Berlin, Berlin 1999, S. 13

7 Till Hiddemann: Nicht nur gefiederte Indianer sind gute Indianer, Winnetou im Berliner Völkerkunde-Museum, in: Karl-May-Gesellschaft Nachrichten 123, Karl-May-Gesellschaft, Radebeul 2000, S. 14

8 ebenda, S. 17

9 K.M.: Winnetou, Band 1, Karl Mays illustrierte Werke, hrsg. v. Heinrich Pleticha und Siegfried Augustin. Stuttgart: Edition Stuttgart 1992, S. 7f.

10 Carl Zuckmayer: Karl May: Ein Phänomen. In: Blätter der Carl-Zuckmayer-Gesellschaft 6 (1980), H. 1, S. 107

VII. Ein Tag im Haus des Weitgereisten

1 Karl-May-Jahrbuch 1933. Radebeul: Karl-May-Verlag 1933, S. 27

2 K.M.: Freuden und Leiden eines Vielgelesenen. In: Deutscher Hausschatz in Wort und Bild, XXIII, Jg. 1896/97, Nr. 1, S. 1–6, Nr. 2, S. 17–21

3 Helmuth Schmiedt, Karl May, S. 55

4 Karl May, Leben – Werk – Wirkung, S. 260f.

5 Eine weitere Mystifikation des Sir David Lindsay, einer Gestalt aus dem Orientzyklus, leistet sich Karl May in einem Brief an einen jungen Leser aus Montabaur vom 2. November 1894, in dem es heißt: »Lindsay hat soeben eine großartige Expedition durch Australien vollendet und bedeutende Goldfelder entdeckt. Haben Sie in den Zeitungen nicht davon gelesen?«

6 Karl May, Leben – Werk – Wirkung, S. 256

7 Karl May ABC, hrsg. v. Rolf-Bernhard Essig und Gudrun Schury. Leipzig: Reclam 1999

8 Rudolf Lebius: Die Zeugen Karl und Klara May, ein Beitrag zur Kriminalgeschichte unserer Zeit. Berlin-Charlottenburg 1910

Vierter Exkurs: Der Orientzyklus

1 Karl-May-Handbuch, S. 179
2 Hermann Wohlgschaft: Große Karl May Biographie, S. 173
3 Der ursprüngliche Titel lautete »Durch Wüste und Harem«. Er wurde später in »Durch die Wüste« geändert, da man fürchtete, die Erwähnung eines Harems könne verkaufshemmend sein.
4 Ernst Bloch: Urfarbe des Traumes. In: Die Literarische Welt, Berlin, 3.12.1926

VII. Die große Reise

1 In fernen Zonen, Karl Mays Weltreisen. Bamberg-Radebeul: Karl-May-Verlag 1999, S. 69
2 ebenda, S. 107
3 ebenda, S. 121
4 Vgl. Hans Wollschläger: Karl May, S. 230
5 K.M.: Himmelsgedanken, Freiburg 1990, S. 9. Aus dem Gedicht »Liebe«
6 Zitiert nach Hans Wollschläger und Ekkehard Bartsch: Karl Mays Orientreise 1899/1900. Dokumentation. In: Jahrbuch der Karl-May-Gesellschaft 1971, S. 203
7 Vgl.: In fernen Zonen
8 Frankfurter Zeitung vom 3.6.1899
9 Hansotto Hatzig: Mamroth gegen May – Der Angriff der »Frankfurter Zeitung«, Jahrbuch der Karl-May-Gesellschaft 1974, S. 109–130
10 K.M.: Waldröschen oder Die Rächerjagd rund um die Erde. Leipzig 1988 (Reprint des Dresdner Erstsatzes von 1882–84), S. 1323
11 Gerhardt Klußmeier und Hainer Plaul (Hrsg.): Karl May. Biographie in Dokumenten. Hildesheim und New York 1978, S. 302, Anm. 5
12 Karl May als Erzieher; Die Wahrheit über Karl May; Die Gegner Karl Mays in ihrem eigenen Lichte, von einem dankbaren May-Leser
13 K.M.: Frau Pollmer, eine psychologische Studie, Faksimilewiedergabe, Bamberg 1982
14 Zitiert nach Heinz Stolze: Der schwierige Karl May, S. 287
15 Karl May ABC, S. 67
16 K.M.: Frau Pollmer, S. 910f.
17 Christian Heermann: Der Mann, der Old Shatterhand war. Eine Karl-May-Biographie, Berlin 1988, S. 270ff.

Fünfter Exkurs: Und Friede auf Erden

1 Karl Mays Illustrierte Werke: Und Friede auf Erden. Stuttgart: Edition Stuttgart 1996, S. 355
2 ebenda, S. 358f.

IX. Prozesse – und die Reise nach Amerika

1 Siehe dazu den Aufsatz von Armin Sarkiss: Karl May und die Frühreisen-legenden, in: In fernen Zonen, S. 13ff.

2 Um die Zusammenstellung der Dokumente hat sich vor allem Dieter Sud-hoff (Karl May in Amerika, in: In fernen Zonen, S. 235ff.) verdient gemacht. Seiner Darstellung bin ich weitgehend, wenngleich notwendigerweise ver-kürzend, gefolgt.

3 Siehe dazu Frederik Hetmann: Amerika Saga. Freiburg im Breisgau: Herder Verlag 1964, S. 22

4 Karl Mays Illustrierte Werke, Winnetou III, S. 379

5 Klara May: Mit Karl May durch Amerika, Radebeul 1931

6 Brief von Ferdinand Pfefferkorn an Karl und Klara May vom 12.4.1906. Zi-tiert nach: In fernen Zonen, S. 352

7 ebenda, S. 374

8 ebenda

9 ebenda, S. 375

10 Karl-May-Handbuch, S. 585

11 Zitiert nach: In fernen Zonen, S. 350

12 Zitiert nach: Karl-May-Jahrbuch 1933, S. 26

13 Jahrbuch der Karl-May-Gesellschaft 1985, S. 31

14 Karl-May-Handbuch, S. 614

15 George Grosz: Ein kleines Ja und ein großes Nein. Sein Leben von ihm selbst erzählt. Reinbek: Rowohlt Verlag 1974, S. 81

16 E.E. Kirsch: Hetzjagd durch die Zeit, Reportagen, Frankfurt/Main 1974, S. 54

Sechster Exkurs: Winnetou IV

1 Karl-May-Handbuch, S. 323

X. Der Kampf um die Ehre

1 Rudolf Lebius: Die Zeugen Karl May und Klara May, ein Beitrag zur Krimi-nalgeschichte unserer Zeit. Berlin-Charlottenburg: Spreeverlag 1910

2 ebenda, S. 262

3 Vgl. Albert Hellwig: Die kriminalpsychologische Seite des Karl-May-Pro-blems. In: Karl-May-Jahrbuch 1920, S. 207

4 Rudolf Lebius: Die Zeugen Karl May und Klara May, ein Beitrag zur Krimi-nalgeschichte unserer Zeit, Reprint, mit einer Einführung von Jürgen Weh-nert. Lütjenburg: Gauke Verlag 1991, S. XIII

5 Hans Wollschläger: Karl May, S. 173ff.

6 Rudolf Beissel: Und ich halte Herrn May für einen Dichter, Erinnerungen an Karl Mays letzten Prozess in Berlin. In: Jahrbuch der Karl-May-Gesell-schaft 1970, S. 11ff.

7 ebenda

8 ebenda

9 ebenda

10 ebenda, S. 14

11 ebenda, S. 30
12 ebenda, S. 44
13 ebenda

Siebter Exkurs: Das Spätwerk

1 Hans Wollschläger: Karl May. Hierin vor allem die Kapitel: Das ›Hohe Haus‹ und das Reich des Silbernen Berglöwen; Das eigentliche Werk, Vorläufige Bemerkungen zu ›Ardistan und Dschinnistan‹; Erste Annäherung an den ›Silbernen Berglöwen‹.
2 So von Karl May wiedergegeben in einem Brief an Sascha Schneider vom 26.6.1906. In: Hansotto Hatzig: Karl May und Sascha Schneider, Dokumente einer Freundschaft. Beiträge zur Karl-May-Forschung 2, Bamberg 1967, S. 128
3 Karl-May-Handbuch, S. 298
4 Jahrbuch der Karl-May-Gesellschaft 1970, S. 126
5 ebenda, S. 298
6 Arno Schmidt: Sitara und der Weg dorthin, S. 232
7 ebenda, S. 222
8 Heinz Stolte: Karl Mays Ardistan und Dschinnistan und sein Weltfriedensgedanke. Jahrbuch der Karl-May-Gesellschaft 1988, S. 83 ff.
9 Arno Schmidt: Sitara und der Weg dorthin, S. 223
10 ebenda, S. 231

XI. Old Shatterhand geht in die ewigen Jagdgründe ein

1 In der tschechischen Wochenzeitschrift »Moravsky ilustrovany zpravodaj (Mährischer Illustrierter Berichterstatter), Nr. 40, 1935
2 Zitiert nach Jahrbuch der Karl-May-Gesellschaft 1970
3 ebenda, S. 298
4 Karl-May-Jahrbuch 1933, S. 30
5 Zitiert nach Jahrbuch der Karl-May-Gesellschaft 1970
6 Rudolf Beissel: Und ich halte Herrn May für einen Dichter, S. 44

Epilog

1 Hermann Wohlgschaft: Große Karl May Biographie, S. 431
2 Nürnberger Zeitung vom 27./28.1.1934
3 Klaus Mann: Adolf Hitler's Literary Mentor. In: The Kenyon Review, Autumn 1940, S. 399 f.
4 Zitiert nach: Jahrbuch der Karl-May-Gesellschaft 1984
5 Ernst Bloch: Charley, zitiert nach: Karl-May-Jahrbuch 1971, S. 16 f.
6 Leo Lania: Karl May richtig gesehen, zitiert nach Gunter Scholdt: Hitler, Karl May und die Emigranten. In: Jahrbuch der Karl-May-Gesellschaft 1984
7 Albert Speer: Spandauer Tagebücher, Frankfurt/Main 1975, S. 523
8 Siehe dazu: Gunter Scholdt: Hitler, Karl May und die Emigranten. In: Jahrbuch der Karl-May-Gesellschaft 1984
9 Hermann Kant: Die Aula, Berlin 1965, S. 442
10 Heiko Postma: Vom Büchersammeln. In: Die Horen 1978, S. 53

Bildnachweis

Der Abdruck der Fotos erfolgte mit freundlicher Genehmigung der Karl-May-Gesellschaft (S. 1, 2, 3, 4, 5) – herzlichen Dank an Frau A. Pielenz – und des Karl-May-Verlags (S. 6, 7, 8) – herzlichen Dank an Herrn B. Schmid.

Bibliographie

Bei der großen Zahl von Büchern über Karl May kann ich hier nur jene erwähnen, mit denen ich gearbeitet habe. Unter ihnen erscheinen mir zwei von besonderer Wichtigkeit. Hans Wollschlägers *Karl May* hat mich durch die psychologische Analyse der Persönlichkeit Mays und durch die interpretatorischen Fähigkeiten seines Verfassers besonders beeindruckt; Hermann Wohlgschafts *Große Karl May Biographie* hat gegenüber anderen, gewiss ebenfalls verdienstvollen Arbeiten den Vorteil, dass der Autor über einen geradezu phänomenalen Überblick über Original- und Sekundärliteratur verfügt und sie in Zitaten reflektiert, die in großer Anschaulichkeit und Differenzierung ein Bild von der Person Karl Mays entstehen lassen. Die starke Betonung des christlichen Glaubens für das Bewusstsein Karl Mays scheint mir kein Nachteil. Man kann nicht bestreiten, dass Karl Mays Weltanschauung in starkem Maße, wenn auch auf unorthodoxe Weise christlich-religiös geprägt war.

Werke von Karl May

Karl Mays Gesammelte Werke. Bamberg-Radebeul: Karl-May-Verlag 1999, 82 Bände:

 1 Durch die Wüste
 2 Durchs wilde Kurdistan
 3 Von Bagdad nach Stambul
 4 In den Schluchten des Balkan
 5 Durch das Land der Skipetaren
 6 Der Schut
 7 Winnetou I
 8 Winnetou II
 9 Winnetou III
10 Sand des Verderbens
11 Am Stillen Ozean
12 Am Rio de la Plata
13 In den Kordilleren
14 Old Surehand I
15 Old Surehand II
16 Menschenjäger
17 Der Mahdi
18 Im Sudan
19 Kapitän Kaiman
20 Die Felsenburg
21 Krüger Bei
22 Satan und Ischariot
23 Auf fremden Pfaden
24 Weihnacht
25 Am Jenseits
26 Der Löwe der Blutrache
27 Bei den Trümmern von Babylon
28 Im Reiche des silbernen Löwen
29 Das versteinerte Gebet
30 Und Friede auf Erden
31 Ardistan

Hinzu kommen die Sonderbände: Mein Hengst Rih; Karl-May-Atlas; Karl-May-Filmbuch; Vinnetu (lat.); Karl May und die Musik (mit CD); Karl May auf sächsischen Pfaden, alle erschienen im Karl-May-Verlag, Bamberg-Radebeul.

Literatur über Karl May (Biographien)

May, Karl: Mein Leben und Streben. Vorwort, Anmerkungen, Nachwort, Sach-, Personen- und geographisches Namens- register von Hainer Plaul. Hildesheim, New York: Olms Presse 1997

Pleticha, Heinrich und Siegfried Augustin: Karl May – Leben und Werk. Stuttgart: Edition Stuttgart 1992

Pleticha, Heinrich und Siegfried Augustin: Karl May, Leben – Werk – Wirkung, Ein Handbuch. Stuttgart: Edition Stutt- gart 1996

Stolte, Heinz: Der schwierige Karl May, Zwölf Aspekte zur Transparenz eines Schriftstellers. Husum: Hansa Verlag 1989

Wohlgschaft, Hermann: Große Karl May Biographie. Pader- born: Igel Verlag 1994

Wollschläger, Hans: Karl May, Grundriss eines gebrochenen Lebens. Interpretation zu Persönlichkeit und Werk. Kritik. Herausgegeben von Klaus Hoffmann. Dresden: VEB Ver- lag der Kunst 1975

Weitere Sekundärliteratur

Essig, Rolf-Bernhard und Gudrun Schury: Karl May ABC. Leipzig: Reclam 1999

Gross, Oliver: Old Shatterhands Glaube, Christentumsverständnis und Frömmigkeit Karl Mays in ausgewählten Reiseerzählungen. Husum: Hansa Verlag 1999

Guenther, K. und E.A. Schmid: Karl-May-Jahrbuch 1933. Radebeul bei Dresden: Karl-May-Verlag 1933

Lebius, Rudolf: Die Zeugen Karl May und Klara May – Ein Beitrag zur Kriminalgeschichte unserer Zeit, Reprint der Ausgabe von 1910, mit einer Einführung von Jürgen Wehnert. Lütjenburg: Gauke Verlag 1991

Loest, Erich: Swallow, mein wackerer Mustang, Karl-May-Roman. Hamburg: Hoffmann und Campe Verlag 1980

Schmidt, Arno: Sitara und der Weg dorthin. Eine Studie über Wesen, Werk & Wirkung Karl Mays. Frankfurt/Main: Fischer Bücherei 1969

Schmiedt, Helmut: Karl May, Leben, Werk und Wirkung. Frankfurt/Main: Athenäum Verlag 1987

Schönbach, Ralf und Frank Starrost: Der Schatz im Datensee, Die Karl-May-CD-ROM. Enthält u.a. 40 Romane und über 20 Erzählungen im Volltext, Karl May in Englisch, Karl-May-Illustrationen, 21 Jahrbücher der Karl-May-Gesellschaft von 1970–1998. Bestelladresse: Ralf Schönbach, Wieselstr. 15, 53773 Hennef, E-mail: ralf@karl-may-gesellschaft.de.

Ueding, Gert, in Zusammenarbeit mit Reinhard Tschapke: Karl-May-Handbuch. Stuttgart: Alfred Kröner Verlag 1987

Danksagung

Zu danken habe ich den zahlreichen Karl-May-Forschern, auf deren Arbeiten ich zurückgegriffen und die ich auch häufig zitiert habe. Ihre Arbeiten sind, soweit ich sie benutzte, in der Bibliographie und in den Anmerkungen erwähnt. Ein besonderer Dank ist abzustatten den Herstellern von *Der Schatz im Datensee – Die Karl-May-CD-ROM*, Ralf Schönbach und Frank Starrost. Ohne die CD wäre für mich eine Lektüre der so genannten Kolportageromane zu einer sehr kostspieligen Angelegenheit geworden. (Sie sind nur in recht teuren Reprints zu erhalten.) Eine besondere Freude für Karl-May-Fans sind auf der CD die unautorisierten englischsprachigen Versionen von Karl-May-Romanen, von *Winnetou* und dem Orientzyklus, übersetzt und »bearbeitet« von Marion Ames Taggart.

Ein wahrer Schatz für einen neugierigen Biographen sind zudem die Jahrbücher der Karl-May-Gesellschaft, deren Beiträge man auf besagter CD-ROM ebenfalls nachlesen kann.

Mit großer Dankbarkeit erwähne ich hier Frau Annelotte Pielenz, leidenschaftliche Karl-May-Leserin, Enthusiastin, Dokumentaristin, die mir freundlicherweise ihre Bibliothek öffnete und mit der ich erhellende Gespräche über Karl May und die Karl-May-Forschung führte, Gespräche, denen ich viele Anregungen verdanke, was nicht bedeutet, dass Frau Pielenz meine Meinungsäußerungen zu Leben und Werk Karl Mays mit zu verantworten hätte.

Zu Dank verpflichtet bin ich Herrn Engelbert Botschen im Sinn von Ernst Klees Bild *Der Engel bringt das Gewünschte*.

Zu danken ist auch dem Karl-May-Verlag, Bamberg-Radebeul, der mir zwei Bände seiner Karl-May-Ausgabe zur Rezension überließ.

Von besonderer Wichtigkeit scheint mir das gegenwärtig vergriffene Karl-May-Handbuch, dem eine baldige Neuauflage zu wünschen ist. Es leistet zuverlässige Lotsendienste für die nicht immer übersichtlichen Gewässer der Karl-May-Forschung und ich habe mich seiner häufig und mit Gewinn bedient.

Ein von Eifer zu Nachlässigkeiten verführter Mensch, wie ich es nun einmal bin, ist bei der Manuskriptherstellung immer auf die Unterstützung durch andere angewiesen. Hier gilt mein besonderer Dank meinem Lektor Frank Griesheimer, den ich als sympathischen und kritischen Partner schätze, Regine Teufel, die sich um den Bildteil kümmerte, aber auch meinem Computerfachmann, Rüdiger Zirfas, der mir in Stunden unerklärlicher Heimsuchungen beistand.

F. H.

Biographien
von
Frederik Hetmann

So leicht verletzbar unser Herz
Die Lebensgeschichte der Sylvia Plath
112 Seiten mit Fotos   (80691)

Bis ans Ende aller Straßen
Die Lebensgeschichte des Jack Kerouac
120 Seiten mit Fotos   (80689)

Drei Frauen zum Beispiel
Die Lebensgeschichte der Simone Weil, Isabel Burton
und Karoline von Günderrode
168 Seiten mit Fotos   (80692)

Schlafe, meine Rose
Die Lebensgeschichte der Elisabeth Langgässer
216 Seiten mit Fotos   (80856)

»Solidarität ist die Zärtlichkeit der Völker«
Die Lebensgeschichte des Ernesto Che Guevara
384 Seiten mit Fotos (80861)

Beltz & Gelberg
Beltz Verlag, Postfach 100154, 69441 Weinheim